당신을 설득하고 싶습니다

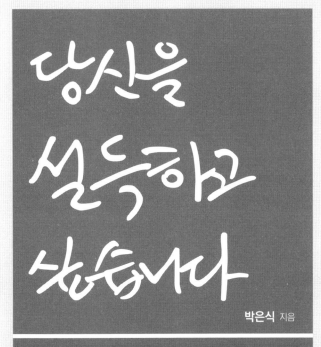

당신을
설득하고
싶습니다

박은식 지음

광주 출신 청년 의사의 좌파 탈출기

기파랑

팩트, 논리, 존중을 담았습니다

2021년 봄, 제가 근무하는 병원의 아침 회진 시간이었습니다. 대학병원에서 항암 치료를 마치고 합병증 및 영양 관리를 위해 자주 입원하던 환자의 병실에 들어갔습니다.

"워매, 슨상님 오셨소잉? 요거이 목포에서 보내 준 시루떡인디, 잡숫고 일하쇼잉."

처음 입원하셨을 때 들리는 전라도 사투리가 반가워 고향이 어디냐고 물었더니 광주 출신에 목포에서 자랐다고 했습니다. 저도 광주 출신에 유년기를 목포 할머니 댁에서 지냈던 터라 반갑게 이야기를 나눴죠. 그 후로 환자는 매일 아침 회진 때마다 이렇게 먹을 것을 챙겨 주곤 했습니다.

그런데 환자는 매일 김어준이 나오는 유튜브를 보고 있었습니다. 당시는 서울시장 박원순과 부산시장 오거돈이 성추문 사건으로 사망하고 사퇴하면서 재보궐선거가 치러지던 때였습니다. 김어준은 국민의힘 오세훈 후보의 내곡동 땅 투기 의혹, 이른바 '생태탕 사건'으로 불렸던 사건에 대해 확신에 찬 말투로 설명하고 있었고, 환자는 연신 고개를 끄덕이며 듣고 있었죠. 모두 거짓으로 드러나긴 했습니다만 김어준에 대한 환자의 신뢰는 멈추지 않았고, 매일 아침 김어준의 목소리를 들으며 국민의힘을 욕했습니다. 생명이 끝나기 바로 전날까지도요.

한때 민주당의 열렬한 지지자였다가 생각이 달라졌던 저는 그 환자를 지켜보며 많은 생각이 들었습니다.

'도대체 왜, 얼마 남지 않은 인생의 소중한 시간을 저런 데 허비할까? 저분을 설득해서 저런 헛소리에 넘어가지 않도록 하면 좋을텐데.'

박근혜 대통령 탄핵과 문재인 정권에 분노한 우파 성향의 시민들은 유튜브와 페이스북 등 여러 매체를 통해 자유 시장 경제의 장점과 이승만과 박정희 재평가의 당위성, 그리고 북한, 중국, 러시아에 유화적인 정책을 벗어나 미국과 일본 그리고 유럽과 함께해야 하는 필요성을 주장했습니다.

그 콘텐츠들을 보면 내용은 옳아요. 그런데 아쉬웠던 건, 제가 담당했던 환자 같은 분들을 적으로 보거나 비하하거나 윽박지르는 듯한 뉘앙스로 메시지를 전달하는 것이었습니다. 다들 자존심을 가진 개인인데, 그렇게 하면 과연 들으려 할까요?

살면서 '대깨문'(대가리가 깨져도 문재인)이나 '개딸'(개혁의 딸, 이재명 강성 지지층) 등 무지성적 민주당 지지자들을 만나보면 성실한 사람들이 대부분이었습니다. 우파 진영에서 많이 비난하는 제 고향 호남 분들은 더욱 그랬죠. 문재인 정권의 실정(失政)에 나라 곳곳에서 시스템이 무너져 가는데도 그들이 강한 지지를 보내는 것에는 분명히 이유가 있었습니다. 결국 역사와 경제를 바라보는 시각의 차이, 그리고 지역감정 때문이었습니다. 제가 그랬던 것처럼요.

　그래서 저의 생각을 바꾸게 한 역사적 사실과 지식들 그리고 경험들을 이분들께도 말씀드리고 싶었습니다. 답답하고 화가 난다고 신경질적으로 내지르는 어투가 아닌, 내게 잘해 주는 이웃이 진정 잘되었으면 하는 마음으로 팩트와 논리와 존중을 담아 글을 쓰다 보면 한 명이라도 설득할 수 있지 않을까 하는 마음이었죠. 그리고 호남 분들이 마음을 열지 못하게 막는 지역감정이라는 거대하고 강고하고 오래된 벽에 균열을 내 보고 싶었습니다.

　"환자분! 김어준 말만 듣지 마시고 제 말도 좀 들어 보세요!"

　딱 이런 심정이었죠.

　결국 저는 저와 다른 정치적 성향을 가진 분들께

- 대한민국이 친일파가 세우고 군부 독재 세력이 이끈 나라가 아닌, 애국자들이 피땀 흘려 일군 기적의 나라라는 것,
- 그 자랑스러운 나라의 건국을 호남인들이 주도했다는 것,
- 그래서 호남인들은 반(反) 대한민국 세력을 지지해선 안 됨을,
- 자본주의 시장 경제가 차가운 약육강식의 논리가 아닌, 인간이면 누구나 원하는 체제이기에 최대한 많은 이들을 번영하게 만들어 준다는 것

등의 주제로 페이스북에 글을 쓰기 시작했습니다. 하지만 제 스피커의 방향은 왼쪽만을 향하진 않았습니다. 전라도와 광주 그리고 5·18 단어만 나와도 혐오감을 표현하는 일부 우파 분들께는

- 호남이 그런 행동을 할 수밖에 없었던 역사가 있었음을,
- 그 혐오가 왜 대한민국 발전을 가로막는지,
- 5·18이 왜 '자유' 민주화 운동인지

에 대해서도 글을 썼습니다. 감사하게도 많은 분들의 주목을 받아 〈조선일보〉, 〈중앙일보〉, 〈동아일보〉에 칼럼을 쓰게 됐습니다. 호남이 달라지길 바라며 활동했던 '호남대안포럼'이라는 시민단체도 덕분에 많은 주목을 받게 됐지요.

이 경력들을 인정받아 국민의힘 인재영입위원이 되고 비상대책위원이 된 뒤 제 고향 광주에 출마하게 되었습니다. 당연히 낙선하긴 했지만 정치의 최전방에서 직접 유권자들을 만나보며 보수 정당이 가야 할 길에 대해 많은 생각이 들어 글로 옮겨 책을 내게 되었습니다. 자칭 진보 좌파라는 정치 세력이 대한민국의 존재와 발전 과정을 부정하고 제 고향 호남을 볼모로 잡아 세력을 키우고 있는데, 보수 우파의 주된 지지층은 매년 15만 명씩 돌아가시는 암담한 상황에서, 어떤 메시지로 어떻게 국민을 설득해서 대한민국의 지속 가능한 발전을 만들어낼지에 대한 내용을 담아 봤습니다.

저의 글을 좋아해 주신 분들과 출판을 허락해 주신 기파랑 측에 감사의 마음을 전합니다. 가정에 별 보탬은 안 되지만 시간은 많이 잡아먹는 집필 활동을 묵묵히 지켜봐 주고 응원해 준 제 처에게 역시 감사의 마음을 전하고 싶습니다. 그리고 광주에서 출마한 아들의 선거운동 도와주시느라 고생하신 어머니, 아들을 항상 자랑스러워 하셨던 하늘에 계신

아버지, 선거와 육아를 도와주신 처가 식구들, 그리고 사랑하는 내 딸 제이에게도 감사의 마음을 전합니다.

2024년 11월
글쓴이

차례

들어가는 말 팩트, 논리, 존중을 담았습니다   005

제1부 광주를 벗어나자 비로소 보인 건국과 부국

01 고등학교 교실의 5·18 노래   017

내 고향, 광주 | sad, but TRUE

02 종북은 현재진행형   022

햇볕정책은 '핵 외투'를 벗겼나 | 주사파가 장악한 대한민국

03 박정희를 다시 보다   032

기생충학 시간에 알게 된 부국 대통령 | 산업화 없는 민주화는 허상 |

1977년과 1997년의 김대중은 다르다

04 이승만, 알고나 욕하자   043

취약 국가의 건국 대통령 | Right is right

05 활자와 환자 사이   054

병원에서 느낀 축적의 중요성 | 생명에도 돈이 필요하더라 | 시장 이기는 정부 없다

제2부 보수 우파 이념의 필요성을 느끼게 한 눈앞의 적

06 호남 혐오   **067**

노무현 트라우마, 그리고 이명박 재평가 | 자식에게 '광주의 한'을 물려줄 건가

07 철책선의 군의관   **074**

주적(主敵)은 누구? | 전방 부대의 열악한 의료 현실 | OECD 말라리아 1위

대한민국, 해결책은 北 정권 제거 | 리스크 짊어진 이들에게 보상을 |

우리 국민 피 12리터로 살렸다

08 시장은 언제나 옳다   **090**

법과 경영 공부하고 알게 된 사장님의 눈물 | 사회주의는 실패의 철학,

질투의 복음 | 욕망은 발전의 원동력 | '위대한 사회주의 조국'은 왜

망했나

제3부 그들은 이래서 틀렸다

09 PC주의, 페미니즘, 환경 종말론, 복지 포퓰리즘 넘어서기　111

약자는 무조건 선하다? | 남미와 북유럽 복지국가를 동경하던 그들 |
환경 문제는 기술 개발로 극복해야 | "설치는 암컷" 망언에도 잠잠한
페미니스트들 | 정의의 기준은 '내' 편

10 미국과 중국, 우리의 우방은 누구?　132

자유 없인 문화예술도 없다 | 미·일과 중·러, 누가 더 위협인가

11 조선은 왜 망했나　146

나라를 떠받치는 다섯 가지 기둥 | 실패한 역사에 분칠이나 해서야

12 반일보다 극일　157

'신라구'와 '고쿠리', 우리는 일본에게 약자가 아니었다 | 일본의 '축적'의
교훈 | 자력으로 근대화가 가능했을까 | 일제강점기, 슬프지만 진실은

제4부 현대사 바로 보기

13 호남은 원래 보수 우파의 본산　179

호남 '좌향 좌'의 과정 | 독립운동과 건국을 주도한 호남의 정치인들 |
뿌리를 부정하는 좌파 민주당

14 신군부 시대와 5·18　195

신군부 시대는 과연 암흑기였을까 | "시장 경제 하면 민주화는 따라온다" |
5·18 정신은 자유, 반공, 친미 | 음모론의 실체 5·18의 한을 풀어 준 이는
김영삼

15 박근혜 탄핵과 문재인의 실정(失政)　211

짜 놓은 계획처럼 진행된 탄핵 | 만약에 일제 내시경을 불매한다면 |
코로나 우왕좌왕, 검수완박…

제5부 광주 출마로 피우고 싶었던 꽃은

16 호남인이 본 호남의 현실   223

'광주 정신'의 장사꾼들 | 국민 세금에 빨대나 꽂다 | 교육으로 증오를
대물림할 건가 | 평범한광주 청년이라면

17 호남의 대안   234

이제 좀 바꿔 봐야 되지 않겠습니까 | 진지전 실패의 교훈으로 뭉친
호지스탕스들 | J가 대진연에서 나온 까닭은 | 번영의 씨앗을 북녘에도 |
정율성 기념사업 반대 투쟁

18 호남인들에게 고함   259

호남 청년의 6가지 제안 | 국민의 힘 영입 | 고향 광주에 출마하다

19 지금 대한민국에 필요한 건 보수 우파의 가치   278

보수 우파란 무엇인가 | 보수 우파의 가치가 필요한 이유 | 보수는 어떻게
해야 할까

맺음말 당신을 설득하고 싶습니다   297

제1부

광주를 벗어나자
비로소 보인
건국과 부국

01

고등학교 교실의 5·18 노래

내 고향,
광주

　　　　　전라남도 무안이 고향인 아버지는 지역 어르신들
대부분이 그렇듯 김대중의 열렬한 지지자였습니다. 명절마다 가족들이
모이면 집안의 큰형이던 아버지가 목에 핏대를 올리며 노태우와 김영삼
을 욕하셨던 게 기억납니다. 선거철이 되면 목포고 동창인 천정배 전 의
원의 지원 부탁 연락을 받고 유세 현장에 나가 열렬히 응원하셨습니다.
여담이지만 아버지는 '대한민국이 낳은 천재 천정배'에 밀려 만년 2등을
하셨다네요.

　전라남도 화순이 고향인 어머니는 중고등학교 교사였습니다. 집에서
가끔 운동권 노래인 「아침 이슬」 같은 노래를 기타 치며 부르셨죠. 흔한
대중가요가 아닌 운동권 노래를 불렀던 이유를 나중에 알게 되었는데,
전교조의 전신인 전국교사협의회(전교협)에서 활동하셨을 만큼 강성 운
동권이셨습니다. 무려 서울까지 올라가서 머리에 시뻘건 띠를 두르고 신

군부에 반대하는 학생운동 단체들과 함께 투쟁하며 전교조 설립 운동에 앞장서셨다고 합니다.

1996년, 그러니까 초등학교 6학년 때였습니다. 담임 선생님께서 전날 마신 술이 덜 깼는지 혀가 꼬이는 목소리로 당신의 두 형 이야기를 해 주셨습니다. 첫째 형은 사법시험에 좋은 성적으로 합격했지만 학생운동 전력으로 검사 임용에 탈락했고, 서울의 대기업에 들어간 둘째 형은 광주 출신이라 승진을 못 해 결국 광주로 내려와 중소기업에 다닌다는 내용이었죠. 광주 출신은 서울에서 하숙집 얻기도 힘들다는 이야기로 이어지다, 5·18 때 피가 범벅이 된 시신을 본 경험담을 말씀하시며 울먹이셨습니다. 아직 세상 물정 잘 모르는 초등학생이었지만, 저는 호남이 처한 정치적 현실을 어렴풋이 알 수 있었습니다.

2000년, 그러니까 고등학교 1학년 때였습니다. 항상 개량 한복을 입고 다니시는 전교조 출신 음악 선생님의 수업 시간이었어요. 책상 위에 두툼한 방석을 깔고 가부좌를 틀고 앉아 전통 북으로 장단을 맞추며 「춘향가」, 「쾌지나칭칭나네」 등 '민족의 소리'를 열성적으로 가르치시던 분이었습니다. 그러던 음악 선생님께서 5월이 다가오자 수능 공부보다 더 중요한 것이라며 노래 한 곡을 가르쳐 주셨습니다.

꽃잎처럼 금남로에 뿌려진 너의 붉은 피
두부처럼 잘려 나간 어여쁜 너의 젖가슴
오월 그날이 다시 오면 우리 가슴에 붉은 피 솟네.

5·18 주제곡이었습니다. 노래를 다 가르치고 나서는 계엄군에게 광주

시민들이 곤봉으로 구타당하는 모습, 손목을 묶인 모습, 피 흘리는 시체의 모습 등 당시의 참혹한 장면들을 보여 주시며 5·18이 어떤 의미인지 설명해 주셨습니다. 그렇게 아버지 세대의 아픔과 분노가 저에게 대물림되었습니다. 시체에서 흘러나오는 핏물처럼 저의 사상이 붉게 물들어 버렸죠.

그랬던 제게 선거란 전쟁 같았습니다. 전라도는 민주당, 경상도는 한나라당, 충청도는 자민련이 차지하고 수도권에서 한판 승부를 벌이는 모습이 딱 어릴 적 즐겨 하던 코에이(KOEI) 사의 '삼국지' 게임과 비슷했죠. 저는 선거 때마다 민주당이 이기게 해 달라고 부처님께 삼배를 올리며 기도했습니다. 어린 마음에 민주당은 호남의 아픔을 어루만져 주고 타 지역에서 호남의 이익을 위해 싸워 줄 군대처럼 보였기 때문입니다.

재수 학원에 다니던 시절에는 학원 강사 선생님이 신군부 정권에서 호남 기업 말살하려고 '우지(牛脂) 파동'을 꾸며 내서 전라도 기업인 삼양식품을 망하게 하고 경상도 기업인 농심을 띄우려 했다고 말씀하셨습니다. 분노한 저는 그 이후론 삼양라면만 사 먹었습니다. 혼자 농심 불매 운동을 하느라 맛있는 신라면·너구리·짜파게티·안성탕면·사리곰탕면을 못 사 먹어 얼마나 힘들었는지 모릅니다. 몇 년 뒤에 호남 출신 기업가인 김연수의 삼양그룹과 강원도 출신 전중윤의 삼양식품은 전혀 다르다는 사실을 알고 허탈감과 배신감을 느꼈습니다.

수능 시험이 얼마 남지 않았을 때 서울에서 스카우트되어 내려오신 유명한 수학 선생님께서 오늘 수업까지만 하고 그만둔다고 하셨습니다. 학생들이 안타까워하며 이유를 물어보니 원장이 경영 사정이 나쁘다고 계약보다 월급을 적게 준다고 했습니다. 그러면서 다른 사람들이 전라도 사람들 안 좋게 생각해도 자신은 좋게 생각했는데 실제로 겪고 보니 사람들 말처럼 '통수' 즉 배신을 잘한다고 말했습니다. 학생들이 항의하자 사과하긴 했지만 분이 풀리지 않았습니다. 사실 그 원장님은 충청도 분이셨으니까요. 지역 바깥에서 어떻게 우릴 보고 있는지 직접적으로는 처음 들은 그날이 아직도 기억납니다.

sad,
but TRUE

        정말 열심히 공부했지만 목표한 만큼 점수가 나오지 않았습니다. 낙담한 저는 집에 처박혀 있다가 서가에 꽂힌 이문열의 『삼국지』를 읽게 되었습니다. 읽다가 깊은 생각에 잠기게 됐습니다. 정의롭고 멋있다고 여겼던 유비와 동료들이 오히려 민생을 파탄 내며 망해 버린 한나라의 시스템을 유지하려던 보수주의자였고, 오히려 간웅(奸雄) 조조가 혁신적인 군사 운용과 진보적인 민생 정책으로 부강한 나라를 만들었다는 '사실'을 알게 됐거든요. 역사를 바라볼 때 성급하게 감정적인 결론을 내리지 말고 냉정하게 '팩트'를 봐야겠다고 생각했습니다.

공부도 내가 푼 문제집 권수를 보며 억울해 할 게 아니라 결과물로서 나온 점수가 실력임을 인정하고 겸손하게 기초부터 다지자 마음먹었죠. 그리고 삼수를 시작했습니다. 학원 책상에 메탈리카의 명곡 「Sad But True」 제목을 적어 놓고 공부에 매진했죠. sad한 감정을 배제하고 true만을 보고 전진했습니다. 그렇게 세 번째 수능에서 좋은 성과를 얻어 한양대학교 의과대학에 입학했습니다.

그렇다고 저의 붉고 뜨거운 사상이 옅어지고 식어 버렸냐, 그건 아니었습니다. 서울로 올라가기 전날, 아들이 운동권 모임에 들어갈까 걱정됐던 아버지께서 강성 우익 논조를 지향하는 〈월간조선〉을 사 주실 정도였으니까요. 그 호 내용은 북한 김정일이 우리의 피 같은 돈을 받아 놓고는 반대파를 잔인하게 숙청하고 밤마다 여자들을 끼고 논다는 것이었습니다. 한번 쓱 읽고 아버지 몰래 쓰레기통에 버렸습니다. 존경하는 노짱(노무현)을 괴롭히는 조선일보가 싫어서였죠. 소극적으로 안티 조선 운동에 동참하고서는 스스로 뿌듯해 하던 게 기억납니다.

서울로 가기 전 저는 나름의 인문사회학적 공부를 통해 역사적 세계관을 확립해 놓고 있었습니다. 자본주의 맹아를 가진 조선을 망가트린 기득권 노론(老論), 독립운동가를 탄압한 일본과 친일파, 군부 독재 세력, 힘없는 노동자들을 착취한 재벌, 우리 민족끼리의 화합을 방해하는 미국에 대한 반감을 가졌던 것이죠. 전형적인 운동권 민주당 식 세계관입니다.

서울에서 저와 다른 생각을 가진 사람들과 소통하고, 일을 하면서 세상이 돌아가는 것을 겪어 보며 스스로 인문사회학적인 공부를 더욱 깊게 한 시간은 그 세계관이 철저히 깨지는 시간이었습니다.

02

종북은 현재진행형

햇볕정책은
'핵 외투'를 벗겼나

드디어 서울로 상경! 연일 새로운 사람들과 문물을 접하며 재미있는 나날을 보내고 있었습니다. 록 음악을 좋아했기에 한양대학교 의과대학 밴드 동아리에 일단 가입했고, 나머지 시간에는 아버지 몰래 중앙학생회에 가입해 운동권 사람들을 만나볼까 고민했습니다. 예과 2년 동안은 널널해 시간이 많았고 또 한양대는 나름 뼈대 있는 운동권 학생회로 유명한 학교였으니까요.

그런데 그 무렵 운동권과 전혀 상관이 없는 LG가의 외손자가 학생 복지 증진을 내걸고 학생회장에 당선이 됐다는 소식이 들려왔습니다.

'아! 애국 한양에 민족 민중의 목소리가 끊겨 버렸구나!'

한탄하며 학생회는 잊어버리기로 했습니다. 대신 정기적으로 〈한겨레21〉과 〈주간경향〉을 사서 보았고 쿠바 혁명의 상징이자 의사인 체 게바라의 얼굴이 그려진 티셔츠를 자주 입고 다녔죠. 대부분 우파 성향이던 의대 동기들과 민감한 정치 주제로 논쟁을 할 때도 민주당을 지지하는 이유를 당당히 말하곤 했습니다.

그러던 2006년 어느 날, 수업이 끝나고 동기들과 왕십리시장 골목에서 닭갈비를 먹고 있는데 이런 저의 신념을 흔들리게 한 첫 번째 사건을 TV로 목격했으니! 그건 바로 북한의 핵 실험 소식이었습니다.

불과 며칠 전에 의대 동기들과 술 마시며 김대중의 햇볕정책이 옳았다고 주장한 저였습니다. 6·25 남침 이후 1968년 김신조 청와대 침투, '76년 판문점 도끼 만행, '83년 아웅산 묘소 폭탄 테러, '87년 KAL기 폭파, '96년 강릉 무장 공비 침투, 2002년 연평 해전의 역사를 알고 있었지만, 이번만큼은 북한이 마음을 열고 민족 화합이라는 대의의 길에 함께할 것이라 믿었죠. 그러나 대한민국의 피 같은 돈을 받은 북한은 우리를 피 흘리게 만들 핵무기를 개발하고 있었던 것입니다.

"거 봐라. 저 빨갱이 새끼들은 믿으면 안 된다 그랬잖아. 안 그래, 박은식?"

이번만큼은 동기의 빈정거림에 도저히 반박할 수 없었습니다. 옹색해진 저는

"야, 그래도 햇볕정책 덕분에 북한이 점차 개방된 모습을 보였고 핵 실험도 중단했는데, 부시 정권이 악의 축으로 지목하고 노무현이 대북 송금 특검을 받아 줘 버려서 남북 관계가 파탄 난 거야. 아직 더 지켜봐야 해."

그렇게 실드를 쳤지만, 시간이 지나고 팩트를 확인해 보니 북한은 단 한순간도 핵 미사일 개발을 멈춘 적이 없었습니다. 북한이 파키스탄 핵 개발의 아버지인 압둘 카디르 칸 박사의 도움을 받아 우라늄 핵무

기 개발에 본격적으로 나선 것은 다른 정부도 아니고 김대중 정부 때인 1990년대 후반이었습니다. 첫 핵 실험은 친구들과 닭갈비를 먹던 노무현 정부 때인 2006년이었고, 핵의 고도화에 박차를 가한 것은 문재인 정부 때였습니다.

이후에도 북한은 금강산을 관광하던 박왕자 씨를 총으로 무참히 쏴죽였고, 천안함 폭침으로 우리 젊은 장병들 수십 명을 죽였고, 연평도에 포탄을 날려 주민 2명을 죽였고, 우리 기업인의 피땀이 어린 금강산 관광 시설과 개성공단 시설물을 몰수해 버린 것도 모자라 국민의 세금으로 지은 개성 남북공동연락사무소를 폭파해 버리고, 표류한 우리 공무원을 총으로 쏴 죽이고 시신을 불태워 버렸습니다.

그런데도 민주당은 북한 김씨 왕조에 뭐가 그리 빚진 게 많은지, 자기 당 문재인 대통령이 '삶은 소대가리'가 들어가는 막말을 들어도 퍼 주지 못해 안달이었지요. 이재명 민주당 대표는 정전 70주년에 "더러운 평화가 이긴 전쟁보다 낫다"면서 북에 평화의 손길을 계속 내밀어야 한다고 말했습니다. 계속해서 햇볕 같은 따스한 돈을 줘야 한다는 거죠.

그러나 평화는 적에게 돈을 주는 것으로 얻어질 수 없습니다. 오로지 힘으로만 얻을 수 있는 것이 평화입니다. 중국 송나라는 변방 절도사들의 군사 반란으로 망한 당나라의 전철을 되밟지 않으려고 군대 육성을 피했습니다. 대신 북방을 위협하는 금나라에 평화 유지를 위해 돈과 식량 등을 갖다 바쳤습니다. 그렇게 하면 춥고 척박한 땅에 사는 금나라가 침범해 오지 않을 것이라 믿었던 겁니다. 그러다 결국 금나라에 수도를 빼앗기고 황제 부자가 포로로 끌려가는 비극을 겪게 되지요. '더러운 평화'란 결국 '노예가 되는 굴욕'입니다. '전쟁이냐 평화냐'라는 질문은 잘

못됐습니다. '굴종이냐 번영이냐'가 옳은 질문입니다.

한때 호남인들의 아픔을 위로해 주던 민주당이라 '미워도 다시 한 번'
이라는 마음으로 일편단심 지지했지만, 대한민국 자체를 위협하는 북괴
김씨 정권을 감싸는데 어떻게 저의 한 표를 줄 수 있겠습니까? 그저 호
남 출신 김대중 전 대통령께서 '햇볕처럼 따스한 돈'을 북에 보내 줬다
는 이유만으로 다른 모든 호남인들도 북한의 패악질에도 불구하고 기
꺼이 피 같은 돈을 또 걷어 보내 줘야 하나요?

더 이상은 싫었습니다. 민주당을 지지하지 않게 된 큰 이유였죠. 독에
밑이 빠져 있으면 물을 더 붓는 게 아니라 과감히 깨 버리고 새것으로 바
꿔야 합니다. 인권에 대한 기본적인 개념도 없고, 타인의 사유 재산에 대
한 존중도 없고, 은혜를 핵무기로 보답하는 저 북괴 김씨 왕조는 평화와
번영의 동반자가 아니라 천벌을 받을 범죄 집단이며, 이를 지원하려는
민주당도 마찬가지라고 생각했습니다.

주사파가 장악한
대한민국

사실 민주당의 원조인 1945년의 한국민주당(한민
당)은 부유한 지식인과 지주들이 모인 우익 정당이었습니다. 김대중 정권
시절 젊은 피를 수혈한다며 영입하기 시작한 운동권 세력들이 민주당의
다수를 점하면서 성격이 변해 갔지요.

인권과 민주주의를 부르짖던 사람들이 막상인 북한을 왜 그렇게 무리
수를 두면서까지 감싸는지 궁금해져, 운동권의 사상적 기반이 된 책들

과 운동권의 역사를 공부해 봤습니다.

먼저 책을 볼까요? 리영희의 『전환시대의 논리』와 강만길·송건호의 『해방전후사의 인식』이 대표적입니다.

2017년 대선, '지금 국민들과 함께 읽고 싶은 책이 무엇인가?'라는 〈동아일보〉의 질문에 문재인 후보는 『전환시대의 논리』를 골라 화제가 되기도 했지요. 『전환시대의 논리』는 박정희 정권 시절 극단적 반공 정책으로 언론에서 부정적 이미지로만 묘사되던 공산권 국가를 새로운 시각으로 바라보게 하는 발상의 전환을 제공한 책으로 당대 지식인들에게 큰 반향을 일으켰고 운동권의 교과서로 불리게 되었지요.

하지만 잘못된 정책으로 인민 2,000만 명을 죽게 만든 마오쩌둥(모택동)의 문화대혁명과 대약진운동에 대해 '인간혁명', '웅장한 변화', '전염병이 사라졌다'고 평가하는 등 공산권 국가들을 노골적으로 미화하고, 미국과 일본에 대해서는 부정적인 부분만 서술하는 등 너무 편향적인 책이었습니다.

제목부터가 틀렸어요. 저자 리영희가 주장한 것처럼 냉전 시대가 끝나고 군사·경제적 다극화 시대로 넘어가는 '전환시대'는 오지 않았습니다. 오히려 미국을 비롯한 자유 시장 경제 국가들이 앞선 과학 기술과 정치적 역동성으로 엄청난 경제 성장을 이루면서 냉전 시대의 승리를 이뤄냈고, 소련 및 동구권 공산 국가들이 몰락하자 그들과의 경제 교류가 힘들어진 북한은 수백만 명이 굶어 죽는 '고난의 행군'을 겪었지요.

화가 나는 건, 이런 틀린 전망이 가득 담긴 책을 읽고 문재인 후보는 '희열'을 느꼈다고 당당히 말했다는 겁니다. 현재 주류를 점하는 운동권 정치인들도 비슷했겠지요. 저는 이 책을 읽고 '섬뜩함'을 느꼈습니다. 이

책에 쓰인 주장대로 국정을 이끌어 간다면 이 나라가 어떻게 되려나 하는 걱정이었지요. 걱정은 현실이 됐습니다.

다음은 무려 6권으로 나온 『해방전후사의 인식』입니다. 석 줄로 요약하자면,

- 대한민국의 건국을 주도한 이들은 친일파다.
- 민족 통일이 성취되기 이전에는 완전한 시민 사회와 근대 국가가 성립했다고 이야기할 수 없으니 정치, 경제, 문화 모두 민족을 지향해야 한다.
- 이를 잘 수행해 내고 있는 역사적 정통성을 가진 북한이 남한을 해방시킬 민주 기지다.

섬뜩하죠? 이런 책이 100만 권이나 팔리며 운동권 세대들의 근현대사를 바라보는 인식 체계를 형성했습니다.

그렇게 사상 무장을 한 운동권은 이승만-박정희-전두환-노태우로 이어지는 역사의 반대 세력이 됐습니다. 먼저 민주화운동에 뛰어든 김영삼과 김대중에 대한 비판적 지지를 하긴 했지만 이념 스펙트럼 상 훨씬 극단적이었죠.

이후 1980년대 5·18 광주의 비극을 겪으며 대학가에 반미운동이 몰아닥칩니다. 당시 전시와 평시 작전지휘권 모두를 가지고 있었던 미국이 전두환 정권의 쿠데타를 용인해 준 배후라고 판단했기 때문이죠. 실제는 미국이 우리 국내 문제에 개입할 순 없었다고 합니다.

그럼에도 대한민국이 미제(美帝)의 반(半)식민지나 다름없다고 판단한

운동권은 그 남한을 해방시킬 방법론적 차이로 NL(National Liberation, 민족 해방)과 PD(People's Democracy, 민중 민주)로 분화하게 됩니다. NL은 한국 사회의 모순이 남북 분단에서 비롯됐다고 보고 북한과 힘을 합쳐 미 제국주의를 타파해야 된다고 주장합니다. 반면 PD 계열은 한국 사회 문제의 원인으로 미국 중심 자본주의 하의 노동–자본 간 계급 문제를 지목했고 계급혁명을 해결책으로 내세웠습니다. 이들을 통칭해 부르는 것이 '86세대'('80년대 학번, '60년대생)이고, 예전에 정치 했던 사람을 386(당시 30대 86), 비교적 최근 50대까지 일선에서 정치 하는 사람을 586이라고 합니다.

엄청난 투쟁 능력으로 권력을 장악해 나간 주된 세력은 NL이었습니다. 특히 NL 계열의 다수파는 북한의 주체사상을 신봉했기 때문에 '주사파'라고 불렸습니다. 주체사상은 뭘까요? 공산주의 종주국 소련이 약해지다 쿠바 사태 때 미국의 압박에 굴복하고, 중국도 베트남과 북한을 제대로 도와주지 못하는 상황이니, 북한은 김일성 수령 체제를 강화해 정치·경제·군사적으로 자립해서 주체적으로 살아가야 한다는 겁니다. 고립무원 상황에서 독재 강화에 정당성을 부여하기 위해 나온 궤변을 갖다가 대단한 철학인 양 그럴듯하게 포장해 놓고 멋있는 척한 거죠.

이들이 모인 세력이 그 유명한 전대협(전국대학생대표자협의회)이었고, 소련이 망하고 북한이 '고난의 행군'을 해도 전향하지 않고 남은 사람들이 한총련(한국대학생총학생회연합)이 되었다가 시간이 지나 대진연(대학생진보연합)으로 이어지게 됩니다. 성남에서부터 이재명을 도와 상당수가 국회에 입성했으며 대진연은 반미 투쟁과 국민의힘 정치인들에 대한 반대 시위를 지속하고 있지요.

정계와 요직에 진출한 전대협 수뇌 출신들(괄호는 전직). 왼쪽부터 1기 의장 이인영(민주당 원내대표), 부의장 우상호(민주당 원내대표), 2기 의장 오영식(코레일 사장), 3기 의장 임종석(대통령 비서실장)

　이렇게 사상 무장이 돼 있으니 내 편의 잘못은 대의를 추구하는 데 별일 아니라고 판단하는 겁니다. "조국 가족 입시 비리가 뭐 중한가? 지금 민족을 해방시켜야 하는데, 이재명의 사법 리스크가 뭐 중한가? 부자들의 재산을 민중에 나눠 줘야 하는데"라고 말이죠. 우파를 친일파, 독재의 후손, 기득권 재벌로 상정해 놓고 자신은 그 세력을 엎어 버릴 정의의 전사로 상정하는 겁니다. 그러니 거리낌 없이 패악질을 저지르고 또 반성하질 않습니다.

　이들의 패악질을 볼까요? 1984년 '서울대 프락치 사건'이 있었습니다. 학생운동이 과열되니 전두환 정권에서는 경찰들을 학생으로 꾸며서 학교 내부를 감시했습니다. 운동권 학생이 보기엔 '프락치'였죠. 그러다 서울대에서 수업 듣던 방송통신대 학생을 프락치로 오인해서 각목으로 구타하고 물고문한 겁니다. 그 유명한 유시민과 후에 민주당 원내대표까지 되는 윤호중이 여기에 가담했습니다.

　1심에서 유죄 판결이 나오자 쓴 '항소이유서'가 유명해지며 유시민은 일약 스타 작가로 떠오르지요. 그렇게 정치에 입문해 장관도 하다 요새는 TV 예능에 나와서 자신의 지난 활동을 자랑스럽게 말합니다. 반성하지 않고 민주화 투사로 사람들의 추앙을 받고 있는 것이지요. 고문당했던 무고한 시민은 그 얼굴을 볼 때마다 당시 악몽이 다시 떠오른다며 고통을 호소하는데도요.

분열과 싸움을 반복하던 NL과 PD 계열 운동권 정치인들이 한데 뭉쳐 통합진보당(통진당)을 결성했습니다. 민주당과 선거에서 연대하며 많은 의원들을 국회에 진입시켰죠. 그중 이석기 의원은 한 회의에서 "정치군사적 전쟁을 준비하자"고 말하고, 다른 당원들은 전시에 통신과 유류 시설을 파괴하자고 했습니다. 결국 내란 선동을 한 죄로 실형을 받았다가 8년 만에 가석방됐습니다.

이들이 계속 국회의원을 하며 대한민국의 기밀들을 빼돌렸다면 어떤 일이 벌어졌을까요? 그리고 석방된 지금은 과연 가만히 있을까요? 통진당의 후신 정당인 진보당은 2023년 재보궐과 2024년 총선 때 더불어민주당의 위성정당을 통해 국회에 입성했습니다.

이런 운동권 세력에겐 자유를 찾아 대한민국으로 온 탈북자들은 그저 '위수김동'(위대한 수령 김일성 동지)을 배신한 변절자일 뿐입니다. 임종석 전 청와대 비서실장과 함께 NL 운동권 활동을 하며 방북해서 김일성까지 만났던 임수경 전 민주당 의원을 보세요. 어느 날 임 의원이 자신과 같이 사진을 찍은 탈북자의 폰에 있는 사진을 지우라고 말하자 한 탈북자가 장난삼아 "북에서는 수령님 명령도 없이 지웠다간 총살입니다" 하는 말을 했습니다. 그러자 임수경이 말했습니다.

"어디 근본도 없는 탈북자 새끼들이 굴러와서 대한민국 국회의원한테 개겨? 입 닥치고 조용히 살아, 이 변절자 새끼들아."

뿐만 아니라 문재인 정권에서는 북에서 귀순한 민간인 2명이 안대와 수갑이 채워진 채 북으로 강제 송환되기까지 했습니다. 그들에게 탈북자란 인권을 보호받을 가치조차 없는 대상이었죠.

저는 생각이 보수적으로 바뀐 지금도 평등, 분배, 복지와 같은 진보 정당이 추구하는 가치에 반대하지 않습니다. 하지만 김일성의 주체사상을 신봉하는 속칭 '주사파-NL-586-종북' 정치인들의 속성을 알고 나서는 그들이 속한 정당들에 절대 표를 줘선 안 된다고 생각하게 됐습니다. 그들이 추구하는 목적 앞에선 사람의 생명도 고려 대상이 아니기에 성숙한 토론과 공존이 불가능하기 때문입니다. '민주화'라는 탈을 썼을 뿐 '대한민국 전복 세력'일 뿐이죠.

아직도 간첩들이 국정원에 잡혔다는 뉴스가 나옵니다. 심지어 현 국회의원의 보좌관 이야기도 나오고 현직 국회의원이 북한과 밀접한 관련이 있는 일본의 조총련(재일본조선인총연합회) 행사에 참석하기도 합니다. 이런 것에 문제를 제기하면 민주당 및 일부 진보 정당들은 '철 지난 이념 공세' '색깔론'이라 합니다. 아닙니다. 보시다시피 종북 세력의 반국가적 행위는 현재진행형입니다. 철 지난 것이 아니라 지금이 제철인 것입니다. 종북을 종북이라 하는 게 왜 색깔론인가요? '사실 적시(摘示)'지요.

더 큰 문제는, 이런 간첩들을 잡는 활동도 이젠 힘들어졌다는 겁니다. 문재인 정권 시절의 결정으로 2024년엔 국정원의 대공 수사권, 즉 간첩 등 국가보안법 위반 범죄에 대한 수사 권한이 사라집니다. 경찰로 이관된다고는 합니다만 거기서 제대로 될까요?

여러분, 섬찟하지 않으신가요?

03

박정희를 다시 보다

기생충학 시간에 알게 된
부국 대통령

2007년 기생충학 수업 시간이었습니다. 연륜이 느껴지는 백발에 단정한 슈트 차림의 노교수님께서 들어오시더니 카리스마 서린 목소리로 '우리나라 기생충 보건 정책'에 대해서 강의해 주셨습니다.

일제 시대 때 일부 대도시에 상하수도 시설이 갖추어졌습니다. 하지만 대다수 시골은 똥물이 그대로 지하로 스며들어 생긴 우물을 파 먹고 살았고, 사람이나 동물의 똥을 배추 같은 채소의 비료로 썼기 때문에 30년 전까지만 해도 그야말로 기생충이 창궐했어요. 밥 먹을 때면 회충이 먼저 입 밖으로 나와 얼른 밥 주라고 퍼덕거리는 경우도 많았고, 변을 보다가 항문에 걸린 회충을 손으로 끄집어내는 일도 흔했지요. 보릿고개 때는 부실한 영양 상태에 있던 총각 처녀가 길 가다가 픽 쓰러져 죽는 경우가 많아 부검을 해 보면 장이고 폐고 뇌고 할 것 없이 기생충이 그득했었지요. 아, 기생충뿐이겠어요? 머리에는 이가 득실거렸고요. 마을에 콜레라, 이질, 결핵 같은 병들이 돌고 나면 인구 3분의 1이 사라지는 건 일도 아니었지요.

이승만 때 채변 검사 및 구충제 보급, 상하수도 시설 확대하려고 계획은 세워 놨는데, 아 돈이 어디 있고 기술이 어디 있나요? 결국 박정희가 월남 파병하고 중동이랑 독일에 인력 보내고 일본한테 굴욕적이지만 구걸이라도 해서 돈이랑 기술을 들여와 채변 봉투 사업이랑 구충제 보급을 본격적으로 시작하긴 했습니다. 그런데 아, 그 많은 지역들 상하수도 공사를 진행할 인부가 어디 있겠어요? 그래서 마을 사람들한테 "우리도 하면 됩니다! 잘살아 봅시다!" 이러면서 자부심을 갖게 해 주고 협조를 이끌어 낸 게 새마을운동 아니겠어요?

결과는 대단했습니다. 기생충이 거의 사라져 버렸어요. 옛날엔 기생충 퇴치 연구 목적으로 정부 지원금도 많이 받으니까 성적 좋은 의과대학생들이 기생충학 교실에 많이들 지원했는데, 지금은 씨가 말라 버렸지 뭡니까, 허허. 제군들, 박정희 너무 미워하지 마세요. 다 공이 있고 과가 있는 거 아니겠어요?

교수님의 이 말씀이 제 인생에서 들어 본 박정희에 대한 첫 긍정적인 평가였습니다. 저에게 박정희는 민주화운동을 탄압한 독재자이자 지역감정을 악용한 정치인으로만 각인돼 있었거든요.

인권과 민주주의를 탄압한 박정희 대통령에 대한 반감이 강의 한 번으로 당장 확 바뀌진 않았습니다. 하지만 그 시기가 산업화와 경제 발전으로 국민을 처참한 빈곤에서 벗어나게 만들어 오히려 인권과 민주주의에 눈을 뜨게 했을 수도 있겠다는 생각이 들었지요. 생존이 우선이던 신생 독립 국가의 지도자를 세계 10위 경제 대국이 된 지금 기준으로 바라봐선 안 되겠다는 생각도 들었습니다.

시간이 흘러 내과를 전공하면서 경제 사정이 어려워 건강을 돌보지 못하다가 당뇨로 발이 썩어 구더기가 그득한 환자들을 몇 번 보고 나니, 가난으로 사람이 죽어 가면 인권이고 민주주의고 다 무슨 소용인가 하는 생각을 확고히 갖게 됐습니다. 이런 분들이 의료 혜택을 받을 수 있게 만든 건강보험도 박정희가 도입했잖아요. "한 나라의 주권과 그 국민의 인권은 빈곤의 탈피로부터 시작된다"고 한 박정희의 말의 의미를 알게 된 거죠.

결국, 현명한 지도자가 경제를 일으켜 세웠다는 건 국민의 생명을 구했다는 말과 다르지 않다는 겁니다. 박정희 대통령은 북괴의 위협 속에서도 국민의 삶을 향상시키려 애썼고, 결과로 보여 줬습니다. 선입견을 버리고 박정희를 공부하고 난 뒤에는 그를 존경하게 됐습니다.

산업화 없는
민주화는 허상

잠시 박정희 시대를 살펴볼까요?

4·19 혁명 후 민주당 윤보선 대통령, 장면 총리 체제가 성립됩니다. 문제는 같은 민주당 출신 대통령과 총리가 전혀 화합이 안 됐다는 겁니다.

당시엔 의원내각제라 장면 총리에게 실질적 권한이 있었는데, 장면을 지지하는 민주당 신파와 윤보선을 지지하는 구파가 나뉘어 파벌 싸움을 하던 시기였지요. 독재자 이승만이 사라지고 민주주의만 되찾으면 만사가 해결될 것이라는 기대와는 달리, 끝도 없는 집회와 시위가 이어지고 내각은 파벌 싸움 하느라 장관이 자주 바뀌며 혼란스러웠습니다. 심지어 '가자 북으로, 오라 남으로' 같은 구호가 난무하고 일부 단체는 반공특별법 폐지, 미군 철수, 김일성 만세를 외치며 횃불 시위를 하는 등 자유 민주 체제가 위협받는 지경에 이르렀습니다.

이때 박정희가 5·16 군사 쿠데타를 일으킵니다. 쿠데타라는 단어의 어감 상 나라에 대한 반역, 총칼과 유혈이 낭자한 장면을 떠올리실 겁니다. 그런데, 대다수의 국민이 환영합니다. 심지어 광복군 출신이자 민주화운동을 하던 장준하조차 〈사상계〉라는 잡지에 지지 성명을 발표할 정도였습니다.

그렇게 집권을 했는데 아뿔싸! 나라가 완전 거지였던 겁니다. 당시 한국의 1인당 GNP(국민총생산)가 89달러로 통계 대상 125개국 중 105위였습니다. 전쟁으로 산업이 무너졌고 나라에서 공무원과 군인의 월급도 제대로 챙겨 주지 못할 때였습니다. 1955년 유엔 한국재건위원회(UNKRA)에 참여한 한 인도 의원은 "한국에서 경제 재건을 기대하는 것은 쓰레기통에서 장미가 피기를 바라는 것과 같다"고 했을 정도입니다.

이전 정부에서부터 계획한 경제개발 5개년계획이 있으면 뭐 하나요? 돈도 없고 기술도 없는데. 그래서 한일 협정을 추진합니다. 당연히 반대가 거셌죠. 이때 박정희 대통령은 특별 담화문을 발표합니다. 최근 화제가 된 담화문의 일부를 가져왔습니다.

그러나 만일 그들의 주장이 진심으로 우리가 또다시 일본의 침략을 당할까 두려워하고 경제적으로 예속이 될까 걱정을 한다면, 나는 그들에게 묻고 싶습니다. 그들은 어찌하여 그처럼 자신이 없고 피해 의식과 열등감에 사로잡혀서 일본이라면 무조건 겁을 집어먹느냐 하는 것입니다. 이와 같은 비굴한 생각, 이것이야말로 굴욕적인 자세라고 나는 지적하고 싶습니다. 일본 사람하고 맞서면 "언제든지 우리가 먹는다" 하는 이 열등 의식부터 우리는 깨끗이 버려야 합니다. 한 걸음 더 나아가서 이제는 대등한 위치에서, 오히려 우리가 앞장서서 그들을 이끌고 나가겠다는 우월감은 왜 가져 보지 못하는 것입니까? 이제부터는 이러한 적극적인 자세를 가지고 나가야 합니다. 하나의 민족 국가가 새로이 부흥할 때는 반드시 민족 전체에 넘쳐흐르는 자신과 용기와 긍지가 있어야 하고 적극성과 진취성이 충만해야 하는 것입니다.

멋있지 않나요? 이때 일본에서 받은 돈과 기술로 경부고속도로 등 사회 기간 시설을 마련하고 포항제철 같은 산업을 키워 냈습니다. 그리고 한일 국교 정상화 조치는 한국이라는 존재가 국제적으로 공식 인정받고 평가받는 데 중요한 역할을 했습니다.

당시 한국은 6·25 전쟁, 남북 극한 대립, 4·19로 이승만 정권 붕괴, 군사 쿠데타 등으로 국가 이미지가 불안하기 짝이 없었죠. 국가 리스크가 큰 나라는 해외로부터 자력으로 투자나 차관을 받기가 어려울 뿐 아니라 일상의 경제 교류조차 잘 이루어지기 어렵습니다. 한일 국교 정상화를 통해 한국은 국제적으로 안심할 수 있는 나라로 인정받아 이후 여러

나라로부터 투자와 차관 등을 받게 되어 경제 교류와 인적 교류가 가능한 나라가 된 것이죠. 중국이 문화대혁명이라는 미친 짓을 하고 있을 때 우리는 더 늦기 전에 기술도 받아들이고 자금도 빌려서 경제 발전에 투자한 겁니다. 세계 시장에서 중국이란 거대한 생산 공장이 등장하기 전에 공장 역할을 했고, 그 자본과 기술을 바탕으로 선진화에 박차를 가한 것이지요.

당시만 해도 우리보다 부강했던 북한은 지속적으로 군사적 위협을 가하고 있었습니다. 1968년 1월 21일에는 김신조를 포함한 북한 민족보위성 소속 공작원 31명이 북악산을 넘어와 청와대를 습격해 박정희 대통령을 암살하려 했습니다. 이런 상황인데도 닉슨 대통령은 1969년 "아시아 각국의 안보는 스스로 알아서 하라"는 닉슨 독트린을 발표합니다.

주한 미군마저 철수하려는 상황에서 베트남마저 공산화되려는 최악의 사태가 벌어지자, 박정희는 가난한 농경 국가를 선진 산업 국가로 가는 막차에 태우기 위해 그야말로 '발악'을 했습니다. 경공업에서 중화학공업으로 한 단계 도약시키고, 안보·경제 분야에서 국제적인 위기를 타파하고자 유신 개헌을 시도한 겁니다.

맞습니다. "어떻게 유신 독재를 그렇게 좋은 문장으로 포장해 쓰냐?"고 하실 겁니다. 이 부분은 독자 여러분이 저를 비난해도 어쩔 수 없습니다. 다만, 한 가지 묻고 싶습니다. 유신헌법 개헌 과정에서 찬성표를 던진 90퍼센트의 국민들, 이 책을 보는 분들의 어머니 아버지들을 욕할 수 있나요? 그만큼 전 국민적으로 위기의식이 팽배해 있었고 박정희 대통령의 결단을 지지해 줬다는 겁니다.

중화학공업에 투자하는 기업들에게 박정희 대통령은 각종 특혜를 제

공합니다. 심지어 사채 동결까지 해 버립니다. 시장 경제에 완전히 어긋나는 정책이었죠. 시장 경제 원리를 신봉하는 우파 지식인들도 변명해 주기 힘든 부분입니다.

하지만 그럴 만한 상황도 분명 존재했습니다. 건실한 대기업도 알고 보면 사채 없이는 운영하기 힘들 만큼 허약했다는 것이고, 새로운 산업을 일으키기에 힘이 모자랐다는 겁니다. 그 힘든 상황에서도 박정희는 기업인들과 힘을 합쳐 중화학공업화에 박차를 가합니다. 그래야 고부가 가치 산업을 만들어 내고, 무엇보다 북한의 위협에 맞설 무기들도 만들어 낼 수 있으니까요.

어떤 사람들은 이 시기를 '재벌과의 정경 유착을 만들어 낸 시대'라고 폄하합니다. 틀린 단어입니다. '정부와 기업의 경제 협력'이라는 좋은 단어를 두고 왜 '유착'이라는 부정적인 단어를 쓰는 건가요? 아니, 우리나라가 무슨 영국, 프랑스, 네덜란드, 스페인처럼 대항해 시대와 산업혁명을 겪으며 축적된 기술이 있었나요? 아니면 식민지를 거느린 강대국들처럼 축적된 자본이 있었나요? 우리에겐 아무것도 없었습니다. 아무것도요. 뭐라도 해서 성공할 수 있는 방향으로 노력한 것이 왜 부정적인 단어로 프레이밍돼야 한단 말입니까?

그 리더십에 국민은 중동의 뜨거운 현장에, 독일의 탄광과 병원에, 베트남 전선에 기꺼이 나서며 눈물 없인 볼 수 없는 희생과 높은 지지로 화답해 세계가 부러워하는 기적의 역사를 만들어 냈습니다. 호남도 마찬가지였습니다. 천형(天刑) 같았던 보릿고개가 사라지는 기적을 겪고, 여수·광양 지역이 공업단지로 개발되는 것을 보며 민주당의 전신 정당들보다 박정희의 공화당을 더 지지했고, 민주당의 윤보선과 공화당의 박정희의 대결에서도 박정희를 더 많이 지지했습니다.

박정희의 리더십과 국민의 피와 땀이 담긴 노력의 결과는 대성공이었습니다. 1970년대 초까지 북한은 외형적, 실질적으로 모든 면에서 한국을 앞서고 있었습니다. 1인당 GNP를 보면 1964년 북한은 194달러, 남한은 107달러였죠. 이 격차가 처음 없어진 해가 1972년이었습니다. 둘다 317달러였죠. 이후 박정희 정권의 제조업 육성책이 성과를 거두면서 1974년부터 한국이 535달러로 북한 461달러를 앞지르기 시작합니다. 박정희 정부는 1964년 수출 1억 달러를 달성합니다. 1971년에는 수출 10억 달러를, 1977년에는 100억 달러를 달성하죠. 박정희 집권 16년 동안 100배 넘게 성장한 겁니다.

물론 당시 인혁당 사건, 노동 3권 억제 등 인권과 민주주의에 부정적인 영향이 있었던 것은 사실입니다. 하지만 반공 민주 정신은 반(反)민주가 아닙니다. 냉전이 끝나지 않아 안보 위협과 먹고 사는 경제 문제가 해결되지 않았는데 민주주의가 가능할까요? 산업화가 되지 않은 가난한 나라들을 보세요. 인권과 민주주의가 이뤄지고 있나요?

저는 한 나라가 선진적인 자유 민주주의 국가로 발전하는 데 우선시되는 가치가 분명히 있다고 생각합니다. 왕이 아니라 국민 개개인이 주인이 되려면 경제적 자유가 필수적입니다. 산업화 없는 민주화가 허상인 이유입니다. 당시의 상황도 고려해서 바라봐야 한다고 생각합니다.

박정희가 일제 시대 만주군관학교를 나와 독립군을 탄압했다는 주장을 하는 분들이 있습니다. 태어나 보니 나라가 일본인데, 출세의 기회를 잡으려 노력한 것에 그렇게까지 부정적인 잣대를 들이대는 것은 옳지 않다고 생각합니다. 그리고 당시 만주에는 자유시 참변 이후로 독립군들이 거의 없었기 때문에 간도에서 생활하는 한인들을 괴롭히는 마적떼를 소탕하는 것이 주된 업무였습니다.

박정희가 한때 남로당원이었다는 것도 비판 대상입니다. 맞습니다. 그런데 이후 전향해서 6·25 때 전공을 세우고 대통령이 되어 나라를 발전시킨 공을 봐야지요.

1971년과 1997년의
김대중은 다르다

고향 어르신들은 1971년 대통령 선거에서 김대중이 당선됐으면 박정희보다 나라를 잘 이끌었을 것이라 하셨고, 저 역시 같은 생각을 가지고 있었습니다.

그런데요, 만약 1971년 대선에서 김대중이 당선돼 그가 제시했던 공약처럼 경제 분야에서 외자 유치 반대, 내수 중심 경제 운용, 경부고속도로 반대, 100만 농가 창설, 노동자 경영 참여, 부유세 도입 등 '대중경제론'을 실천하고, 안보 분야에서 4대국(미국·소련·중공·일본)의 안전 보장만 믿고 향토예비군 폐지, 군 복무 단축 등의 공약을 실천했다면 대한민국이 이만큼 발전할 수 있었을까요?

전 아니라고 봅니다. 당시 김대중의 장충단공원 연설의 한 부분을 봅시다.

건설이라는 것은 국민 전체가 잘살기 위한 것이요, 나라의 경제의 혜택이 마치 우산살이 펴지듯이 모든 국민에게 고르게 퍼져 나갈 때, 그 경제 건설은 잘된단 말이오. 그렇기 때문에 세종대왕 시대가 성군(聖君)의 시대라는 것은, 그 당시에는 고속도로도 없었고 울산공업단지도 없었지만, 우리가 성군의 시대라는 것은 비록 그 시대에는 무명베옷을 입고 산천지를 걸어다녔지만 국가의 혜택이 고르게 분배되었던 것이오.

황당하죠? 그러나 결국 김대중도 군부 정권의 탄압을 피해 미국으로 가서 공부한 뒤 시장 경제를 중시하는 정책 노선으로 바뀌었습니다. 김대중은 1997년 대선에서 평화적 정권 교체로 민주화를 완성시켰고, 그의 목숨을 위협했던 이들에게 정치 보복을 하지 않음으로써 국민의 단합을 이끌어 내고 IMF 위기를 극복했습니다. 또 노동 유연화, 대일 관계 개선, IT 선진화 정책을 실현해 우파 진영에서도 칭찬을 받았습니다. 1971년의 김대중은 틀렸고, 1997년의 김대중은 옳았던 것입니다. 1960년대부터 '70년대에는 박정희의 리더십이 옳았습니다. 산업화 과정에서 박정희는 나라를 그야말로 building, 건설했습니다.

결국 박정희도 김대중도 대한민국의 쓰임을 받아 시대가 요구하는 정치적 소임을 다했습니다. 모두 대한민국의 자랑스러운 정치인인데 특정 지역의 상징으로 끌어들여 숭배하며 그의 후신임을 자처하는 정당에 무조건 표를 주고 상대 정치인을 비하할 필요는 없지 않나요? 호남의 어르신들과 청년들이 제가 한때 그랬던 것처럼 선입견을 가지고 박정희를 부정적으로만 평가하지 않았으면 좋겠습니다.

자라나는 청소년들에게 대한민국이 성장해 온 과정을 '악습이 쌓여가던 적폐의 시간'이 아닌, 현명한 정치인들의 활약으로 식민지였던 나라가 산업화와 민주화를 모두 이룬 '기적의 시간'이었다고 가르치면 얼마나 좋을까요? 우리 역사를 긍정하는 생각이 나라를 더 부강해지는 방향으로 이끌 것이라고 믿습니다.

한 외신 기자가 쓴 책 제목이 유난히 눈에 들어왔습니다.『기적을 이룬 나라, 기쁨을 잃은 나라』(다니엘 튜더, 노정태 옮김, 2013). 대한민국, 그리고 대한민국을 빌딩한 박정희에 대한 긍정이 필요한 때입니다.

04

이승만, 알고나 욕하자

취약 국가의
건국 대통령

　　　　　건국 대통령의 과오만 중점적으로 서술해 놓은 교과서를 보며 자란 저는 당연하게도 이승만에 대해 매우 부정적인 생각을 가지고 있었습니다. 5·18의 아픈 기억 때문에 신군부와 맥을 같이하는 정치 집단에 반감이 큰 광주에서 자랐으니 더욱 그랬지요.『해방전후사의 인식』,『전환시대의 논리』같은 책을 읽기 전에도 시중에서 팔리는 근현대사 서적 대부분이 그와 같은 내용을 담고 있었습니다. 또 저뿐 아니라 많은 분들이 봤을 유튜브 영상「백년 전쟁」같은 것도 이승만과 박정희에 대한 부정적 인식을 갖게 하기에 충분했지요.

　이런 콘텐츠들에서 볼 수 있는 역사관을 '수정주의 역사관'이라고 합니다. "민족 분단의 책임이 북한이 아니라 미국과 이승만에 있다"는 그 주장에 찌들어 아직 민주당만을 지지하던 2014년이었습니다. EBS에서 방영된 허동현 교수의「21세기에 다시 보는 한국근현대사」를 보고, 마치 영화 「매트릭스」의 모피어스가 건넨 '진실의 빨간약'을 먹은 듯 큰 충격을 받았습니다. 당시의 국제적인 상황을 이해하고 나니 이승만이 얼마나 탁월한 선택을 했는지 알 수 있었기 때문입니다. 7년 전 기생충학 시간에 처음 박정희에 대해 긍정적인 소리를 들었듯, 이승만에 대해 처음 긍정적인 평가를 들은 것이죠.

이를 계기로 이승만에 대해 더 깊이 공부를 하고 나서, 저의 역사 인식이 특정 정치 집단이 추구하는 이념을 지지하도록 필요한 사실만 선택 주입된 결과물이구나 하는 일종의 배신감이 들었습니다. 그리고 이승만이라는 정치인을 진심으로, 아주 많이 존경하게 됐습니다. 정치에 관심이 있던 좌파 성향이 강한 광주 친구들과의 만남 약속이 불편해진 것도 바로 이때부터였습니다. 술을 마시면 정치 이야기가 나올 수밖에 없었고, 싸움이 날 수밖에 없었으니까요.

당시에 친구 L과 이런 대화를 나눴습니다.

L   이승만을 존경한다고? 야, 전쟁 터진께 국민들보고 안심하라 해 놓고 지 혼자 토껴 븐 놈을 뭘 잘했다고 존경허냐?

나   전쟁 나믄 당연히 "우리 군이 잘 할랑께 걱정 마쇼"라고 방송하지 그럼, "큰일 났응께 도망가쇼"라고 방송하겄냐? 갑자기 밀고 내려와 븐께 반복해서 틀어 주던 라디오 못 끄고 후퇴한 거제. 한강철교도 이승만이 끊으라고 한 게 아니고, 채병덕 육군 참모총장이 안 되겠다 싶어서 보고 없이 끊은 거여. 글고 끊어진 다리에 매달려서 아비규환인 사진은 한강 철교가 아니라 인천 상륙작전 후 압록강까지 진격했다가 중공군의 개입으로 후퇴할 때 유엔군이 폭파시킨

왼쪽이 1950년 6월 28일 폭파된 한강철교, 오른쪽은 그해 겨울 중공군의 남하를 지연시키기 위해 유엔군이 폭파한 대동강 철교 잔해를 건너는 피난민들

대동강철교를 AP 통신 기자가 찍어서 1951년 퓰리처상 받은 거고.

L   이승만은 반민특위 해산시킨 친일파잖아!

나   원래는 일제 경찰 출신들 거의 잘라내서 80프로가 일제 부역 경력 없었어. 경무과장도 독립운동가 조병옥이를 임명했었지. 근데 우리 해방될 땐 국민 80프로가 글을 모르고, 제주 4·3, 여순 사태, 대구 사태 이런 거 맨날 생기고, 정치인들끼리 서로 테러하고 조폭이 주름잡던 시대라니깐? 경험이 없던 경찰관들이 잘 해내겄냐? 온갖 사고가 터지고 일 처리가 잘 안 되니께 일본한테 부역했던 경찰관들 다시 고용한 거제. 이거는 독일한테 지배당한 동유럽 국가들도 마찬가지여.

경제 규모도, 군대도 북한의 절반도 안 되는데 김일성이가 소련이

지원해 준 탱크로 막 밀고 내려와 브러. 그 상황에서 일본이랑 일 좀 했다고 치안이랑 국방 전문가들 다 내쳐 블믄 나라가 어떻게 되겠냐? 그렇게 되믄 친일파 아빠들 다 실업자 돼 갖고 민주당 정치인들 태어나기나 했을랑가 모르겠다. 글고 너, 반민특위를 주도했던 정치인들 중에 열세 명이나 북한 간첩에 포섭됐다가 들킨 '국회 프락치' 사건이라고 들어 봤냐? 민족을 팔아넘긴 놈들 심판하는 것도 중요하지만, 대한민국 정통성을 부정하려는 북한과 남로당의 공작이 분명히 존재했었다니깐? 니 말대로면 이승만보다 친일파들 훨씬 많이 기용한 김일성도 친일파겠다.

이승만은 미국에 있을 때부터 일본이 곧 쳐들어올 거고 결국엔 망할 거라는 내용 담은 『Japan Inside Out(일본내막기)』 책 내서 베스트셀러 돼 갖고는 엄청 유명해졌어. 해방 뒤에 독도가 아직 누구 건지 애매한 상태에서 일방적으로 선 그어서 우리 땅으로 만들어 블고, 대마도도 우리 거라고 주장하면서 대한해협에서 일본 어선들 막 잡아들였다니깐! 이래도 이승만이 친일이냐? 아니잖아.

L   그래도 프랑스처럼 확실하게 부역자들을 청산했어야지!

나   프랑스? 야, 비교할 걸 비교해라. 전 세계에 식민지 경영하는 초강대국이 잠깐 독일한테 졌지만 본토가 다 점령되지도 않았고 미국이 도와줘서 금방 되찾을 수 있는 상태로 4년 정도 점령당한 거랑, 우리처럼 지지리 못살다가 총 한 방 못 쏘고 고종이 나라 팔아 36년간 지배당한 거랑 같냐? 그래, 프랑스처럼 재판 대충 해서 "저것이 독일 협력자 년놈이오" 하면서 칼로 막 쑤셔 블고, 여자들 삭발시켜다가 '독일놈과 붙은 년' 팻말 목에 걸고 거리 행진하게 시키믄, 그게 식민 잔재 청산이냐?

L   넌 어떻게 부정 선거 한 독재자를 옹호하냐?

나   자유당 부정 선거 말하나 본디, 이승만은 경쟁 후보였던 조병옥 사망으로 당선 확정이었어. 부통령 선거에서 자유당 사람들이 장난친 거제. 독재자는 말이여, 국민의 재산을 국유화해 놓고 지 맘대로 해. 김일성이 한 무상 몰수, 무상 분배가 바로 그거여. 맘대로 매매, 상속도 못 하는 데다가 집단농장화로 바뀌었는데 뭔 분배? 독재 강화 수단이제.

이승만은 농지 정책 수립 전문가로 자신의 정적이자 사회주의자인 조봉암을 파격적으로 기용했어. 그리고 유상 몰수, 유상 분배해서 국민이 자유롭게 처분할 수 있는 사유 재산을 늘려 줬어. 그해 생산량의 30프로를 5년만 내면 자유롭게 상속, 매매 가능한 내 땅이 되는 거지. 그러면서 지주한테는 땅을 내주면 국채를 주거나 일본이 버리고 간 공장을 줘서 운영시키고, 그 땅에 학교를 지으면 세금을 대폭 감면해 줘서 교육 시설이 대폭 늘어나게 돼. 재산 분배와 경제와 교육을 동시에 챙긴 것이지. 그렇게 국민에게 '지켜야 할 나의 것'을 만들어 준 정책이 6·25 때 국민이 용감히 싸울 원동력이 된 거여. 세상에 어느 독재자가 국민의 재산 소유권을 늘려 주냐?

그리고, 세상 어느 독재자가 시위 좀 한다고 하야하냐? 탱크로 밀어 블제. 이승만은 시위하다 다친 학생이 있는 병원에 가서 "부정을 보고 일어서지 않는 백성은 죽은 백성이다. 학생들이 참으로 장하다"고 말했어. 게다가 국민이 한 사람이라도 더 똑똑해지길 바라며 부족한 재정에도 초등 의무 교육을 시행한 이승만이 과연 독재자일까? 우리랑 비슷한 수준이던 아프리카, 라틴 아메리카, 동남아 국가들 독립할 때 이디 아민, 폴 포트 같은 독재자들 공부해 보면, 너 절대 이승만한테 독재자 소리 못 헐 거다. 그쪽 나라들, 아직도 군부 독재에 막장 정치 허고 있잖어. 그렇다고 선진국은 뭐 얼마나 더 선진적인 정치 했간디? 미국은 1965년에야 흑인한테 처음 투표권 줬고, 스위스는 1971년에 여자한테 처음 투표권을 줬다니깐. 그 시대가 원래 그런 상황이었다고. 지금이랑은 비교가 안 돼.

L   미국 꼭두각시 노릇 하느라 같은 민족끼리 전쟁하면서 얼마나 많은 사람이 죽었는디? 그래도 옹호할 거냐?

나   해방될 때 동아일보에서 실시한 여론조사를 보믄, 국민의 80프로가 공산+사회주의를 원하고 있었어. 미국마저 소련이랑 마찰을 피할라고 좌우 합작 지지하고, 유럽 신경 쓰느라 한반도에서 철수 준비할 때, 김일성은 이미 소련 지원 받아 갖고 군대 만들고 법 만들고 정부 만들어 브렀다니까? 이런 상황에서 김구랑 김규식이 백날 김일성을 만나 봐야 협상이 되겠냐? 심지어 남북 협상 열리기도 전에 이미 결의문이 정해져 있었어. 애초에 남북 협상 쇼를 이용해서 북한 정권의 정당성을 확보하려던 장난질이었제.

그리고 공산주의자들은 원래 믿을 수가 없어. 1945년 폴란드 공산당은 국민투표 결과를 조작했고, 헝가리에서는 20프로밖에 득표 못 한 공산당이 소련군 비호 아래 정권을 강탈해 브렀어. 민주적인 절차와 합의 자체가 불가능한 놈들이랑께! 이승만이 이런 공산당의 본모습과 국제 정세를 잘 파악해서 천만다행으로 김일성 장난질에 안 넘어가고 남한만이라도 단독 선거를 진행한 게 반민족적이라고?

난 전 세계 절반이 공산화되는 이 거대한 물줄기를 조그만 반도 끄트머리에서 온몸을 바쳐 막아 내고 자유 민주주의를 지켜 낸 게 민족을 위한 최선의 선택이라고 봐. 6·25 때 전쟁 났다고 뭣하러 먼 나라에서 지원군 보내 줬겠냐? 다 이승만이 외교력 발휘해서 유엔 승인 받아 합법성 인정됐으니까 자유세계 국가들이 도와준 거잖어.

그 과정에서 이승만은 미국에 전혀 순종적이지 않았어. 오히려 빨리 휴전하고 싶은 미국이 야당이랑 짜고 이승만을 제거해 본 다음에 군정을 실시하려는 에버레디 플랜(Plan Everready)을 검토했을 정도지. 이승만이 굴하지 않고 직선제 개헌을 해낸 게 부산 정치파동이야. 이게 단순히 권력 장악을 위한 이승만과 야당 사이의 정쟁이 아니야. 민주냐 독재냐도 아니야. 신생국가 대한민국이 가야 할 방향, 즉 '내각제냐 대통령제냐, 북한과 타협하고 멸망할 것이냐, 싸우고 지켜 낼 것이냐'라는 큰 물줄기를 정하는 투쟁이었던 것이라고.

난 정당 정치가 오래 뿌리내린 나라들에서 하는 내각제는 신생국가 대한민국에서 가능하지 않았을 거라고 봐. 그리고 이대로 리더십 없이 적당히 전쟁하다 미국이 말 잘 듣는 정치인 대통령 세우고 떠났으면 우리나라도 베트남처럼 패망하지 않았겠냐?

그렇게 74.6프로 압도적 지지로 2대 대통령이 된 이승만은 불리하게 진행되는 휴전 협상을 뒤집으려고 반공 포로를 석방해 버리는 벼랑끝 전술을 썼어. 그렇게 미국한테 '한미 상호방위조약'을 얻어 내. 대한민국 침범은 곧 최강대국 미국 침범과 같게 되는 시스템을 만든 거라고. 강대국들 사이에서 언제 먹힐지 모르던 나라가 안보 문제를 해결해서 번영의 기반을 마련한 거여. 경제 원조는 당연

1953년 6월 이승만 대통령의 반공 포로 석방을 환영하는 집회

하고, 미국 꼭두각시 노릇한 게 아니라 오히려 국익을 위해서 미국과 싸워 가며 대한민국 건국과 안보를 쟁취한 거제. 미국 대통령 아이젠하워는 이 동맹을 두고 "너무나 불만스런 동맹"이라고 했을 정도랑께.

한미 상호방위조약은 또 대한민국이 중국이 주도했던 낡은 대륙 세력의 연결을 끊고, 미국과 유럽이 주도하는 자유적 국제질서에 편입돼 해양 국가로서 문명사적인 전환을 하는 데 안전판을 마련한 큰 의미를 지녀. 막장 국가 조선 시대랑 식민지를 인제 막 벗어나 모든 것이 취약했던 국가의 첫 지도자가 이 정도면 잘한 거 아니냐? 물론 잘못한 점도 많지만, 구구단도 버벅이는 상태에서 미적분 바로 가능하냐? 안 되잖아.

L　　그래도 초대 대통령은 무장 투쟁 한 김구였어야 해.

나　　김구? 목숨 걸고 무장 투쟁을 한 공로는 당연히 인정받아야 겠지만, 신생국가 대한민국에는 이승만처럼 국제정세의 흐름을 잘 알고 있는 사람이 대통령이었어야 하지 않을까?

Right is right

　　　　　　　제 말이 끝나면 친구들은 대부분 반박하지 못했습니다. 이후 다시는 저와 정치 이야기를 하지 않았죠.

　시간이 흘러 2023년 2월 설날에 광주에서 서울로 올라오는 SRT에서 L을 다시 만났습니다. 반갑게 인사하고, 창밖을 가리키며 제가 먼저 말을 꺼냈습니다.

나　　쩌~그 아파트 너머가 1946년 6월 3일 이승만이 남한이라도 선거 해서 정부 세우자 연설했던 정읍동초동학교여. 지금 보면 잘한 거 같지 않냐?

L　　아이고, 됐다 임마, 이승만 얘기 그만 해 불자.

나　　야, 우크라이나 봐 봐. 미군이 주둔했다믄 감히 러시아가 쳐들어오기나 했겠냐? 이승만이 원자력 산업 육성하지 않았으면 너랑 나랑 이렇게 SRT 타고 다닐 수나 있었어? 지금의 대한민국을 있게 한 게 '정읍 선언'이야. 이승만이 옳았다고!

사형에서 무기수로 감형되어 한성
감옥에서 복역하던 시절의 청년 이
승만

ㄴ   와~ 너 고등학생 때는 안 그랬잖
아? 전라도 놈이 어쩌다 이렇게 극우로
변해 브렀다냐?

나   이승만 존경하면 다 극우냐? 3대
대통령 선거 때 보면 오히려 대구가 좌
익 조봉암을 72프로 지지하고, 전라남
도가 이승만을 72프로 지지했어. 전라
도가 우파의 본산이었다고.

  이런 생각을 가진 제가 극우(far right)적
인가요, 아니면 바른(right) 생각을 가진 걸
까요? 식민지에서 갓 독립한 대한민국을
전 세계가 인정했고, 75년 지난 지금은 선
진국으로 인정합니다. 여기에 이승만의
공이 없다고 할 수 있을까요?

  과거를 분노의 시선으로만 바라보지 않았으면 좋겠습니다. 비록 건
국-산업화-민주화 과정에서 상처받은 분들이 많지만, 조금만 분노를
내려놓고 당시 우리의 상황과 세계정세를 같이 공부해 보면 대한민국
건국의 정통성을 무너트리려는 이들의 음해가 얼마나 터무니없는 것인
지, 그리고 이승만의 진가를 인정하실 수 있을 겁니다.

  마지막으로, 이승만이 의회 민주주의를 주창하다가 고종 황제에게 잡
혀 사형 선고를 받고 한성감옥에서 복역하던 청년 시절 사진 볼까요?

독립협회의 만민공동회라고 들어 보셨죠? 입헌 군주제를 주창한 만민 공동회의 스타 이승만은 그러니까 운동권의 원조였습니다. 전근대적 조선, 제국주의 일본, 공산주의 북한과 한평생 싸우며 민족과 국가가 나아갈 길을 제시한 이승만은 4·19가 일어나자 스스로 하야한 뒤 하와이에서 쓸쓸하게 숨을 거둡니다. 그의 마지막 기도는 이러했습니다.

　　이제 저의 천명이 다하여 감에 아버지께서 저에게 주셨던 사명을 감당치 못하겠나이다. 몸과 마음이 너무 늙어 버렸습니다. 바라옵건대, 우리 민족의 앞날에 주님의 은총과 축복이 함께하시옵소서. 우리 민족을 오직 주님께 맡기고 가겠습니다. 우리 민족이 굳게 서서 국방에서나 경제에서나 다시는 종의 멍에를 메지 않게 하여 주시옵소서.

　저는 불교 신자이지만 저 마지막 기도문을 볼 때면 울컥해집니다. 우리 민족이 진정한 자유인이 되길 바라며 한평생을 투쟁한 이승만 대통령이 제대로 된 평가를 받기를 바라 봅니다.

05

활자와 환자 사이

병원에서 느낀

축적의 중요성

　　　　　의대 시절과 진짜 의사가 되고 나서의 경험들도 생각을 바꾸게 만들었습니다.

가장 먼저, 축적의 중요성을 알게 됐습니다. 고생을 해야 무언가 얻어지는 것이지, 세상에 공짜는 없더란 말입니다.

기본 교양을 익히는 의예과 2년을 마치고 해부학, 생리학, 조직학 등 갑자기 학습량이 많아지는 본과 1학년 때였습니다. 정말 힘들게 공부했습니다. 한 과목이라도 F를 맞으면 전체 학년을 다시 다녀야 했고, 동기와 후배가 선배가 돼 버리는 굴욕을 당하게 될 수 있었습니다. 타과에 비해 비싼 등록금도 버거웠죠. 목포 출신이라 광주전남향우회를 같이 했던 동기가 과중한 학습량에 우울감을 토로하다 자살을 했을 정도입니다.

매 학년마다 5~10퍼센트씩은 유급을 당하는 중압감을 이겨 내고 공부를 해 겨우 의사가 됐습니다. 그런데 수련은 더 만만치 않았지요. 노동법이라는 것 자체가 수련 중인 전공의에겐 의미가 없었습니다. 병원에서 숙식(레지턴트)을 해결하며 도제식 교육으로 배우는 것이었죠.

교수나 선배들에게 폭행을 당하는 것도 흔했습니다. 오죽했으면 모교인 한양대병원 정형외과가 신입 전공의를 모집할 때 쓰는 홍보 문구가 이랬습니다.

'우리는 때리지 않는다.'

그만큼 병원 내부의 폭력이 만연했다는 얘기죠.

저도 교수님 회진 때 차트를 완결하지 못했다가 교수님께 철판 차트로 머리를 얻어맞은 적이 있습니다. 고3 때 모의고사 망치고 소위 말하는 '빠따'로 엉덩이를 맞아 본 후 10년 만에 맞아 보니 참 기분 이상하고 더럽더군요. 일도 힘든데 맞기까지 하다니 그만둘까 고민도 했습니다.

그런데 절 위로한다며 해 주는 동기의 말이 압권이었습니다.

"은식아, 참아. 잊어버려. 성형외과 K 교수는 전공의를 탈의실 캐비닛에 처박아 놓고 발로 미친 듯이 찍어 버린대. 우린 그나마 나은 편이잖아."

그 말 듣고 고개를 끄덕인 제가 더 압권이었을까요? 폭력이 정당하다는 게 아니라, 사람의 목숨을 다루는 현장에서 실수하지 않고 빠릿빠릿하게 움직이게 하기 위한 방편이라는 미명 하에 폭력을 견디며 수련을 받았다는 얘깁니다.

심장내과에서 수련 받을 때입니다. 심혈관촬영술 및 스텐트 시술을 하면 아무리 차폐옷을 갖추어 입어도 의사도 어느 정도는 몸에 방사선을 쬘 수밖에 없습니다. 환자를 위해 의료진이 방사선을 맞는 거죠. 심장내과 회식 자리에서 교수님께서 한탄하셨습니다.

"나는 5년 전부터 방사선 쬐게 되는 왼쪽 종아리에 털이 안 나."

펠로가 거들었습니다.

"저는 종아리엔 원래 털이 적어서…. 꼬추 털이 왼쪽이 더 적어지더라구요."

그렇게 고생하며 공부해서 환자를 보는 기술을 온몸에 익혔습니다. 내시경 정도는 뭐 눈 감고도 하고요, 이젠 웬만한 병은 환자에게 자신 있게 원인과 치료와 예후를 말해 줄 수 있습니다.

이런 과정을 겪고 나니, 개인이건 나라건 성취를 이룬 것이 결코 쉽지 않다는 것을 비로소 알겠더군요. 변방의 섬나라에서 패권국으로 성장한 일본, 전 세계 최빈국에서 세계 10대 경제 대국이 된 대한민국, 모두 '축적의 과정'과 그에 따르는 고통이 있었다는 생각을 가지고 역사를 바라보게 됐지요.

1948년부터 2024년까지 대한민국 76년 동안 민주당 계열이 집권한 기간이 네 차례에 16년 정도입니다. 그 나머지 '60년의 축적'이 없었더라면 지금의 대한민국이 존재할 수 있었을까요?

생명에도
돈이 필요하더라

환자를 진료하며 절실히 느낀 두 번째는, '돈보다 생명을'이라는 중2병적 문구가 아니라 '생명은 돈이 필요함'이더라는 겁니다.

서울의 한 종합병원에서 근무할 때입니다. S 병원에 위암 수술을 예약해 두고 식욕 부진으로 잠시 우리 병원에 입원해 있던 환자가 갑자기 선홍색 혈변을 보고 혈압도 떨어졌습니다. 당일 아침 헤모글로빈(빈혈 수치 검사) 결과는 6이었습니다. 성인 남성 정상 범위가 13.5~17.5이니까, 몸속 피가 하루 만에 반 토막이 난 거죠.

'씨×, ×됐네. 이거 cancer bleeding(암성 출혈) 같은데?'

암성 출혈은 아무리 지혈을 해도 진물 나오듯 출혈이 멈추지 않아 지혈에 성공하기 어렵습니다. 수술 예정이던 S 병원에 연락했지만 아니나 다를까, 암성 출혈은 내시경으로 해 줄 수 있는 게 없고 영상시술, 외과 수술 일정은 꽉 차서 환자를 도저히 못 받아 준답니다.

'씨×, ×됐네. 다른 병원 얼른 전화해 보자!'

K 병원에 전화했더니, 코로나 환자가 발생해서 응급실을 폐쇄했다네요.

A 병원은 전화를 아예 받질 않고요(그 병원은 항상 그랬습니다).

H 병원에 전화했더니

"72시간 이내 코로나 PCR 검사 음성이어야 하고, 어쩌고저쩌고…."

그렇다고 피 쏟다가 곧 죽을 수 있는 환자를 사전 협조도 없이 나 몰라라 아무 대학병원에나 보내는 건 의사로서 도리가 아니었습니다.

'에라 씨×, 그냥 내가 하고 만다, 진짜!'

보호자에게 상태를 설명하고, 환자를 내시경실로 데려갔습니다. 내시경이 위에 진입하니 오 마이 갓! 출혈 부위가 보이지 않을 만큼 피로 가득 차 도저히 지혈술을 할 수가 없었습니다. 뭉쳐 있는 선지 같은 피떡을 일일이 걷어 내기를 30분째,

"선생님! 혈압 더 떨어져요! 80/60이요!"

이 소리에 옆방 간호사들도 내시경 예약된 환자들 다 돌려보내고 내

방으로 와서 주렁주렁 달려 있는 피주사를 더 빨리 들어가도록 손으로 쥐어짜며 급한 손놀림으로 승압제를 준비했습니다.

'씨×, ×됐네! 테이블 데스(table death) 하는 거 아냐? 아, 내가 왜 이리 무모했을까? 그냥 보낼걸ㅜㅜ'

교도소 담장 위를 걷는 의사 한 명이 눈앞에 아른거렸습니다.

'아니야, 아니야. 은식아! 정신 차리자!'

피를 좀 더 걷어 내니 드디어 출혈 부위가 보이기 시작했습니다. 환자의 심장이 박동할 때마다 돌출된 혈관에선 심장 박동에 맞춰 새빨간 피가 솟구치고 있었어요.

'씨×, ×됐네!'

시술에 실패해도 죽고, 여기서 시술을 포기하고 대학병원에 보내면 가는 길에 앰뷸런스에서 죽는 상황. 돌격 말고는 방법이 없었습니다. 재빨리 펌핑하는 혈관 주위로 혈관수축제(epinephrine)를 주입하고, 전기지혈 소작기(coagrasper)로 지졌습니다. 역시 암성 출혈이라, 지져도 지져도 피가 멈추지 않았습니다. 포기하지 않고 20분을 더 하자 드디어 출혈이 멈췄습니다.

'크으! 역시 박은식 죽지 않았어!'

가운이 피범벅이 된 채로 나가서 보호자들에게 지혈술이 잘 끝났음을 설명하니, 마치 S 병원 교수들이 포기한 환자를 제가 살려 내기라도 한 듯 저마다 울음과 환호가 뒤섞인 목소리로 제게 고마워했습니다.

'뿜뿜! 아, 이것이 드라마에서나 보던 명의 탄생의 순간이렸드아!'

그런데… 뒤돌아보니 한 의사의 무모한 결정으로 초토화된 병원이 보였습니다. 빼낸 피떡들로 흥건하게 젖은 침대와 바닥을 힘들게 정리 중인 내시경실 간호사들, 대장 용종 절제술 예약하고 수십 번의 설사를 견뎌 내며 병원 왔다가 발길을 돌려야 했던 환자들, 그 환자들의 컴플레인에 마음의 상처를 입은 간호조무사들, 나에게 예약된 환자들을 대신 떠맡느라 과부하가 걸린 다른 내과 과장님들, 내시경 지혈술 수가가 건당으로 정해져 있는 탓에 오전에만 100만 원의 수입 감소를 떠안아야 할 원장님…. 드라마에는 결코 나오지 않는 현실 세계의 병원 모습 앞에 성취감은 어느새 사라지고 그저 미안하기만 했습니다.

저뿐 아니라 의사들 대부분이 이런 경험을 합니다. 정부에서 환자에게 싼 값에 의료 서비스를 제공하려 하는 건 이해가 갑니다만, 공급 가격을 너무 싸게 강제로 정해 버리면 국내에서 제약 산업, 의료기기 산업이 크지 못합니다. 외국계 회사들이 판매하는 치료약과 의료기기를 너무 싼 값에 계약하니 수지타산이 맞지 않아 그들이 철수해 버리면서 그 피해가 고스란히 환자에게 돌아가기도 합니다. 간암 색전술 치료제인 '리피오돌 철수 사태'가 그 예지요.

셋째, 의학이라는 학문을 배우다 보면 미국과 유럽, 그리고 일본에 호감을 가질 수밖에 없습니다.

우선 모든 용어를 영어로 배웁니다. 사실 그 영어도 알고 보면 서양 문명의 원류인 라틴어에서 나온 단어들이지요. 가장 영향력이 큰 의학 논문 잡지인 〈뉴잉글랜드 의학저널(The New England Journal of Medicine)〉, 〈미국의학협회지(The Journal of the American Medical Association)〉 등을 봐도 모두 영미권에서 발행됩니다. 교수님들도 대부분 미국과 유럽에 유학 가서 새로운 기술을 배워 오시지요. 의학적으로 앞서가는 것에 대한

선망도 있는 상태에서, 자기네가 고생해서 발전시킨 의학 기술을 다른 나라 사람에게까지 개방해서 가르쳐 주는 것에 고마운 마음을 갖게 되었습니다.

일본도 만만치 않습니다. '가와사키병'이라고 들어 보셨지요? 질병 이름 중에는 일본 의학자의 이름을 딴 것들이 꽤 많습니다. 근대 의학을 일찍 받아들인 일본은 학술적으로도 앞서가지만 의료기기와 제약 산업에서 미국·유럽과 어깨를 나란히 합니다. 일본 의료 관련 기업에 친숙해지기도 하면서, 민족 감정 운운하며 배척하기보단 배워야 할 나라라는 인식이 생기게 되는 것이지요.

그에 반해 중국은 국력에 비해 의학 영역에선 찬밥 신세입니다. 우선 중국이 만들어 내는 의료 데이터들에 대한 신뢰 정도가 낮은 것 같습니다.

중의학과 별 차이 없는 한의학에 국내 의료진들이 갖고 있는 불신이 큰 것도 영향이 있습니다. 제 경험을 말씀드리자면, 고등학생 때 허준과 이제마를 다룬 드라마가 유행하면서 여러 의과대학에 교양과목으로 '한의학원론'과 '침구학' 등이 개설됐는데, 저도 대학 와서 이런 수업을 듣고 큰 실망을 한 기억이 있습니다. 한의학의 근간이 되는 음양·오행이 저희 의사들 기준으로는 전혀 과학적이지 않다고 여겨지기 때문입니다. 또 의사가 돼서 병원에서 근무하면서 한약 먹고 여러 장기가 망가진 환자들, 침 맞고 기흉이 생겨 곧 죽기 직전에 응급실에 실려 오는 환자들을 경험하다 보면 한의학에 실망을 넘어 제도적으로 정리가 필요하다는 생각까지 갖게 되지요.

러시아는 소련 시절 발전한 기초의학 등의 분야에서는 강점이 있지만 임상의학 영역에서는 존재감이 미미합니다. 의료인들이 중국·러시아 같은 전체주의 국가에서 작성된 논문을 잘 믿지 않으니까요.

북한이요? 아이고, 그냥 의학적 민폐 국가입니다. 북한에서 날아오는 모기 때문에 우리나라 말라리아 환자 발생이 OECD 1위입니다(뒤에 따로 얘기하겠습니다).

시장 이기는
정부 없다

넷째, 보건복지부 및 산하 건강보험심사평가원(심평원)과 질병관리본부 공무원들을 상대하며 '작은 정부'를 선호하게 됐습니다. 지극히 현장을 잘 모르는 관료들의 '관료적인' 모습들을 보며 우리의 피 같은 세금이 낭비되는 모습을 직접 보게 되거든요.

전형적인 예가 보건복지부가 주도하는 '의료기관 인증평가'입니다. 이 제도는 병원의 질을 향상시킨다는 긍정적인 면도 있지만, 대부분이 보여주기식 행정입니다. 제가 레지던트 4년차 때 처음 도입됐는데요. 환자가 많으면 병동 일 때문에 파견 나온 공무원들 상대할 시간이 없고, 그러면 평가 점수에 악영향을 미칠까 봐 인증평가 기간이면 응급실에서 환자를 최대한 입원을 안 시켰습니다. 다른 병원도 마찬가지였습니다. 결국 피해는 환자들에게 갔지요. 또 충분히 근거를 가진 의학적인 판단에 따라 진료를 해도 심평원이 제멋대로 청구 금액을 삭감하는 걸 경험하다 보면 불만을 가질 수밖에 없습니다.

밀턴 프리드먼은 『자본주의와 자유』라는 책에서 "정부는 결코 개별 행동의 다양성과 차별성을 따라갈 수 없다"고 했습니다. 공무원은 회사

직원들과 달리 잘못하면 망한다는 절박감이 없기 때문에 효율성이 떨어질 수밖에 없습니다. 정부가 시장을 이길 수 없는 이유죠. 국방이나 사회 간접 자본 같은 정말 필요한 곳을 제외하곤 정부의 개입은 민간의 창의성이 발휘될 수 있도록 최소한에 그쳐야 한다는 것을 병원 생활을 하며 몸으로 느꼈습니다.

다섯째, 책 몇 권 읽고 헛된 이념에 빠지지 않게 됐습니다. 진료 현장에 있다 보면 활자(책)와 환자 사이의 엄청난 간극을 매일같이 느끼게 됩니다. 책이 현실을 완전히 반영하지 못하는 한계를 경험으로 알게 되는 것이지요. 이성보다 축적된 경험을 중시하는 것, 바로 보수주의의 중요한 원칙입니다.

보수주의는 인간 인식의 한계를 인정합니다. 미신적 몽매에 반대함과 동시에, 이성에 대한 과도한 신뢰에 바탕해 사회를 디자인할 수 있다는 사회공학적 지적 교만에도 반대하는 것이지요. 실제로 한 분야를 깊이 연구한 의학자일수록 오히려 자기 분야에 대해 이야기할 때 굉장히 조심스러워 합니다. 공부할수록 모르는 게 많음을 인정하고 차근차근 연구 결과를 쌓아 나가는 것이지요.

물론 의학에도 바이블 같은 교과서들이 있습니다. 내과는 해리슨(Harrison), 외과는 새비스턴(Sabiston) 교과서가 유명합니다. 그런데 그 바이블은 2~3년마다 지속적으로 새로운 판(edition)이 나옵니다. 성경처럼 고정된 것이 아니라 '진화하는 바이블'인 셈이죠. 그 교과서는 사실 학생들만 봅니다. 전문의들은 교과서에 실리기 전 단계인 가이드라인, 즉 전문가들의 합의안을 보고 진료합니다. 대학병원 교수들은 그 가이드라인이 만들어지기 전 단계의 수많은 연구 논문들을 보고 진료합니다. 환자의 건강이라는 진리에 이르는 길이 여러 갈래이고 또 그 진리가 바뀌는 걸 늘상 겪는 의사들은 『자본론』 같은 낡은 이념서 한두 권 읽고 혹하지 않아요.

제 2 부

보수 우파
이념의 필요성을 느끼게 한
눈앞의 적

06

호남 혐오

이야기를 되돌려서, 그렇게 이승만과 박정희를 다시 보게 됐습니다. 두 분이 보수에서 지니는 상징성이 워낙 크다 보니, 거의 우파로 전향한 것이 맞죠.

하지만 이런 생각을 가지고도 막상 투표장에서 국민의힘과 그 전신(前身) 정당의 후보들을 찍기 망설여지는 건 여전했습니다. 왜였을까요?

노무현 트라우마,
그리고 이명박 재평가

먼저, 한때 존경했던 노무현 전 대통령의 자살이 있었습니다. 노무현은 비록 임기 말 각종 비리와 구설수에 휘말리며 정권을 내주긴 했지만, 지역주의와 권위주의를 타파하기 위해 몸을 던졌고, 지지층의 반대를 무릅쓰고 국익을 위해 한미 FTA, 이라크 파병, 제주 해군 기지 조성 등을 실천한, 공이 큰 대통령이었습니다. 그의 자살 소식을 들고 한동안 멍하다 광주 친구들과 함께 서울시청 앞 분향소에서 참배하며 울먹인 기억이 생생합니다.

당시 노 대통령 가족들의 비리 혐의는 저를 포함한 지지자들에게는 관심 밖이었습니다. 그저 대통령의 소탈한 모습들, 예를 들면 손녀와 자전거를 타는 사진, 동네 슈퍼에서 친근하게 담배를 피는 모습만 봐도 울컥하는 그런 정서가 있었죠. 무엇보다 노무현이 극단적인 선택을 하게 만든 이명박 정권에 대한 부정적인 생각, 나아가 복수심이 컸습니다.

하지만 돌이켜보면 노무현이 극단적인 선택에 이르게 한 사람들은 다름 아닌 좌파 진영 지식인들이었습니다. 2009년 〈한겨레〉 김종구 기자는 노무현의 비리 혐의가 드러나자 칼럼에서 이렇게 썼습니다.

> 노 전 대통령의 앞에는 비굴이냐, 고통이냐의 두 갈래 길이 있을 뿐이다. 고통의 길을 걸었으면 한다. 사즉생 생즉사의 자세가 필요하다. 나를 더 이상 욕되게 하지 말고 깨끗이 목을 베라고 일갈했던 옛 장수들의 기개를 한번 발휘해 볼 일이다. 그가 죽더라도 그의 시대가 추구했던 가치와 정책, 우리 사회에 던져진 의미 있는 의제들마저 '600만 달러'의 흙탕물에 휩쓸려 동반사망하는 비극은 막아야 한다. 그의 마지막 승부수는 아직도 남아 있다.

아주 대놓고 자살하라는 거죠.

또, 이명박 정권을 냉정하게 평가해 보고 생각을 달리하게 됐습니다. 이문열의 『삼국지』를 읽고 조조와 유비를 감정을 배제하고 평가했던 것처럼요.

이명박 대통령은 노무현 때 급격히 상승했던 집값을 잡고, IMF보다 훨씬 더 심각했던 리먼브라더스발 금융 위기 사태를 잘 마무리했습니다. 2009년 다른 나라들이 모두 마이너스 성장을 하던 때에 대한민국 혼자 플러스 성장률을 기록한 것도 유명하죠. 우파로 전향하고 나서 감정을 걷어내고 사실을 따져 보니, 노무현 대통령이 공이 큰 정치인이긴 하지만 그렇게까지 울컥하며 모든 과오를 감싸고 돌 일이었나 생각하게 됐습니다. 그렇게 '노무현 트라우마'는 극복이 됐습니다.

하지만 우파 정당을 정말 지지하기 힘들게 만든 것은 바로 '호남 혐오'였습니다. '일간베스트'(일베)라는 강성 우익 사이트에서 유행하는 단어들이 오프라인으로 나오는 것을 보며 호남 혐오 정서가 많이 퍼진 걸 알게 됐죠. 예를 들면 '홍어'(냄새 나는 음식에 비유), '7시'(시계 방향 전라도 위치), '까보전'(까고 보니 전라도), '전라민국'(전라도는 다른 나라이니 여권 챙겨서 가야 한다는 뜻), '슨상님'(김대중을 맹목적으로 추앙하는 것을 비하), '통수'(전라도 사람들이 잘 배신한다는 뜻), '전라디언'(전라도+인디언) 같은 것들입니다. 이런 단어들과 각종 비하 '짤'(그림 파일)들이 돌아다니는 것을 보며 얼마나 화가 났는지 모릅니다.

저는 우파로 전향한 지금도 제 고향 광주에 대해 애착심과 자부심을 가지고 있습니다. 이 나라의 민주화는 1987년 서울의 봄, 부마항쟁 등 많은 분들의 노력이 합쳐진 것이지만, '80년 5월 고향 광주 어르신들의 피가 가장 큰 역할을 했음을 부정할 순 없습니다. 꼭 민주화만이 아니죠. 나라 산업의 일부를 차지하는 광주의 기아자동차와 금호타이어, 여수의 각종 정유 회사와 광양제철소도 있고, 김성수와 송진우 같은 호남의 인물들은 독립운동과 대한민국 건국에 중심적인 역할을 했습니다.

하지만 제가 광주에 태어나고 싶어서 태어난 건 아닙니다. 사람이 선택할 수 없는 출신지를 이유로 그 사람을 비난한다면 인종주의랑 도대체 뭐가 다른가요? 전라도를 혐오하는 정서를 공공연히 내비치면서 어떻게 그 지역은 우파 정당을 지지하지 않느냐고 비난할 수 있단 말입니까? 비하에 더해, 근거가 없는 '5·18 북한군 침투설'까지 퍼지자 우파 진영을 정말 용납하기 힘들었습니다. 다시 적대감을 가지게 된 것이지요. 다수의 호남인들도 저와 같은 생각이었습니다.

이게 정말 큰 문제인 게, 양당제로 굳어 버린 정치 지형에서 호남 사람들이 민주당만을 지지하는 것을 벗어나기 어려운 큰 이유가 된다는 겁니다. 아무리 민주당이 싫어도 안철수 국민의당 정도에만 지지를 보내지, 국민의힘까지는 지지하기 힘들어진다는 것이지요.

그런 정치 지형에서는 정치인들이 국민을 바라보고 일하지 않고 당의 강성 지지층의 목소리만 따라가며 정치의 수준이 떨어지는 겁니다. 대놓고 친북 행위를 하고 비리를 저질러도 또 민주당 정치인이 뽑히죠. 그러다 보면 막상 호남 사람들의 의견이 정책에 반영되지 않게 됩니다. 광주에서도 복합 쇼핑몰 입점 찬성하는 여론이 70퍼센트입니다. 블링블링한

멋진 곳에서 쇼핑하고 여가를 즐기고 싶은 마음은 인간의 본능이자 어찌 보면 우파적 성향을 나타내는 여론이라 볼 수 있습니다. 그런데 광주에는 복합 쇼핑몰이 하나도 없지요.

자식에게 '광주의 한'을
물려줄 건가

이런 저의 생각에 대해 고등학교 때부터 절친이던 H와 이야기를 나눠 봤습니다. H는 머리도 좋아, 저는 삼수 만에 겨우 합격한 의대를 현역으로 바로, 광주의 국립대학교 의과대학에 합격했습니다. 똑똑하고 말도 잘하고 주변을 잘 챙기는 H는 저에게 스승 같은 친구였습니다. 역사와 정치, 인문학적 소양도 깊었는데 광주에서 자란 환경 때문인지 저처럼 좌파 성향이었지만 이내 우파로 전향했죠.

H는 "이성적으로는 우파의 말이 옳은 것 같은데 호남을 비하하는 사람들 때문에 도저히 지지할 수 없다"는 제 이야기를 듣고 자신의 경험을 이야기해 줬습니다.

고향 광주와 모교에 자부심이 넘치던 그는 의과대학 과대표, 인턴장, 내과 레지던트장 등의 직위를 도맡아 했기에 모든 동기들이 H는 모교 교수가 될 거라 예상했답니다. H 또한 고향 광주시민들을 치료하며 여생을 보내고 싶어 했습니다. 그런 H에겐 하루 중 중요한 일과가 있었습니다.

평소 인터넷을 검색하며 역사와 정치 쪽의 지적 호기심을 채워 가던 H는 '디시인사이드'나 '다음아고라', '일간베스트' 같은 사이트에서 정치와 역사에 관련해 격렬한 논쟁이 벌어지는 것을 보고 흥미가 생겨 자주 들어가게 됐습니다. 그곳에서 김대중, 노무현, 광주·전라도 비하가 한참 수위를 넘었다고 생각한 H는 학생 때부터 열심히 키보드 배틀에 참전해 네임드 좌파 스피커가 됐습니다. 잠도 못 자다 쓰러져 죽는다는 인턴, 레지던트 생활의 고됨도 똑 부러지게 일 잘하는 H에겐 그저 남의 이야기였습니다. 항상 일을 빨리 끝내 놓고 밤늦게 노트북을 열어 매일 딱 한 시간씩만 키보드 배틀에 참전한 거죠.

'수신제가치국평천하'라 했던가요. 그날도 밤 10시까지 모든 환자 오더와 차트 정리, 컨퍼런스 발표 준비 등 일과를 끝마치고 난 H는 정갈히 목욕을 하고 경건한 마음으로 키보드 앞에 앉았습니다. 관우가 휘두르던 청룡언월도만큼이나 육중한 필력, 황충의 화살만큼이나 정확한 팩트로 무장한 H의 글에 광주를 비하하는 조무래기들은 선혈을 흩뿌리며 쓰러져 갔습니다.

'훗. 다시는 평정했군. 이제 나의 진지 아고라로 돌아가 볼까.'

그랬던 H가 마음을 바꾸고 광주를 떠나 서울로 가야겠다는 결심을 한 계기가 있으니, 바로 아이를 가진 것이었습니다. 자신을 똑 닮은 사랑하는 아들이 혹시나 자신처럼 선혈이 낭자한 키보드 배틀의 현장에서 고군분투하게 되지나 않을까 걱정이 들더라는 겁니다. 아들이 광주에 태어나고 싶어서 태어난 게 아닌데 타 지역 사람들이 아들을 '광주 출신'이라는 색안경을 끼고 바라보는 것도 끔찍하다고요.

H도 저와 같은 교실에서 5·18 주제곡과 함께 광주의 처참했던 오월을 배웠습니다. 10년이 지났지만 그런 갈등이 치유되기는커녕 분노와 한을 대물림하는 광주·전라도의 교육은 더욱 심해졌습니다. 그런 수업

을 듣고 온 아들이 "아빠, 5·18이 뭐야? 사람들이 왜 죽었어?"라고 물었을 때, 그 복잡한 상황과 잔인한 모습을 어떻게 설명해야 한단 말인가? 그런 생각을 하니 더욱 광주에 살기 싫었다고 합니다.

그렇게 H는 광주를 뜨기로 결심하고 키보드 배틀 현장에서 자취를 감추었습니다. 그의 닉네임은 전설로만 남았죠.

이후 H는 레지던트를 마치고 군의관 복무를 시작했습니다. 정치에 당분간 관심을 끊고 지내던 그는 군대에서 완전히 우파로 전향했답니다. 최전방에 근무하면서 우리를 향해 겨눈 북한군의 총구, 즉 실존하는 적의 존재를 두 눈으로 똑똑히 보고 생각이 바뀐 것이지요. 북한은 이미 핵까지 개발해서 우릴 위협하는데 우리 군의 훈련은 형식적이었고, 월급날만 기다리는 공무원 같은 간부들의 모습을 보고 이래선 안 된다고 생각한 것이죠. 가장으로서 위기감을 느낀 그는 결국 북한에 강경한 메시지를 내는 정치인들을 후원하다가, 급기야 새누리당(현 국민의힘)에 입당까지 했다네요.

그 이야기를 풀어 놓은 끝에 H가 한마디 덧붙였습니다.

"은식아, 광주는 정신 차려야 돼, 진짜… 정신 차려야 돼. 아무리 한이 맺혔어도 저 김정은 정권을 옹호하는 세력에게 표를 줘선 안 돼. 절대 안 돼."

스승 같은 친구 H의 전향은 제게도 영향을 미쳐서, 보시다시피 여러분은 제 글을 읽고 있습니다.

그리고 저도 군의관으로 입대하게 됐습니다. 그곳에서 우리의 엄혹한 안보 현실을 직접 겪고, 개인적인 공부를 통해 저도 완전히 우파로 전향하게 되었습니다. 이젠 그 이야기를 해 드리겠습니다.

07

철책선의 군의관

박근혜 대통령이 탄핵되고, 촛불 세력의 지지를 등에 업고 문재인 대통령이 당선됐습니다. 높은 지지율로 모든 권력을 부여잡으며 좌익이 승승장구하던 시절, 저는 반대로 우파적 사상 무장을 완전히 마쳤습니다.

군 복무를 하며 지낸 3년 3개월 동안 실존하는 적을 마주하며 대한민국이 처한 안보 현실과 최전방 군대가 돌아가는 시스템을 직접 겪은 경험은 북괴를 추종하는 정치 집단은 절대 지지하지 않는 계기가 됐습니다. 또 병원에 있을 때보다 한갓진 시간을 보낸 덕에 여러 책을 탐독하며 이론적 공부를 한 것도 큰 영향을 주었지요.

사진에 원 스타부터 포 스타까지 다 표창장, 상장 받은 것, 보이시죠? 나름 평범하지 않은 다이내믹한 군 생활 동안 겪은 것들을 이야기해 볼까 합니다.

국군의
주적(主敵)은 누구?

　　2016년 4월에 군의관으로 입대했습니다. 지옥의
유격 훈련, 40킬로미터 행군, 대량 전상자 처치 훈련 등을 마치고 드디어
부대 배치 발표 날이 왔습니다. 그런데, 엄마 뱃속에서부터 「반야심경」
을 듣고 자란 불교 신자가 롯데리아 햄버거와 여대생 위문 공연의 유혹
에 넘어가 주말 종교 행사 때 개신교 예배에 참가한 죄였을까요? 부처
님의 자비를 받지 못한 저는 시베리아보다 춥다는 철원의 3사단 백골부
대, 그중에서도 민간인 통제선 바깥의 GOP 부대(22연대 2대대)에 배치되
었습니다.

　지금도 생각이 납니다. 끝도 없이 북으로 달리다가 문득 휑한 도로 위
에 저밖에 없음을 알고 섬뜩했던 느낌, 차 안 라디오에서 들리는 트와이
스의 대박 신곡 「Cheer Up」마저 우울하게 들리던 마음, 3사단의 심벌인
섬뜩한 해골 마크가 쫙 깔린 철원의 도로들, 거수경례 때 '충성!' 대신 굳
이 '백골!'을 외치던, 무슨 해골 성애자들 모인 듯한 분위기, 관사 창밖

으로 보이는 휴전선과 북한군 초소, 그 너머에서 들려오던 살벌한 북한 라디오 방송….

북한 라디오에서 대한민국을 곧 멸망시킬 듯한 구호가 나올 때마다 그에 대응해 3사단에서는 더 빡센 구호를 외쳤습니다.

> 멸북통일 최선봉! 천하무적 백골사단!
>
> 쳐부수자 북괴군! 때려잡자 김정은!
>
> 김정은은 미친개! 몽둥이가 약!!! 약!!! 약!!!
>
> 부관참시 김일성 김정일! 능지처참 김정은!
>
> 북괴군의 가슴팍에 총칼을 박자!!! 박자!!! 박자!!!

이 구호를 처음 들었을 땐 '무슨 냉전 시대 향기가 물씬 나는 구호를 아직도…'라고 생각했지만, 실존하는 적을 매일같이 바라보며 위험천만한 지뢰 제거 작업 같은 일들을 장병들과 함께 해 보니 흔들리지 않는 대적관을 유지하도록 마음을 다잡아 주는 이런 구호가 필요하겠다고 느꼈습니다. 6·25부터 목함 지뢰 사건까지 우리의 주적인 김씨 왕조의 만행을 잘 알고 있는 군이라면 3사단뿐만 아니라 모든 부대가 이 정도 결기가 담긴 구호는 외치는 게 당연하지 않을까요?

그런데 제가 1년 근무하고 타 부대로 전출하고 난 뒤 이 구호는 사라졌다고 하더라구요. 문재인 정권으로 바뀌고 3사단의 구호를 포함, 북한에 지나치게 적대적인 구호들을 일제히 없앴다고 합니다.

'김대중, 노무현 때도 건들지 않았던 구호인데….'

햇볕정책은 추진하더라도 한미 동맹과 국방력만큼은 강화하려던 두 대통령과 달리 더 친북 성향의 정책을 노골적으로 펼치지 않을까 저는 걱정이 됐습니다. 걱정은 곧 현실이 됐지요.

군대의 가장 기본은 대적관(對敵觀)입니다. 아무리 강한 군대라도 총구의 방향을 잘못 겨누면 아무런 존재 가치가 없는 것입니다. 행정적으로 완전한 통일이 되기 전까지는 우리 군의 총구는 항상 북한을 향해 있어야 합니다. 이 총구의 방향을 다른 데로 돌리도록 대적관을 흐리는 자들이 바로 간첩이지요.

전방 부대의
열악한 의료 현실

민간인 통제선 바깥 최전방 GOP 관사에서 자다가 전화를 받았습니다.

"군의관님! 조리사 아주머니께서 가슴 아프다고 하다가 쓰러지셨습니다!"

'흉통을 호소하다 쓰러졌다… MI(심근경색)인가? ×된 거 같은데?'

취사병만으로는 대대본부 및 휴전선을 따라 길게 펼쳐진 초소의 장병 수백 명을 위한 음식을 만들 일손이 부족해 조리 일을 도와주는 61세 아주머니였습니다.

다행히 의식이 아직 있어 우선 전화로 증상을 물어보니, 조이는 듯한 흉통, 최근에 부대 오르막길을 오르면 이전보다 숨이 차는 증상, 잠시 동안 심혈관을 확장시켜 주는 니트로글리세린에 통증이 조금 가라앉는, 아주 전형적인 허혈성 심장 질환 양상(typical chest pain)이었습니다.

'씨×, ×됐다!'

환자가 금방 죽을지도 모르는데 머리 감을 시간이 어딨나요(군인이라 감을 머리도 거의 없지만요). 전화로 의무병한테 산소 호흡기 준비해 놓으라고 해 놓고 바로 뛰쳐나가 아주머니 상태를 살폈습니다. 식은땀이 흥건하고 가슴이 꽉 조이는 통증을 그대로 드러내는 찡그린 얼굴, 내과 전공의(레지던트) 때 응급실에서 지겹도록 보던 심근경색 환자의 전형적인 모습이었습니다.

그런데 방금까지 멀쩡하던 아주머니 의식 상태가, 내 질문에 대답이 점점 느려지며 희미해지고(drowsy) 있었습니다.

'씨×, ×됐다!'

119에 전화했죠. 지금 출발해도 30분은 걸린답니다.

'씨×, ×됐다!'

문제는 대대에 배치된 후송용 구급차(K312A1)의 최고 속도가 시속 80킬로라는 겁니다. 애초에 환자 후송보다 최전선의 비포장도로에서 의무 물자 운반을 하기 위한 장비였죠.

어쩔 수 없이 저의 애마인 '서민 5호'(SM5) 뒷자리에 산소통과 의무병과 환자를 태우고, 있는 힘껏 액셀을 밟아 15분 만에 철원 길병원에 도착했습니다.

그런데! 하필 응급의학과 선생님이 휴가를 간 상태라 병원에는 인천 길병원에서 파견 나온 인턴만 있었습니다. 심근경색 환자 처치법을 알고 의료진을 지휘해 본 경험이 있는 의사가 응급실에 저밖에 없었습니다.

'씨×, ×됐다!'

얼른 심전도부터 찍어 보니 과연 심근경색이 의심되어, 약제를 급하게

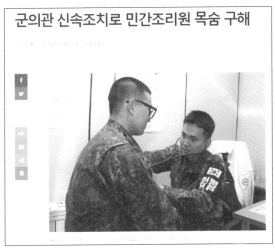

군의관 신속조치로 민간조리원 목숨 구해

2016년 10월 6일 〈강원도민일보〉 뉴스 캡처

먹이고 주사제를 연결한 다음 심장 스텐트 시술이 가능한 의정부 성모병원으로 이송하는 것까지 보고 병원을 나섰습니다.

오랜만에 바깥 공기 쐰 김에 맛있는 순댓국을 먹고 났을 때 아주머니의 남편에게서 전화가 왔습니다. 의정부 성모병원에서 스텐트 시술을 성공적으로 마치고 입원했다며, 고맙다고 하더라구요.

'후, 다행이다. 역시 박은식 아직 죽지 않았어!'

이런저런 생각이 들다 시간이 흐르고, 어쩌다 사단본부에도 이 사건이 알려져 사단장 표창과 포상 휴가를 받았고 〈강원도민일보〉, 〈신아일보〉, 〈국방일보〉에 기사도 났습니다. 그날 이후 간부들과 병사들이 날 보는 시선이 확 달라짐을 느꼈고, 건강히 돌아온 조리사 아주머니가 초코파이 많이 사 주고 배식 때 고기 많이 주던 기억이 납니다. 명예롭고 기쁘긴 했으나, GOP 특성 상 대체 근무자가 없으면 나가질 못하니 포상 휴가를 다 쓰지도 못했고, 갑자기 명의로 소문이 나 타 부대에서까지 진료를 받으러 오는 간부들이 생기는 바람에 일은 오히려 늘어났으니, 에러였죠.

　우리가 두 발 뻗고 잠 잘 자는 동안에도 전방 부대에서는 이런 일들이 다반사로 벌어집니다. 아파도 제대로 치료받기 힘든 열악한 전방에서 고생하는 장병, 군무원들에게 감사하는 마음을 가지고, 이 장병들의 고생을 근본적으로 해결하기 위해 북괴 정권을 하루 빨리 무너트려야 하지 않을까요?

OECD 말라리아 1위 대한민국,
해결책은 北 정권 제거

　　　　　　　　1년 동안의 철원 3사단 GOP 생활을 마치고 2017년 4월 용인의 3군사령부(현 지상작전사령부)에 예방의학장교로 부임했습니다. 저의 임무는 부대 내 전염병의 역학 조사, 말라리아 예방약 보급, 홍역·수두·풍진·파상풍·A형 간염·신증후군 출혈열의 백신 보급이었죠.

　'잠깐, 말라리아라고? 아니, 무슨 아프리카나 동남아도 아니고 우리나라에 웬 말라리아?'

　반문하는 분들이 계실 겁니다. 그런데요, 대한민국은 OECD 중 말라리아 발생률 1위 국가입니다.

　'말라리아는 모기가 옮기는 걸로 알고 있는데, 그럼 어디서…?'

　많은 분들이 혹시 하실 텐데, 역시입니다. 네, 북한이죠. 북한에서 토착화된 말라리아 원충(Plasmodium vivax)이 38선 부근의 북한 주민과 군인들의 핏속에서 번식하고, 그 피를 빤 중국얼룩날개모기(Anopheles spp.)가 따뜻한 남쪽으로 날아와 38선 부근의 군인과 주민을 물어 그 핏속에 다시 퍼트리고, 또 인근의 모기가 그 피를 빨고 남쪽으로 퍼트리는 겁니다.

원래 말라리아는 한반도에도 창궐해 있었습니다. 하지만 박정희 대통령 시절 성공적인 방역 정책을 시행한 덕분에 1979년 세계보건기구(WHO)로부터 말라리아 완전 퇴치 국가로 인정받았지요.

그러나 북한은 말라리아 창궐을 막지 못했습니다. 휴전선 부근의 모기떼가 북한 감염자의 피를 빨고 남쪽으로 날아와 접경 지역의 주민과 군인을 물어 한국에 다시 말라리아 환자가 발생하기 시작했습니다. 경기 북부에 거주하는 인구가 많아지면서 말라리아 환자는 1990년대 이후 연 4,000명까지 증가했고 사망자까지 발생했죠.

정부에서는 38선 인근 부대에 말라리아 예방약을 '강제' 복용시켜 말라리아의 남하를 육탄 방어하는 한편, 해당 지역 주민들의 헌혈도 금지했습니다. 핏속에 말라리아가 있을 수 있으니까요. 안 그랬더라면 천만 인구 서울에서 말라리아 환자 수만 명이 발생해 펄펄 끓는 고열에 시달리다 쓰러져 죽었을 것입니다.

그렇게 겨우 연 400명까지 환자 발생을 줄였지만, 제가 입대할 즈음 다시 600명까지 증가하는 추세였습니다. 예방약이 워낙 구토, 설사, 피부 발진 등의 부작용이 많기도 했고, 발기부전이 생긴다는 괴소문마저 돌아 전방 부대에서 복용 기피가 만연했기 때문이었죠. 그러자 상황의 심각성을 느낀 질병관리본부 공무원들이 저를 포함한 군 예방 업무 관계자들을 불러 환자 좀 줄여 보라고 엄청 들볶았습니다. 어쩌겠어요, 까라면 까야죠.

3사단에서 근무할 당시 배급받은 약을 몰래 버리던 장병들을 목격했던 저는 간부와 병사가 함께 모여 약을 삼키는 것까지 확인하도록 강제

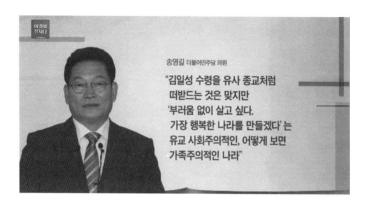

송영길 더불어민주당 의원

"김일성 수령을 유사 종교처럼
떠받드는 것은 맞지만
'부러움 없이 살고 싶다.
가장 행복한 나라를 만들겠다'는
유교 사회주의적인, 어떻게 보면
가족주의적인 나라"

하는 공문을 전방 부대에 날리는 한편, 불시에 전방 부대 지도 방문을
나가 쓰레기통을 뒤져 버려진 약 봉투가 보이면 해당 부대 의무 및 간호
장교 징계를 건의하겠다고 협박했습니다. 처음에는 '설마 진짜 하겠어?'
하고 무시하던 장병들이 두 눈 부릅뜨고 저돌적으로 쓰레기통을 뒤지는
제 모습을 보고는 눈물을 머금고 말라리아 예방약을 복용한 결과 전년
도의 절반으로 환자가 줄었습니다. 중국얼룩날개모기 개체 수와 민간인
환자 발생률은 그대로였는데 군 부대 발생만 절반으로 줄어든 큰 성과
였습니다.

그 공을 인정받아 원 스타 의무사령관 표창을 받긴 했지만, 장병들이
독한 약 먹고 토하다 병원에 실려 갔다는 민원 전화를 수십 통 받다 보니
인간적으로 너무 미안했고 또 괴로웠습니다.

'아 씨×, 우리가 왜 이 고생을 해야 하나! 결국 김정은 정권의 욕심 때
문 아닌가!'

나라 문을 열고 권력만 내려놓아도 2,000만 인민이 기아와 질병에서
벗어날 텐데요! 아니, 최근 이슈가 된, 김정은이 쌍방울 회장 김성태에게

받았다는 에르메스 말안장과 김여정의 루이비통 백만 팔아도 북한 주민 전체가 먹을 수 있는 1년치 말라리아 약 다 사고도 남습니다. 그런 사실들을 알게 되니, 김씨 정권은 협력 대상이 아니라 그저 인류의 암 덩어리일 뿐이고, 해결책은 수술적 제거뿐이라는 생각을 절로 갖게 됐습니다.

통일의 목적도 우리 역사상 가장 사악한 정권을 없애 불쌍한 동포를 구하고 자유 민주주의 국가에서 함께 번영하기 위함일 뿐, 어정쩡한 연방제나 하다가 적화 통일 당해 수령님의 품 안에서 다 같이 말라리아 대환장 파티를 하기 위함이 결코 아니지요.

그러다가 북한 보고 '행복한 가족주의적 나라'라는 헛소리 하는 분이 당대표까지 맡게 되니, 지지했던 민주당에 남았던 일말의 좋은 감정마저 사라지고 종북 주사파에게서 정권을 되찾는 데 뭐라도 해야겠다는 다짐을 하게 되었습니다. 온몸을 바쳐 북괴군과 말라리아를 막아 내는 장병들의 수고가 헛되지 않게끔, 그리고 선진 대한민국에서 말라리아를 퇴치하게끔, 힘을 모아야 하지 않을까요?

리스크 짊어진 이들에게
보상을

이번엔 예방의학장교 시절 업무였던 병역 처분 변경 심사(구 현역 복무 부적합 심사) 이야기입니다. 아프거나 군 생활에 적응하지 못하는 병사들을 전역시키는 심사를 하는 거죠.

신체 질환이야 워낙 처분 기준이 세밀하게 나뉘어 있어 심사에 큰 어려움이 없었지만, 정신 질환과 적응장애 심사에서는 매번 골치가 아팠습니다. 짧은 기간 관찰해 기록한 서류만으로는 정신 질환인지 아닌지 감별하기 어려웠고, 거의 대부분이 적응장애, 즉 꾀병이었기 때문이죠. 하지만 파견 심사 나온 정신과 군의관과 제가 아무리 꾀병이라 주장해 봤자 표결에 붙이면 거의 다 전역하고 집에 갑니다. 원대 복귀시키면 부대 분위기가 망가지고, 혹시나 큰 사고라도 나면 생명줄 같은 진급을 포기해야 하는 부대 간부들의 고뇌를 잘 아는 다른 위원들(인사 계통 대령, 행정보급관, 헌병 등등)이 전역 찬성에 투표하기 때문입니다.

이렇게 다들 쉽게 군대에서 벗어나는데, 유승준은 왜 22년 동안 입국을 못 하고 있을까요? MC몽은 왜 아프게 이를 다 뽑았을까요? 그냥 멋지게 입대했다가 인터넷에 널린 전역 후기 참고해서 나가면 그만인데요.

그렇게 집으로 돌아가는 병사의 수가 매년 약 7,000명으로 전군의 1.5퍼센트 정도였고, 그 비율은 점점 늘어나는 추세였습니다. 이들에게 신성한 국방의 의무 같은 꼰대 같은 소릴 백날 해 봤자 전혀 먹히지 않습니다. 인생의 가장 꽃다운 시기에 2년 동안 고생하는데 공무원 가산점을 주나요, 돈이라도 많이 주나요? 명예는커녕 징징거리는 '한남' 취급 받기 일쑤이니 군 복무 기피는 어쩌면 당연했습니다.

더 심각한 문제는, 이런 불만을 잠재우려 정권마다 복무 기간을 줄여 왔다는 겁니다. 그러다 보니 대한민국의 신생아가 북한보다 적어질 만큼 심각한 저출산에 갈수록 군대 가는 남자는 줄어들어 결국 국군 병력 50만 명 선이 붕괴돼 버렸죠. 그러면서 사단들이 통폐합되며 군의 전력이 약화되고 있는 겁니다.

이런 상태를 직접 눈으로 보니, 겉으로는 평화를 이야기하며 속으로는 군 전력을 약화시키려는 정치인들을 보면 열불이 터지겠더라구요.

주적 북한은 재래식 무기에서 우리보다 열세지만 병력 120만에 핵무기를 가지고 있습니다. 거기에 주한 미군을 철수시켜야 한다는 집단이 호시탐탐 힘을 키우며 정권을 노리고 있지요. 이제 어떻게 해야 하나요? 나라의 전쟁이 끝나지 않고 잠시 휴전한 상태인데 비상사태 말고 어떤 단어로 지금을 표현할 수 있단 말인가요?

이제는 군필자에게 공무원 가산점을 비롯한 모든 혜택을 주어서 그러지 않아도 줄어든 병력을 더 줄어들지 않게 해야 합니다. 리스크를 무릅쓰고 나라에 필요한 일을 하는 이들에게 나라의 부(富)를 먼저, 그리고 많이 제공하는 것이 당연한 것입니다. 그렇게 하지 못했던 최근 십수년 간이 잘못된 것이구요.

군 가산점 정책이 위헌이라구요? 나라 망하면 헌법이 뭔 의미가 있나요? 페미니즘이요? 전쟁 지면 여성 인권이 얼마나 처참하게 무너지는지 러시아-우크라이나 전쟁, 이스라엘-하마스 전쟁에서 최근에 보도도 나오고 있지 않나요? 인권이요? 김정은 모시면서 중국에 조공 바치던 시대로 돌아가면 인권이 무슨 의미가 있나요?

우리 국민 피
12리터로 살렸다

2017년 11월 13일. 평화롭던 3군 사령부에 갑자기 지하 벙커 소집령이 떨어졌습니다. 또 모의 훈련인가 싶어 일단 벙커로 갔는데, 이번엔 어째 분위기가 심각했습니다. 알고 보니 판문점 공동경비구역(JSA)을 넘어 귀순하던 북한 병사가 우리 영토까지 넘어온 북한군

추격조의 총에 맞아 위독한 상태였고, 북한군의 정전협정 위반이 명확해 전투기를 띄우네 마네 하는 소리까지 들리는 상황이었습니다.

'씨×, ×됐다! 이러다 한 달 남은 결혼식도 못 하고 전쟁터로 끌려가나?'

혼란스런 와중에 당장 귀순 병사의 상태를 확인하라는 사령관님의 명령이 저에게 떨어졌고, 저는 바로 JSA 담당 군의관 선생님께 전화를 했습니다. "팔, 어깨, 다리, 엉덩이 쪽에 총상을 입어 출혈이 심하긴 하지만 혈압은 괜찮고, 아주대 병원 이국종 교수에게 헬기 이송 예정"이라는 통화 내용을 옆에서 들은 인사처장이 말했습니다.

"살겠는데? 걱정 안 해도 되겠네. 내가 보고하지."

하지만 몇 분 후, 헬기 수송을 맡은 미군 항공의무수송팀(Dust Off)이 전한 소식은 참담했습니다. 총상 부위가 어깨가 아니라 조금 아래 가슴 쪽을 관통해 기흉이 생겼고, 엉덩이 쪽 총상은 추격조가 엎드려서 위쪽 방향으로 쏘는 바람에 복부를 관통해 장 천공과 출혈이 의심되며, 혈압이 70/40이라는 것이었습니다.

'씨×, ×됐다!'

사령관님의 호출 명령이 떨어졌습니다.

"아니, 박 대위, 어떻게 된 거야? 최초 보고랑 다르잖아! 살 거라고 기사도 이미 다 나가 버렸다고! 그래서, 살 것 같아, 죽을 것 같아?"

지하 벙커 수백 간부의 시선이 제게 쏠렸습니다. 그 눈빛들을 보니 이건 뭐, 귀순 병사 죽으면 총 들고 북진이라도 할 기세였습니다.

'씨×, ×됐다! 아니, 그걸 내가 어떻게 아냐고!'

살지 죽을지 못 맞췄다간 돌팔이 군의관으로 찍혀서 근무 평정 폭망

오청성 하전사의 치료 상황을 브리핑하는 이국종 교수(왼쪽)와, 2017년 11월 22일 페이스북에 "귀순 병사가 남쪽에서 치료받는 동안 몸 안 기생충과 내장의 분변, 위장의 옥수수까지 공개돼 인격 테러를 당했다"고 저격한 정의당 김종대 의원

해 3년차 때 수도병원 교류는커녕 다시 전방 부대 퇴출을 각오해야 하고, 3군 사령부의 대응과 대국민 메시지 전달이 헝클어져 엄청난 혼란이 빚어질 판이었죠.

그러나, 예로부터 명의는 환자의 예후를 잘 맞추는 법! 3초간의 정적 끝에 제가 큰소리로 말했습니다.

"살 겁니다! 걱정 마십시오! 이국종 교수님이 살려 낼 겁니다!"

"좋아! 역시 박 대위야!"

다시 간부들은 분주하게 자기 할 일을 이어 나갔습니다.

호언장담했지만 솔직히 자신이 없어 기도하고 또 기도했습니다.

'이국종 교수님 제발 살려 주세요! 귀순 용사야, 제발 살아라!'

추가 보고를 위해, 환자를 진료하느라 정신없을 아주대 병원 외상외과 전임의 이호준 선생에게 염치불구하고 전화해 상태를 물어보았습니다. 수술방 들어가기 전 혈압 60/30에 의식도 없다고 합니다.

"(씨×, ×됐다!) 어떻게 해요ㅜㅜ 환자 살 것 같나요?"

이 선생의 한마디가 저를 살렸습니다.

"아직 잘 모르겠지만, 이국종 교수님은 이보다 훨씬 더 어려운 환자들 많이 살리셨습니다."

반드시 살 거라는 자신감을 얻고 벙커에서 나와 그제야 귀순 병사의 탈출 영상을 보았는데, 총 맞은 몸을 이끌고 자유 대한민국을 향해 전력 질주하는 모습에 저도 모르게 눈물이 났습니다. 그리고 귀순 병사가 느꼈을 고통과 자유 대한민국에 대한 감사함을 잊은 채 나 자신의 안위만 생각한 아까의 제 자신이 너무 부끄러웠습니다.

소장 수술 도중 발견된 27센티미터 넘는 기생충 30마리를 뉴스로 보고, 대한민국의 발달된 의료 인프라에 더욱 감사함을 느꼈지요. 이런 보도가 '인격 테러'이고 그 때문에 북한의 이미지가 나빠진다며 잔뜩 화가 난 국회의원들(도대체 어느 나라 국회의원인지!)을 보며, 그런 자들이 있어도 건재한 대한민국에 더더욱 감사함을 느꼈습니다.

우리 국민의 피 12리터가 들어간 2번의 대수술과 회복 과정을 매일 아주대 의료진과 직접 연락하며 상부에 보고하다 보니 직접 본 적은 없어도 귀순 병사에게 어느새 정이 들기도 했습니다.

귀순 병사는 잘 살고 있을까요? 저를 포함한 전 세계 수많은 분들의 기도가 있었던 만큼, 건강히 잘 살았으면 좋겠습니다.

이런 내용을 페이스북에 소개했더니, 후에 제 글을 좋아하는 어느 탈북자가 귀순 병사 오청성 씨를 데리고 제가 근무하는 병원에 방문해 줬습니다. 반갑게 인사하고 밥 먹었지요. 그리고 당시 아주대 병원 전임의

귀순 병사 오청성과의 만남. 왼쪽은 저자 박은식, 오른쪽은 오청성

로 근무하면서 오청성 씨를 직접 수술해 주고 저와 계속 연락했던 수도
병원 이호준 선생님과도 같이 만났습니다.

자유로운 대한민국에서 이렇게 만날 수 있는 게 얼마나 축복인가요?
가까운 시일 내에 모든 북한 주민들도 이런 자유와 풍요를 대한민국과
같이 누렸으면 좋겠습니다.

08

시장은 언제나 옳다

법과 경영 공부하고 알게 된

사장님의 눈물

GOP 부대에서 근무할 때는 여느 부대 장교들처럼 퇴근해서 자유롭게 다른 사람을 만나 놀 수도 없어, 처음에는 관사에 갇혀 지냈습니다. 게임을 해 봐도 질리고, 드라마도 질리고, 책만 읽기도 너무 지루했습니다. 그러다 뭔가 '쯩(證)'이 남는 공부를 해 보고 싶어 역사 관련 사이버대학을 알아봤습니다. 그런데 사이버대에는 역사 전공이 개설 안 돼 있더라구요. 고민하다 실용적인 부분에서 도움이 되겠다 싶어 고려사이버대 법학과에 입학했습니다.

우리나라의 역사가 담긴 헌법과 법학개론, 민법총론, 형법총론까진 정말 재미있게 공부했습니다. 좀 더 제대로 공부해서 사법시험에도 도전해 볼까 하는 생각까지 들었지만 채권법, 형법 등 각론으로 들어가고 실제 사례와 판결을 보니 각종 권리 의무와 죄목이 실타래처럼 얽혀 있어 제가 실무적으로 잘할 자신이 없었습니다. 새로운 법률 지식이 머릿속에 들어오면 반대로 의학 지식이 머릿속에서 빠져나가는 느낌도 들었죠.

결국 법학 과목은 졸업에 필요한 이상 듣지 않기로 하고, 교양도 쌓을 겸 경영학을 부전공으로 공부했습니다. 우리나라에서 근대적인 법체계가 형성된 과정과 노동 관련 법들을 공부하고, 경제학원론, 경영학원론, 투자론, 세무회계 등의 과목을 공부하고 나니 우파적인 이념이 이론적으로 옳다는 생각이 들었습니다.

먼저 노동과 관계된 법에 대해 이야기해 보겠습니다. 대한민국 사회에서 '노동자'라는 단어가 갖는 이미지를 떠올려 봅시다. 비인간적이고 열악한 노동 환경을 개선하고자 분신자살한 전태일이 맨 먼저 떠오를 겁니다.

그런 안타까운 이미지 때문인지, 노동자라는 단어는 뭔가 약자이면서, 보호받아야 하고, 그들의 요구를 당연히 들어줘야 할 것 같은 감정을 동반하게 만듭니다. 좌파적인 사상에 심취했던 어린 시절의 저에겐 더욱 그랬습니다.

그런데 법을 전공해 보니, 노동자는 법의 보호를 받지 못하는 사회적 약자라는 막연한 생각이 바뀌었습니다. 법에 노동자의 피와 땀은 충분히 반영되어 있는데, 사장님의 눈물은 반영되어 있지 않은 느낌이랄까요?

근로기준법을 봅시다. 노동자 권익 향상을 위한 법적 장치들이 선진국들의 법에 비해 크게 모자람이 없어 보입니다. 그런데, 오히려 다른 나라에는 없는 '주휴 수당'이라는 제도가 우리나라에는 있더군요. 일주일에 15시간 일하면 하루치 급여를 더 줘야 하는 것이지요. 그리고 5명 이하 직장도 이제는 4대 보험에 의무 가입해서 사업자가 보험료를 분담해야 합니다. 노동 시간도 주 52시간으로 제한되어 있습니다.

최저임금법을 봅시다. 임금이란 원래, 노동자가 시장에서 올린 성과에 대한 보상입니다. 수익이 없다면 지급이 불가능한데, 시간당 무조건 얼마를 줘야 한다고 법으로 강제한다고 그게 이루어질까요? 시급의 하한선으로 노동계는 2025년 적용 기준, 12,600원을 제시했는데, 이렇게 임금이 시장에서, 생산성에 따라 결정되지 않고 다분히 감성적인 슬로건으로 결정되는 것이 과연 모두에게 이익일까요?

노동자의 천국이라는 노르웨이·스웨덴·핀란드·오스트리아는 뜻밖에 법정 최저임금 제도가 아예 없습니다. 미국과 일본은 최저임금을 지역별로 차등해서 정해 놓고 있고, 또 일본을 비롯해 스위스·호주·멕시코 등에선 업종별로 차등해서 지급하도록 돼 있습니다.

아주 잘나가는 사장님이 아니고서야 직원들에게 월급 주고 세금 내느라 이렇게 등골이 휘는데, 사장님을 잠재적 범죄자로 취급하는 법이 생겼습니다. 중대재해처벌법입니다. 이제 사업장에서 직원에게 건강 상의 문제나 사고가 생기면 대뜸 중대재해처벌법으로 처벌이 가능한지를 분석합니다. 최근 만났던 변호사 친구 말이, 이 법이 제정되고 나서 기업들의 형사 전문 로펌 상담 건수가 확 늘었다고 해요. 로펌만 배 불리게 됐다고 할까요. 그것도 애초에 법적 대응에 돈을 쓸 수 있는 대기업만 이렇게 준비를 하고, 중소기업은 대처를 할 여력이 없습니다.

만약에 노동자들이 파업이라도 하면 어떻게 될까요? 노동조합및노동관계조정법을 봅시다. 법에는 파업 중에 사업장을 점거하지 못하게 해 놨지만, 사업장을 '부분' 점거하는 것은 판례에서 괜찮다 해 버리니 노조가 건물 로비 같은 데서 난리를 치면서 다른 노동자나 소비자가 못 들어오게 합니다. 게다가 대체 인력도 구하지 못하게 전면 금지해 놨습니다.

미국과 독일, 그리고 판례에 따라서는 영국, 일본도 사업장 점거를 못 하게 해 놓고 대체 인력 투입도 가능하게 되어 있습니다.

상속세및증여세법을 봅시다. 사장님이 열심히 돈을 벌어서 예쁜 자식들한테 재산을 물려주고 싶어도, 최고 상속세율 50퍼센트에 최대 주주가 상속할 때 할증되는 30퍼센트 더해서 65퍼센트를 떼 갑니다. 세계 최고 수준입니다. 이러면 도대체 누가 사업을 하고 싶을까요? 이렇게 되면 대를 이어 경영을 유지할 수 없습니다.

타고난 운동신경과 음악적 재능, 잘생긴 외모로 엄청난 돈을 버는 스

상속세 폐지한 OECD 국가

국가	폐지한 해	소득세 최고 세율(%)
에스토니아	(원래 없음)	20
캐나다	1971	29
호주	1979	45
이스라엘	1981	50
뉴질랜드	1992	33
슬로바키아	2004	25
포르투갈	2004	48
멕시코	2005	35
스웨덴	2005	25
오스트리아	2008	50
노르웨이	2014	25.15
체코	2014	15

타들에게 상속세를 걷던가요? 유명한 음악인이 본인 자녀를 레슨하는 것도 국가가 상속세를 걷어야 할까요? 부모 세대에서 자녀에게 유무형의 재산을 물려주는 것은 '자연스러운' 겁니다. 이걸 막으면 경제적으로 마이너스지요. 그런 이유로 세계 각국에서 상속세를 줄이거나 아예 폐지하고 있는 겁니다.

이런 것들을 배우고 보니, 법의 보호를 받지 못하는 사람들은 노동자가 아니라 오히려 사장님들이 아닐까 하는 생각이 들더라고요.

하지만 더 큰 문제는, 이런 법들이 오히려 진짜 힘없는 노동자에게 피해를 준다는 것입니다. 주휴 수당을 안 주려고 14시간만 고용하는 일자리만 많아져서, 노동자가 아르바이트만으로 생계를 유지하려면 이 사업장 저 사업장을 왔다 갔다 해야 합니다. 주휴 수당분을 합쳐서 계산하면 이미 대한민국은 최저임금이 가장 높은 나라 중 하나인데, 그러다 보니 저임금 비숙련 노동자들의 일자리는 점점 사라집니다. 중대재해처벌법이 제정되고 나서 기업들은 지병이 있는 사람들을 채용하지 않으려 합니다. 노조법은 일자리가 시급한 취약 계층 노동자보다 목소리 크고 힘 있는 노조만이 이득을 취하는 구조를 만들어 버렸습니다. 지나친 상속세와 각종 세금 때문에 투자를 꺼려 일자리가 줄어듭니다.

노동자의 권익 보호도 물론 중요하지만, 리스크를 짊어지고 새로운 먹거리를 창출하기 위해 도전하는 기업가 정신을 가진 사장님을 응원해 주고, 성실히 일하는 노동자가 보호받는 세상이 되어야 하지 않을까요?

국가 경제의 성패는 결국 기업에 달려 있습니다. 노동자 전태일도 기억해야겠지만, 노조의 괴롭힘 때문에 생을 마감한 CJ대한통운 김포대리점 사장님의 억울함도 기억하고 다시는 이런 일들이 없도록 법이 개선

돼야 하지 않을까요?

사회주의는
실패의 철학, 질투의 복음

어느 날, 경영학을 전공한 친척 동생 P와 대화를 하게 됐습니다. 정치 이야기로 시작해서 결국 전공인 경제와 경영 쪽으로 화제가 넘어갔어요. 동생은 그즈음 마르크스의 『자본론』과 토마 피케티의 『21세기 자본』을 흥미 있게 읽고 있다고 했습니다.

> **P**　읽어 보니깐, 마르크스나 피케티 말이 맞는 거 같아. 태어나자마자 갖춰진 집안, 갖춰진 기업 대표의 자식인 건 불평등하지 않아? 그리고 우리가 아무 일 해 봐야 돈 굴리는 사람들보다 못 번다고, 돈이 돈을 버는 속도를 노동으로 따라잡을 수가 없는 거지. 지금 우리나라 기득권자들은 세금을 좀 더 많이 낼 필요가 있어. 아니면 기득권을 완전히 타파해야지.

'또 한 어린 영혼이 좌파에 물들어 버렸구나.'
안타까워서 제가 말했습니다.

> **나**　일단 피케티는 자본수익률 r이 언제나 경제성장률 g보다 높기 때문에 필연적으로 불평등이 심화된다는 『21세기 자본』의 핵심 주장을 철회했어. 입맛에 맞는 데이터들만 짜깁기한 것도 드러났지.

그러니 그 책을 다른 데서 인용하지는 마. 10년 전이었나, 갤러리아 상품권 30만 원어치를 선물받았어. "으따, 광주 촌놈 출세해 브렀다잉" 하면서 룰루랄라 블링블링한 갤러리아로 갔지 뭐야. 그런데 시×, 30만 원으로 살 수 있는 옷이 하나도 없었어! 쇼킹과 분노에 아직 사상적으로 빨간 물이 덜 빠졌던 이 형은 '우쒸! 저 강남 사람들 모조리 세금 왕창 때려 버려야 햇!' 생각했지.

식품관에서 햄버거 세트에 먹을 거 몇 개 사고 30만 원을 탕진한 형은 허탈하게 건너편 골목으로 갔어. 그런데! 블링블링 압구정에 의외로 허름한 가게들이 꽤 많더라구. 샤넬 매장에서 봤던 압구정 블링블링 아줌마들이 거기서 3,000원짜리 떡볶이를 맛있게 먹고 있었어. 그때 느낀 게, '아! 저이들도 다 같은 사람들이구나, 다만 돈이 좀 많을 뿐… 저 사람들의 지갑을 열게 할 다른 차원의 소비가 있어야겠구나' 생각이 들더라구.

그런데, 그 사람들은 왜 부자일까? 바로 너 때문이야. 너의 선택 때문이라구. 니가 이름 없는 회사의 스마트폰을 쓰지 않고 유명한 몇 개 회사 제품 중에서 집중적으로 사니까 그래. 다른 사람들도 비슷해. 가장 좋으면서 가격도 싼 제품을 선호하지. 또 유행이란 게 있으니 몇 개 회사로 돈이 집중되는 거야. 그러니까 부자가 생기지. 공산주의와 사회주의를 추구하려면 너의 그 선택을 포기해야 돼. 넌 그럴 수 있어? 니가 하고 싶은 거 말고 당에서 하라는 것만 평생 하면서 살 수 있냐고. 싫잖아.

서울 올라와서 좋은 데 사는 사람들 만나 보면, 고생해서 사업에 성공했거나, 반지하 방 전전하다 스타가 됐거나, 열심히 공부해서 학업적 성취를 이룬 사람들, 그리고 그 자녀들이야. 운 좋게 벼락부자 된 케이스도 있긴 하지만, 벼락부자치고 지속적으로 재산을 늘려 가는 사람은 거의 없더라. 대한민국은 이승만 때 토지 개혁으로 부자들 땅 헐값에 강제로 팔리고 그나마 가진 자산들도 6·25 때 다 부서져서 출발 자체가 다른 나라들에 비해 불평등하진 않았다고 생각해. 그리고, 가진 사람 너무 욕하지 마. 대한민국 상위 10프로 사람들이 종합소득세 전체의 87프로를 내고 있어. 그 사람들 밉다고 세금 때리고 갤러리아 같은 데 없애 버리면 거기서 청소하는 분들, 주차 관리 하는 분들, 매장 직원들 일자리는 어떡하라고? 부자들의 지갑을 열게 할 다른 차원의 서비스와 상품이 나와야 돈도 돌고, 또 그런 서비스와 상품을 누리고 싶은 사람들이 블링블링한 걸 개발해서 혁신을 일으켜야 자유 시장 경제가 발전하는 거 아니겠어? 갤러리아를 없애려 하지 말고, 오히려 갤러리아가 많아지도록 경제를 발전시키는 게 좋지 않을까? 그게 진정한 평등이지, 왜 자꾸 하향 평준화를 하려고 해?

아무리 자산이 1조씩 되는 기업인이라도 하루 세 끼 이상 먹지 않아. 무슨 옛날 왕들처럼 축첩해서 자식 수십 명씩 낳지도 않고. 즉, 부자들은 돈을 물 쓰듯 쓰는 것 같아도 헛되이 쓰지는 않는다는 말이야. 그렇다고 돈을 가만히 은행에 놔두면 어떻게 돼? 시중 금리가 물가 상승분을 커버해 줘? 네버! 그러니깐, 소유한 자산으로 사업을 키우려고 끊임없이 상품을 만들어 내거나 투자를 해. 자본 소득이 노동 소득을 앞선다고? 그럼, 자본이 무슨 지 발로 걸어다니냐? 다 사람이 결정하는 거야. 투자하다 실패하기도 하고 성공하기도 하고.

막상 그 사람들은 전 세계적인 경제 동향을 매일같이 열심히 알아본다니깐. 해외 쪽 투자하는 사람들은 더해. 새벽에 알아봐야 하거든. 잠도 못 잔다고.

기업인이 상품을 팔아서 이윤을 남기려면 생산 원가(cost)보다 판매 가격(price)이 높아야 하겠지? 그리고 소비자는 판매 가격보다 원하는 가치(value)가 더 클 때 상품을 구매하겠지? 따라서 이루어진 모든 거래는 서로에게 이익을 가져다준다고 할 수 있어. 즉, 투자가 활성화되고 시장에서 거래가 활발해질수록 사회 구성원의 만족도가 올라가는 것 또한 당연한 거야. 1조라는 돈이 모여 있어야 투자도 하고 공장 건설도 하고 가치 있는 상품을 만들어 내지, 그걸 1,000만 명한테 10만 원씩 나눠 주면 과연 1조만큼의 가치를 할 수 있을까? 그 생산 수단인 공장들을 국유화하면 공장들이 제대로 굴러갈까? 많은 자산을 쌓아 둔 기업인들을 적폐로 보고 세금 뜯어 갈 생각만 하지 말고, 소비자가 가치 있다고 생각하는 상품을 생산하게끔 길을 터 줘야 하지 않을까?

경영학 공부했으니 미제스라고 들어 봤을거야. 그 사람이 "사회주의는 산업 경제로서 생존할 수 없는 체제다. 사회주의 경제는 자유 시장 가격 체제를 결여하고 있기 때문에 합리적으로 비용들을 계산할 수도 없고, 생산 요소들을 가장 필요로 하는 과제에 효율적으로 할당할 수도 없다"고 했어. 맞는 말 아니야? 사회주의 계획 경제 자체가 말이 안 되는 거야. 비용 계산이 안 되니 계획을 세울 수가 없다고.

P   그래도 우리나라 재벌은 문제 아니야? 중소기업이랑 격차도

너무 크고, 중소기업 기술들 다 가져가 버리고 말이야.

나　우리나라에서 '친일, 독재'만큼이나 오염된 단어가 재벌이야. 재벌이란 단어만 들어도 무조건 '해체'라는 단어가 연상될 정도지. 그런데, 재벌이 우리나라에만 있나? 미국의 포드도 2세가 경영하고 있고, 유럽과 일본엔 수백 년 된 기업들이 즐비해. 스웨덴 발렌베리 가문이라고 들어 봤지? 그 회사 공부해 보면 삼성은 비교도 안 된다는 걸 알 거야.

경영권 승계를 안 하는, 아니 못 하는 기업들은 대부분 외부로부터 대규모 투자를 받은 기업들이야. 대규모 투자 받았으니 CEO가 자식에게 경영권 승계하기 어려운 거지. 그런데 꼭 그런 외부 전문 경영인 체제가 좋은 걸까? 삼성이 반도체에 투자할 때 임원 거의 대부분이 말렸대. 우린 못 한다고, 망한다고. 그런데 이병철 회장이 밀어붙인 결과 지금 반도체가 삼성과 대한민국의 대표적인 먹거리가 됐어. 오너가 책임감을 가지고 투자를 한 거지. 군대와 기업은 민주적이지 않아. 당연해. 리더십에 대한 복종과 규율, 생존의 전투력이 본질이야. 대우조선 분식 회계 기억하지? 왜 그럴까? 주인이 없으니까 그래.

문어발식 사업 확장이 문제라는데, 삼성도 원래는 쌀가게였어. 첨부터 한 가지 사업만 깊게 파는 기업이 몇 개나 되냐? 당장 반도체에서 기술력과 가격 경쟁력 떨어지면 바로 망하는 게 삼성이야. 불확실성이 높은 환경에서는 기업은 당연히 거기에 대비를 해야지. 계란을 한 바구니에 담지 않는 원리야. 문어발 확장이 아니라 사업 다각화라고. 피라미드 구조의 계열사 경영도 다른 나라에 다 있고, 소유 지

분보다 높은 의결권으로 기업을 경영하는 형태인 차등 의결권도 덴마크 핀란드 이탈리아 뉴질랜드 노르웨이 스웨덴 스위스 영국 미국 터키 등 OECD 선진국 대부분이 허용하고 있어.

하청 업체 후려친다는데, 실상은 그렇지 않아. 오히려 중소기업들의 꿈이 이름 있는 대기업 하청 업체 돼 보는 거야. 재벌이 문제가 아니라, 그런 재벌의 숫자가 적은 게 문제야.

P　그래도 빈부 격차가 너무 심한 건 사실이잖아.

나　처칠이 그랬다지. 사회주의는 실패의 철학이고 무지의 교리이며 시샘의 복음이다. 이것의 근원적인 장점은 모두 다 불행해지는 것이라고. 경제는 닫힌 제로섬 게임이 아니야. 내가 잘 번 게 남의 것을 빼앗은 게 아니라구. 발달된 자본주의 사회에선 격차보다, 가장 돈을 못 버는 사람들의 실질적 삶이 얼마나 개선되었는지, 그리고 얼마나 제도가 공정한지를 봐야 돼. 농사 기술이 형편없어서 생산량이 적을 땐 모든 사람이 굶지 않으려고 농사짓기 바빴지만, 지금은 기술이 발달해서 소수가 농사를 지어도 음식이 남아돌아서 막 버리잖아.

그리고 격차에만 너무 집착하다 보면 오히려 나라 경제를 망치게 돼. 정의당 심상정 의원이 20대 국회 때 최고임금법안, 일명 '살찐고양이법'을 발의해. 법정 최저임금을 기준으로 국회의원은 5배 이내, 공공 부문 임원은 10배 이내, 민간 기업 임원은 30배 이내로 제한하는 짓이지. 그렇게 되면 격차가 줄어들고 좋은 세상이 올까? 우리나라 경제 20프로를 떠받치는 반도체 분야 유능한 엘리트들이 다 중국으로 스카우트돼서 떠나 버리고 나라 경제가 무너져 브러. 그래서 '삼성전자몰락촉진법'이자 '시진핑미소촉진법'이라고들 하지.

개인의 사유 재산에 대한 보호와 공정한 경쟁이 보장되는 사회라야 기술 혁신이 일어날 수 있어. 기술 혁신이란 이를테면 한 공기 양의 쌀을 생산하는 데 투입되는 비용이 점점 줄어드는 것 같은 거야. 그래야 다 같이 잘사는 거야. 불가능하다고? 노 노! 지금 평범한 대한민국 사람들은 조선 시대 양반보다 훨씬 영양 상태 좋고 좋은 의료 서비스 받으면서 오래 살잖아. 유명한 경제학자인 슘페터는 "자본주의는 끊임없이 경제 구조를 내부로부터 혁신하며 끊임없이 낡은 구조를 파괴하고 끊임없이 새로운 구조를 만들어 간다. 이러한 창조적 파괴 과정은 자본주의의 본질"이라고 했어. 우리 제발, 기술 혁신을 통한 인류의 진보를 믿고 다 같이 블링블링 잘살아 보자. 다 같이 못 살지 말고, 응?

자, 아까 질문으로 다시 돌아가 보자. 어째서 가난한가, 어째서 불평등한가를 질문할 것이 아니라, 어째서 많은 사람들이 부유해졌는가를 질문해야 해. 인류의 역사는 원래 가난의 역사야. 부(富)는 극소수 왕족과 귀족들이 독점했고, 그러다 산업혁명을 통해 부유한 중산층이 탄생했지. 틀린 질문에 애써 대답할 필요 없어. 그 틀린 질문에 애써 대답하려 나온 책들이 『자본론』과 『21세기 자본』이야.

욕망은
발전의 원동력

경제와 관련해서 제가 겪은 일화를 하나 더 소개해 드릴게요.

2016년 여름, 레지던트 월급을 모아 평생소원이던 400만 원짜리 PRS 기타를 샀습니다. 새가 날아오르는 듯한 아름다운 디자인에 안구가 정화되고, 강렬하면서도 따스한 소리에 '귀르가슴'을 느끼면서 이런 생각이 절로 들더라니까요.

'아! 이 맛에 일하는구나.'

그날 만난 친구에게 산 기타를 자랑했더니, 친구는 회사 월급 모아 산 '롤렉스'(ROLEX) 시계를 자랑하는 것 아니겠어요? 그때까지만 해도 의사 출신 혁명 전사 체 게바라를 흠모할 정도로 사상이 붉었던 제가 말했습니다.

"야, 무슨 사치스럽게 시계를 천만 원이나 주고 사냐? 핸드폰 시계가 젤 정확하잖어."

"사치? 그럼 넌 사백만 원짜리 기타 왜 사냐? 프로 기타리스트도 아니고 산타나(Santana)만큼 잘 치지도 못하면서."

정색한 친구의 말에 할 말이 없더라구요.

친구는 롤렉스부터 파텍 필립까지 유명 시계 브랜드의 찬란한 역사와, 수백 년이 지나도 영롱하게 빛나며 잘 가는 시계의 과학적 원리와 디자인을 한 시간 내내 침을 튀기며 설명해 줬습니다. 듣고 보니, 사람들이 왜 고급 시계를 갈망하는지 이해가 가더라구요.

그리고 나중에 알았지만, 체 게바라도 쿠바에서 노획한 롤렉스를 차고 다녔더라구요. 청빈한 삶을 살며 가난에 신음하는 민중을 해방하려는 그에 대한 환상이 약간 깨지는 느낌이었습니다. 결국 그 역시도 부르주아였던 것일까요?

진흙에 묻혀 원형 그대로 보존된 백제 금동대향로

사실 '사치'란 모든 사람이 최소한의 인간다운 삶을 영위할 수 있을 만큼의 재화가 생산되는 사회에서는 있을 수 없는 단어입니다. 부정적 의미가 담긴 사치라는 단어는 보통 농업 기술이 형편없던 때에 지배층이 피지배층을 지독하게 수탈해서 얻은 재화를 화려한 상품에 탕진하는 경우에 쓰였죠. 즉, 사치는 공적인 재화를 낭비하는 경우를 말하지, 개인이 필요에 의해 구매한 경우에는 적용되지 않는 단어입니다.

경제학에서는 소득이 증가할수록 재화 소비가 늘어나면 정상재(normal goods)라 하고, 소득 변화율보다 수요 변화율이 작으면 필수재(necessaries), 크면 사치재(luxuries)로 나눕니다.

그런데 수요의 변화에는 개인의 취향이 결정적인 영향을 미칩니다. 누군가에겐 롤렉스가 쓸데없이 비싼 사치재이지만, 다른 누군가에겐 미치도록 갖고 싶은 선망의 대상이자 고된 노동을 견디게 하는 희망의 대상이며, 또 다른 누구에겐 자신의 정체성을 드러내 주는, 없어선 안 될 필수재일 수 있는 거죠.

추구하는 가치와 취향이 다를 뿐인데, 과연 이 소비를 사치라고 비난할 수 있을까요? 자유 시장은 사치품을 필수품으로 만들고, 공산주의는 필수품을 사치품으로 만든다고 하지요.

명품은 기존의 제품보다 디자인과 기능을 향상시킨 '작은 차이'를 만들어 인간을 감동시킵니다. 그리고 인간을 감동시키는 욕망의 대상이 된 명품은 시간이 흐르면 박물관에까지 전시되고 추앙의 대상이 됩니다. 백제 금동대향로를 보세요. 이 아름다운 향로를 사치품 왜 만드냐며 땔감으로 써 버렸다면 얼마나 아까울까요?

프랑스에서는 LVMH(루이비통, 디올 등 포함), 샤넬, 에르메스 등의 기업들이 전 세계가 원하는 고급스런 제품을 만들어 내며 세련된 국가 이미지를 만드는 데 기여하고, 고용을 창출해 경제 발전에도 기여하고 있습니다. 매일 수천 톤의 음식이 버려질 만큼 충분한 재화가 생산되는 우리나라라면, 명품 구매를 사치라고 폄하하기보다 나라 발전에 필수적인 용품이라 여기고 생산을 장려하는 문화를 만드는 게 좋지 않을까요?

'위대한 사회주의 조국'은
왜 망했나

애덤 스미스는 1776년 『국부론』에서 국부의 원천

을 밝혔습니다. "개인이 노력해 얻은 성과를 스스로 향유하도록 보장하는 법제가 다른 무엇보다도 국가의 경제 성장에 중요하다"고 강조했지요. 또 오스트리아의 경제학자 하이에크는 "사유 재산만이 혁신할 수 있는 동기를 불어넣는다"고 했지요.

역사적으로 봐도, 인도 대륙을 정복한 것도 영국 정부가 아니라 영국 동인도회사의 용병들이었습니다. 동인도회사는 막강한 인도 제국을 약 100년간 지배했고 군인이 많을 때는 35만 명이나 돼서 영국 왕이 보유한 군대보다 훨씬 많았습니다. 영국 왕은 1858년에 이르러서야 인도를 직접 통치했고 동인도회사의 민영 군대도 이때 국유화했지요.

나폴레옹은 영국을 '가게 주인들의 나라'라며 비웃었지만 결국 그 가게 주인들에게 패배했습니다. 가게 주인들이 세운 영제국은 역사상 최대의 제국이었습니다.

대한민국과 북한을 봅시다. 대한민국 국민도 열심히 일했지만 북한도 천리마운동, 새벽별보기운동, 국안먹기운동(소변량 줄이기) 등 뼈빠지게 일했습니다. 그러나 북한의 GDP(국내총생산)는 대한민국의 2퍼센트밖에 안 됩니다. 개인의 사유 재산을 보호해 주는 대한민국과 '위대한 사회주의 건설'을 목표로 한 북한의 차이지요.

결국 개인이 부를 추구하는 욕망을 인정하고 이를 위한 노력의 결실이 보호받도록 군사적, 법률적으로 보장되는 시스템을 구축해야 합니다. 개인의 욕망이 혁신으로 이어질 수 있도록 해야 나라가 부강해지는데 우리는 너무도 쉽게 문제 해결을 정치권에만 요구합니다. 정부는 그렇다면 세금을 많이 걷을 수밖에 없고 문제 발생을 막도록 각종 규제 법안을 만들어 낼 수밖에 없죠. 그렇다면 성장이 둔화될 수밖에 없습니다.

이 악순환을 끊을 필요가 있습니다.

서기 1년부터 1820년까지 인류의 1인당 총생산은 2배 증가하는 데 그
쳤지만, 1820년부터 2003년까지는 20배나 증가했습니다. 왜 인류의 기
적이 지난 200여 년 동안만 나타났을까요? 자본주의 시장 경제가 있었
기 때문입니다.

사회주의자들은 역사에서 자본주의가 어떤 다른 경제 체제보다 성
공적이었음에도 불구하고 본 적도 없고 있지도 않은 이상 세계와 비교
해 자본주의를 욕합니다. 자기들의 머리에서 완전한 사회 혹은 경제 질
서를 만들고 많은 사람이 자기들의 비전을 공유하기만 하면 현실 세계
에서 자기들의 지적 구성을 집행하는 것이 가능하리라고 믿습니다.

사회주의자들은 중국과 소련, 동남아의 처참한 실패를 보고도 그들이
진정한 사회주의를 하지 않았다며 실패를 인정하지 않습니다. 중국에서
는 마오쩌둥 대약진운동으로 4,500만이 죽었고, 1960년 봄에만 63건
의 식인 사건이 보고되었습니다. 1958년 50세이던 중국인의 평균수명이
30세 이하로 급격하게 떨어졌습니다. 학생들은 자기 선생들과 부모님을
죽였습니다. 때려 죽이는 것도 모자라 그 시체도 때렸습니다. 캄보디아
폴 포트의 크메르 루주 정권도 인구의 4분의 1을 죽였습니다.

사회가 인위적으로 백지에서 구성될 수 있다는 신념의 극단적 시범은
그렇게 처참한 막을 내렸습니다. 이걸 굳이 반복해야 할까요?

인간의 욕망을 있는 그대로 인정하는 자본주의가 '독점'이라는 폐단
을 만들어 낸다고들 합니다. 그런데, 앞서 나간 기술로 독점했던 과거의
기업 중 아직도 남아 있는 기업이 과연 몇이나 될까요? 지난 수십 년간

코닥, IBM, 마이크로소프트, 블랙베리, 야후, GM, 포드 등이 독점적 기업으로 명성을 떨쳤지만 지금은 그렇지 않습니다. 망한 기업도 많죠. 높은 독점 이윤은 그것을 욕망하는 새로운 경쟁자를 끌어들이고 결국 독점은 사라집니다.

제 3 부

그들은
이래서
틀렸다

PC주의, 페미니즘, 환경 종말론, 복지 포퓰리즘 넘어서기

약자는
무조건 선하다?

1990년대 자유 시장 경제 및 자본주의 체제와 사상 경쟁에서 완벽히 패배한 공산주의 추종 세력들은 도피처, 즉 새로운 먹거리를 찾습니다.

먼저 올드하고 과격한 이미지를 줄 수 있는 유산계급(부르주아)-무산계급(프롤레타리아) 같은 단어들을 버리고 '포스트모더니즘'이라는 그럴싸해 보이는 단어를 쓰기 시작합니다. 그러면서 서구 자본주의가 구축한 기존의 시스템이 약자를 억압하고 있다며 이를 파괴해야 한다고 주장합니다.

강자가 약자를(PC주의), 남자가 여자를(페미니즘), 인간이 환경을(환경종말론), 미국이 남미(복지국가)를 억압하고 있다고 주장하고 사람들에게 증오감을 부추깁니다. 그리고 그 증오감이 심어진 군중을 모아 정치 투쟁에 이용하는 것이지요. 광우병 괴담, 천안함 폭침, 세월호 음모론, 후쿠시마 오염수 등의 이슈에서 결집하고 권력을 가져옵니다.

결국 그 안을 들여다보면 새로운 마르크스주의, 즉 '네오마르크시즘'에 불과하다는 것입니다.

민주당이라는 정치 세력을 통해 세상을 바라봤던 어린 저는 이런 어젠다들에 대해 잘 모르면서도 뭔가 멋있어 보이기도 해 막연히 지지하고 있었습니다. 하지만 여러 경험을 하고 공부를 한 결과 이들의 논리가 빈약하다는 사실을 알게 됐습니다. 게다가 억압당하는 이들을 해방하는 권력을 갖기 위해 자신의 주장과는 정반대로 행동하고 심지어 권력을 갖기만 한다면 나라가 잘못되더라도 개의치 않는 이들의 추악한 이면을 보고 마음을 고쳐먹었습니다.

먼저 PC주의를 볼까요?

아프리카에 라이베리아라는 나라가 있습니다. 국기를 볼까요? 어라? 어딘가 미국 성조기와 비슷해 보이죠? 그럴 만도 한 게, 라이베리아는 미국에서 아프리카인 노예 문제가 심각해지자 노예제 반대론자 백인 선교사들이 노예들과 함께 1821년에 아프리카의 해안가에 세운 식민지였다가 독립한 나라입니다.

라이베리아의 국기. 미국 성조기와 모양이 비슷하다

미국에서 인간 이하 취급을 받던 설움을 잘 아는 노예 출신들이 세웠으니, 비슷한 처지의 아프리카 원주민과 서로 도우며 자유롭고 행복한 나라를 건국했을까요?

천만에요. 원주민이 땅을 팔지 않자, 노예 출신들은 자기네가 약자였을 때 고통스럽게 경험했던 방법, 폭력을 동원했습니다. 총과 대포로 원주민을 죽이고, 살아남은 자들은 노예 삼아 나라를 세운 것이지요. 아이러니하게도, 그렇게 원주민의 자유를 강탈하고 1847년에 독립 국가를 세우면서 국호를 '자유의 땅' 라이베리아(Liberia)라 짓고, 아메리카에서 유럽의 입김을 물리치는 데 공을 세운 미국 대통령 제임스 먼로의 이름을 따 수도를 몬로비아라 불렀습니다.

아프리카 역사책에서 이 부분을 읽으며 잠시 멍했던 기억이 납니다. 하긴, 일하며 겪은 사람들을 떠올려 봐도 약자라고 해서 딱히 더 정의롭진 않더라구요. 권위 있는 교수도 힘없는 인턴도, 병원 경영 망친 경영진도 병원 망하든 말든 파업 하는 노조도, 갑질 하는 VIP 병실 회장님도 돈 없어 몰래 탈원하는 노숙자도, 그냥 다 이기적인 인간이었습니다.

역사를 조금 더 깊이 공부해 보니, 아프리카에서 그 많은 노예를 소수의 백인들이 무력만으로 납치해 오는 건 불가능했습니다. 오히려 서로 싸우던 부족들 중에서 이긴 부족이 진 부족 사람을 백인들에게 팔아넘기는 경우가 많았다고 합니다. 즉, 아프리카인 자신들이 자기네보다 약한 주변 종족을 노예로 팔아먹은 것이지요.

좌파 정당들이 주장하는 담론의 바닥에 깔려 있는 '강자는 악하고 약자는 선하다'는 언더도그마(underdogma)가 보이기 시작하고 불편감을 느끼기 시작한 게 이때부터였습니다. 더 나아가 '선한 약자가 악한 강자들의 세상을 뒤엎어야 한다'는 계급 투쟁으로 변질되어 버린 PC(political correctness, 정치적 올바름)주의 구호가 난무하고 이를 기반으로 정책이 추진되자 도저히 좌파 정당에 표를 줄 수 없겠더라구요.

최근 이슈가 된 것이 또 있습니다. 디즈니 영화사에서 「인어 공주」 주인공을 흑인으로 캐스팅해 여론이 안 좋아지자 오히려 디즈니사는 그런 시선을 가진 관객을 비난했죠. 결과는 처참한 흥행 참패였습니다. 아니, 「블랙팬서」처럼 흑인만의 서사가 담긴 캐릭터를 새로 만들면 될 것을, 왜 남들이 어린 시절부터 간직해 온 서사를 파괴해 가며 자신의 도덕적 우월함을 어필하려 할까요?

약자의 아픔을 공감하고 배려하는 것이 잘못되었다는 것이 아닙니다. 약자에게 눈길을 돌리는 것이 때론 사회 진보의 동력이 되기도 하니까요. 아마 상당수의 청년들이 좌파 사상에 매료되는 것도 이런 계기에서일 겁니다. 저도 그랬듯이요.

하지만 약자든 강자든, 누가 선하고 악한지는 시비를 가려 봐야 하지 않을까요? 약자를 위한다는 정의감에 취해 타인에게 특정 이념을 강요하고, 인간의 이기적인 마음을 고려하지 않은 채 그저 억강부약(抑強扶弱)의 논리만으로 세상을 움직이려 하면 어떻게 될까요? 다주택자에게 세금 때렸더니 무주택자가 집을 사기 쉬워지던가요? 사장님의 재산을 빼앗기 위해 최저임금 올렸더니 직원들이 살기 좋아지던가요?

캘리포니아주는 본래 미국 유수의 대기업들이 몰려 있는 혁신의 중심지였습니다. 하지만 PC주의가 가장 강하게 득세하면서 테슬라, HP, 오라클 같은 대기업들이 보수적인 텍사스주로 본사를 옮기고 있다고 합니다. 물론 세금 문제도 있겠지만 학교 직원이 학생의 성 정체성과 성적 지향을 본인 허락 없이 부모 등 다른 사람에게 알리도록 강요하는 것을 금지하는 '성소수자 학생 관련 법' 등 PC주의가 들어간 정책들이 우리의 터전을 망가트릴 수 있다는 것을 알 수 있지요.

막말과 사법 리스크에도 트럼프 전 대통령이 많은 지지를 받는 것도 어찌 보면 같은 상황입니다. 약자를 위한다는 그럴듯한 미사여구에 휘둘리지 말고 시비를 가려 "아닌 건 아니다"라 말할 수 있는 사회가 되어야 합니다.

아 참, 글 맨 앞에 얘기한 라이베리아는 수많은 내전을 거친 끝에 지금은 잘살고 있다고 하네요. 특정 국가를 폄하하기 위해 보기로 든 게 아님을 알아 주셨으면 좋겠습니다.

남미와 북유럽 복지국가를
동경하던 그들

1990년대 말 IMF와 2000년 중반 금융 위기를 막 넘긴 시기였습니다. 험난한 시기를 겪은 한국에게 북유럽과 남미의 복지국가들에서 길을 찾자는 담론이 확산되었고 기본소득에 대한 논의도 시작되었습니다. 의과대학과 병원 수련을 하며 '공짜는 없다'는 진리를 직접 깨달았지만 그래도 적당히 일하고 누구나 인간다운 삶을 살 수 있는 유토피아를 생각하니 혹하기도 했습니다. 오세훈 서울시장이 직을 걸고 무상 급식에 반대하다 정말로 사퇴했을 때는 '왜 애들 먹는 걸로 저렇게 난리를 치나' 생각했었습니다. 그것이 엄청나게 큰 정치 투쟁인 줄을 몰랐던 것이지요.

하지만 북유럽 복지국가의 대표격인 스웨덴과 남미 산유국의 대표적 실패 사례인 베네수엘라를 보고 환상은 깨지고 말았습니다.

스웨덴은 사회주의 정책들을 도입하며 상속세와 법인세 등을 올리자 이케아 같은 굴지의 기업의 본사가 떠나고 아스트라제네카의 전신 아스트라 역시 상속세가 상속 재산을 뛰어넘어 파산하고 결국 영국에 팔리는 등 어려움을 겪습니다. 그러다 1990년대 초반 실업률이 최대를 기록하고 마이너스 경제 성장이 지속되자, 정부는 실패를 인정하고 상속세를 폐지하고 법인세를 인하했습니다.

이젠 오히려 우리나라가 스웨덴보다 법인세가 더 높지요. 우리나라는 매출 3,000억 초과 기업은 25퍼센트, 2억 원 이하는 10퍼센트가 적용되는데, 스웨덴은 20.6퍼센트로 법인세 구간이 단일화되어 있습니다.

세수가 적은데 어떻게 높은 복지 수준을 유지할까요? 바로 세계 최고 수준의 근로소득세입니다. 아무리 저임금 아르바이트를 해도 근로소득세를 30퍼센트가량 내야 하고, 웬만한 직장인들은 50퍼센트 넘는 근로소득세를 내야 합니다.

그렇다고 딱히 부자들에게 세금을 더 많이 거두지도 않습니다. 스웨덴의 소득세 면세자 비율은 6.6퍼센트이고 우리나라는 40퍼센트입니다. 스웨덴은 상위 10퍼센트 소득자가 전체 소득세의 27퍼센트를 부담하는데, 한국은 상위 10퍼센트가 70퍼센트 이상을 냅니다.

대신 누구나 물건 살 때 세금을 내야 해서 역진성을 띠는 부가가치세의 경우 우리나라는 10퍼센트인데 스웨덴은 무려 25퍼센트입니다. 가처분소득이 줄어드니 평범한 중산층 가운데 상당수가 돈 모을 생각을 접고 일확천금 꿈꾸며 복권과 도박에 열중합니다.

그리고 스웨덴은 자산 불평등 정도가 매우 심한 나라입니다. '총자산 지니계수'를 이용한 국가별 자산 불평등 정도가 스웨덴 3위, 미국 4위,

대한민국은 10위입니다.

사회주의 정책을 시도하던 시절엔 동일노동 동일임금제가 적용돼서, 같은 직종이라면 경제력이 높은 대기업이든 적자를 보는 기업이든 임금 부담 능력과 상관없이 똑같은 임금을 지불하게 했습니다. 그 결과 대기업은 임금이 줄어 여유가 생겼지만 중소기업은 임금을 올려야 해 경영난으로 도산할 수밖에 없었습니다. 게다가 재벌이 은행을 소유할 수 있게 하니 기존의 대기업 말고는 새로운 기업이 성장하기 어려웠죠. 경제가 대기업 위주로 고착화되어 버린 겁니다.

대표적인 재벌 기업 가문이 앞에 나왔던 발렌베리 가문입니다. 스웨덴 주식 시장 전체 시가 총액 중에서 이 가문이 차지하는 비율이 30퍼센트가 넘습니다. 사회 환원에 진심이라 알려진 것도 실상은 각종 세금을 회피하기 위한 목적이 큽니다.

또 스웨덴은 의료 서비스가 무료인 복지 천국이라고 알려져 있는데, 실상은 다릅니다. 18세 이하 청년은 무료이고 성인은 연간 의료비 15만 원, 약값은 30만 원이 본인 부담 상한으로 되어 있어 겉보기엔 좋아 보이지만, 결국 다 국가 세금입니다.

그래서 정부는 의료 수요를 줄여야만 합니다. 응급 진료를 제외한 모든 진료가 예약제로 운영되는데, 진료를 받고 싶어도 상담원이 판단해서 경증 같으면 병원 오지 말라고 커트해 버립니다. 준공무원 신분인 의료진들이 열심히 일할 동기가 없으니 의사 1인당 하루 진료 횟수는 2.8회로 OECD 최하이고, 여름에는 장기 휴가를 가 버려서 예약이 힘듭니다. 병상이 부족해서 입원하더라도 하루 빨리 퇴원해야 하구요. 이러니 서민들만 공(公)보험에 의지하고, 부유층은 사(私)보험을 듭니다.

이런 시스템에서 2020년 코로나-19 바이러스가 창궐하자, 다 알다시피 스웨덴은 제대로 된 초기 대응이 불가능했습니다. 말로는 '자연면역'을 추구했다 하지만 실상은 대응을 포기한 것이었죠. 결국 인구 100명당 사망자 수 OECD 1위를 기록했습니다.

게다가 스웨덴은 입헌 군주제, 즉 아직도 왕족 신분이 세습되는 국가입니다. 귀족도 2만 명이나 되구요. 이렇게 신분 제도가 고착화된 나라를 과연 평등한 나라라 할 수 있을까요?

베네수엘라 이야기는 많이 들어 보셨지요? 세계 5위 산유국이라는 좋은 조건에도 불구하고 차베스와 마두로의 포퓰리즘 정치는 국민으로 하여금 정부에만 의존하게 만들었고, 더 큰 부가가치를 창출할 수 있는 과학 기술에 투자할 기회를 놓치게 만들었습니다. 게다가 부자들과 인텔리를 증오하니 자본이 빠져나갔습니다. 결국 미국에서 셰일 가스가 개발되어 베네수엘라 석유에 대한 수요가 줄어드는 등 외부 조건에 흔들리다 극심한 내부 갈등으로 경제가 파탄 나서 국민은 강제 다이어트를 하고 있고 인구의 4분의 1이 베네수엘라를 탈출했다고 합니다.

기본소득제요? 기본소득은 유명한 보수 우파 경제학자 프리드먼의 '기초 보장 급여'에서 아이디어가 나오긴 했습니다. 빈자(貧者)를 감별하고 재원을 분배하는 업무를 맡을 관료를 고용해서 운영하느니, 차라리 걷은 돈을 그냥 뿌리자는 거였지요.

핀란드에서 2017년부터 기본소득 실험을 한 적이 있습니다. 25~58세에서 무작위 선정된 2,000명에게 560유로를 매월 지급해 봤더니, 기대와 달리 기본소득과 재취업은 통계적으로 관련이 없는 것으로 나타났죠. 핀란드는 결국 2019년 기본소득 실험을 중단했습니다.

이렇게 말씀드리니 제가 무슨 복지 부정론자처럼 보일지 모르겠는데요, 전혀 그렇지 않습니다. 세상엔 공짜란 없으니, 무작정 퍼 주는 것보다 근로 의욕을 꺾지 않는 '생산적 복지'가 중요하다는 말씀을 드리려는 겁니다.

1834년 영국 신구빈법(新救貧法)에 '열등 처우의 원칙'(principle of less eligibility)이란 게 있었습니다. 빈민에게 지급하는 급여는 노동 시장의 최저임금보다 낮아야 한다는 원칙이죠. 근로 의욕 저하를 막기 위함입니다.

실업 급여와 각종 지원책으로 얻을 수 있는 이득이 근로 소득보다 높아 버리면 누가 일을 하려 할까요? 문재인 정부가 추진했던 소득 주도 성장 정책(소주성)이 말이 안 되는 이유입니다.

그리고 사실 복지 확대는 좌우 정권 가릴 것 없이 모든 정권에서 추진되어 왔습니다. 우리나라 복지 발전사를 보면 결국 그 시작은 박정희 정권부터입니다. 박정희 때 생활보호대상자 의료보호 제도를 실시했고 산재보험이 시작되었으며, 500인 이상 대기업부터 의료보험 강제 적용이 시작됐습니다. 노태우 정권 때 국민연금이 시작됐고, 전국민 의료보험으로 확대 개편됐구요. 고용보험은 김영삼 정권 때 시작됐습니다. 김대중 때 고용보험과 산재보험이 모든 사업장으로 확대됐고 국민연금도 전 국민에 적용됐으며, 직역별로 여러 조합으로 나뉘어 있던 의료보험을 국민건강보험으로 통합하면서 지금 같은 복지 체계가 모습을 갖추었습니다.

보세요, 시작은 다 우파 정권이죠? 지난 우파 정권들의 모든 것을 적폐로 몰아가는 것이 말이 안 되는 이유입니다.

환경 문제는
기술 개발로 극복해야

　　　　　　　아무리 우파로 전향했다 해도 환경 문제만큼은 좌파 진영에서 주장하는 것들이 옳다고 생각했습니다. 그런데 어릴 적 인상 깊게 읽었던 『엔트로피』 책이 예언한 때가 지났는데도 에너지가 고갈되지 않더라구요? 기술이 발달해서 바다에서도 석유 채굴이 가능해졌고, 셰일 층에 분산된 석유들을 쓸 수 있게 되고, 원자력 등 새로운 에너지를 활용하게 된 것이죠.

　이런 경험을 하고 나니 과학자들이 내놓는 데이터도 일단 의심하고 팩트 체크를 해 봐야겠다는 걸 느꼈습니다.

　좌파가 그렇게 반대했던 4대강 사업을 생각해 보세요. 강바닥을 파내고 보를 준설해 물이 머물 공간을 늘려 놔야 홍수와 가뭄이 준다는 것은 상식 아닌가요? 자연 그대로 흐르게 하는 게 좋다면 왜 역사상 모든 나라들이 치수에 관심을 기울였겠습니까?

　멸종 위기 도롱뇽을 보호하기 위해 한 스님이 단식 투쟁을 해서 천성산터널 착공을 지연시켜 수백억 손해를 일으킨 사건을 기억하시나요? 천성산에 원효터널이 뚫리고 10년도 더 지난 지금 도롱뇽은 잘만 살아 있는데요.

　지구 온난화도 호들갑 떠는 것처럼 큰 문제가 아니라 주기적인 냉각화와 온난화가 반복되는 기후 순환일 뿐이라는 의견도 있습니다.

100여 년 전인 1921년 〈뉴욕 타임스〉는 미국이 최근 1년간 50년 역사상 최고 기온과 가뭄에 고통받는다고 보도했습니다. 미국 연방환경보호청에 따르면 이산화탄소 농도가 지금보다 낮았던 1920년대 폭염 지수는 요즘보다 무려 4배나 높았다고 하네요.

50년 전인 1970년대만 해도 온난화가 아니라 오히려 냉각화를 걱정하는 기사들이 많았습니다. 1974년 미국 신문 〈드모인 선데이 레지스터〉에는 "장기적이고 세계적인 냉각 추세로 기후가 변하고 있다"는 내용이 실렸고, 당시 CIA(미 중앙정보국) 소속 과학자들도 마찬가지로 지구가 냉각기에 접어들었다고 생각했죠.

북극해 빙하도 확장과 축소를 반복해 왔습니다. 온난화로 해수면이 상승해 국가가 소멸한다며 시위까지 했던 투발루라는 나라도 실상을 알아보니 지난 40년 동안 국토 크기가 오히려 2.9퍼센트 증가했다죠? 한마디로 인간의 행위로는 우주와 지질학적 스케일로 벌어지는 사건에 큰 영향을 줄 수 없다는 것입니다.

한때 기후 종말론의 선봉에 섰던 영국의 제임스 러브록은 "지구는 살아 있는 거대한 생명체와 같다"는 가이아 이론을 창시한 사람입니다. 그런 그가 2012년 언론과의 인터뷰에서 "내가 실수했다"고 했습니다. 확신했던 대재앙이 오지 않은 것이죠.

AP 통신은 1989년 인간이 통제 가능한 범위를 넘어서기 전에 온난화 문제를 해결할 수 있는 기회의 창은 10년 후면 닫혀 버릴 것이라는 지구 종말을 예언했습니다. 여러분, 지금 몇 년도인가요?

백 번 양보해서 인간의 과다한 화석 에너지 사용으로 탄소가 증가해 지구 온난화가 진행되는 게 맞다면, 원자력이야말로 대안이 아닐까

요? 단위 부피당 에너지 생성 효율이 가장 높은 것은 단연코 원자력이
니까요.

2022년 전력 시장 정산 단가를 비교해 보면 1킬로와트시(kWh)당 원자
력이 52원, 석탄 158원, LNG 239원, 신재생 에너지 289원입니다. 태양
광 패널의 최대 생산 전력은 제곱미터당 50와트인 반면 원자력은 제곱
미터당 2,000~6,000와트입니다.

풍력 발전은 풍속이 시속 약 13킬로미터에 미치지 못할 때와 약 88킬
로미터 이상일 때는 발전이 안 되기 때문에 전통적인 화석 연료 백업 발
전소가 필요하므로 비효율적입니다.

바이오 연료가 최근 주목받지만 대규모 산림 벌채로 인한 환경 파괴
와 식량 가격 상승으로 오히려 빈곤층의 생활을 악화시킬 수 있습니다.

원자력 발전소 사고 시 환경과 건강 재앙을 지적하는 분들이 있지만,
2011년 후쿠시마 원전 사고 이후 그 지역 주민들의 암 발생률 및 사망률
증가에는 아무런 영향이 없었습니다.

그런데도 원자력을 장려하기는커녕 영화 한 편 보고 멀쩡히 가동되던
원자력 발전소를 닫고 싸구려 중국산 태양광 패널을 전 국토에 깔았습
니다. 뭔가 냄새가 나죠? 이에 대한 비리가 밝혀지며 수사가 진행 중입
니다.

환경주의자와 선진국들은 자기들은 화석 연료와 원자력으로 부유한
선진국이 되어 풍족한 에너지를 누리는 삶을 살면서, 여전히 나무와 숯
을 주된 연료로 쓰는 가난한 나라들에 비효율적인 신재생 에너지를 강
요하고 있습니다. 세계은행이 제2차 세계대전 이후 개발도상국의 댐, 도
로, 전력망 등 인프라 구축에 돈을 빌려줬었는데, 1980년대 이후 세계자

태양광 패널 설치로 숲이 파괴되어 홍수 때 사태가 일어난 모습

연기금이나 그린피스 같은 환경 단체에서 이른바 '지속 가능한 개발' 모델을 따르라며 이 돈으로 효율도 낮고 비싼 신재생 에너지를 사용하게 강요하는 거죠. 위선적이고 비윤리적인 '환경 식민주의'입니다. 극빈층을 상대로 신재생 에너지 실험을 하며 도덕적 우월감에 도취되어 사는 거죠.

영국 해리 왕자는 기후 변화의 문제점을 말하면서 자기는 탄소 배출량이 어마어마한 전용 제트기를 타고 세계를 돌아다닙니다.

어느덧 스무 살이 넘은 스웨덴의 '소녀 활동가' 그레타 툰베리는 탄소 배출 없는 모범적인 삶을 보여 준다며 열여섯 살 때인 2019년 8월에 유럽에서 뉴욕까지 돛단배를 타고 갔지만, 비행기를 타는 것보다 4배나 많은 탄소를 배출했다네요. 배를 몰아 준 사람들이 다시 비행기를 타고 집으로 돌아가야 했으니까요. 내로남불이죠.

환경운동 한다는 분들은 풍요로운 삶을 추구하는 인간의 욕심이 지구를 파괴한다고 주장합니다. 인식의 뿌리가 반(反) 산업 자본주의 같지 않나요? 환경을 진정으로 지키고 싶다면, 답은 경제를 윤택하게 만들어 에너지 효율이 높은 기술을 발전시키는 겁니다.

고래를 예로 들어 볼까요? 19세기 중엽 유전 개발로 등유가 생산되면서 조명 연료 시장에서 고래 기름을 몰아냈고, 20세기 중엽에는 고래 기름 대신 식물성 기름이 마가린과 비누 원료로 사용돼 자연스럽게 고래 멸종 위기를 막았습니다.

바다거북과 코끼리를 살린 것 역시 오늘날 최악의 쓰레기로 지탄받는 플라스틱이 발명되어 거북 껍질과 상아를 대신한 덕분이죠. 최근에 폐기됐지만, 플라스틱 빨대를 금지하고 종이 빨대를 강제한 것도 코미디였습니다. 종이 빨대 만드는 공정이 플라스틱 빨대보다 온실 가스를 5.5배 더 많이 배출하니까요.

탄소 배출이 문제라고들 하는데 이것도 최근에 탄소 포집 장치가 개발되면서 해결의 실마리가 보이고 있습니다.

과학을 입맛대로 골라 쓰는 헛된 주장에 현혹되지 말고, 우리는 그냥 하던 대로 하면 됩니다.

"설치는 암컷" 망언에도
잠잠한 페미니스트들

김대중 정부의 여성부 창설과 호주제 폐지 운동에 저도 한때 적극 찬성했었습니다. 제 어머니를 봐서도, 그리고 나중에 혹시 갖게 될지 모를 딸을 생각해서라도, 여성이기 이전에 한 개인으로서 똑같이 누려야 할 당연한 권리를 찾는 것으로 생각했습니다.

그런데 시간이 지날수록 많은 여성운동가들이 진정 여성의 권리를 향상하기보다는 남녀 갈등을 동력 삼아 자신의 정치적 이득을 취하는 모습이 보여 실망하게 되었습니다.

군대에 와서 처음으로 성평등 강의를 들었습니다. 워낙 군에서 성 비위 사건이 많았던 걸 알고 있기에 강연의 필요성에 공감했고 열심히 들었죠. 그런데 막상 강의 내용에는 고개를 저을 수밖에 없었습니다. 일단 여성은 약자이고 피해자이고, 남성은 성욕을 주체하지 못하는 원죄를 가진 다루기 힘든 짐승처럼 여겼습니다. 간부건 병사건 모두 교육 시간이 어서 지나길 바라고 있었던 것이 생각납니다. 결국 이런 강의를 맡은 일부 여성운동계 분들만 강사료를 두둑이 챙겼지요.

2018년에는 혜화역 여성 살인 사건이 벌어졌는데, 피해자가 여성이라서 죽었다며 연일 시위가 벌어졌습니다. 페미니즘 커뮤니티인 '메갈리아'에서는 분노한 한 회원이 하느님도 남성이라며 가톨릭 성체를 불태운 인증 사진까지 올렸죠. 온통 '대한민국은 여자에게 지옥 같은 세상'임을 강조하는 글들이 난무했습니다. 비슷한 맥락의 내용이 담긴 『82년생 김지영』이라는 책이 베스트 셀러가 되기도 했습니다.

대한민국은 정말로 여성들의 지옥일까요? 천만에요. 대한민국은 치안이 뛰어나 여성에게 안전하기로 세계 최고 수준입니다. 삶의 질, 생활비, 부동산 등의 순위를 매기는 해외 전문 사이트 '넘베오(NUMBEO)'의 발표에 따르면 한국은 2015년 세계 치안 순위 1위 국가입니다. 게다가 여성 대학 진학률은 OECD 회원국 중 최고이고, 초등학교 교사의 76.9퍼센트, 약사의 63.8퍼센트, 공무원의 43.9퍼센트(8년이 지난 2023년엔 49.2%로 더 늘었죠)가 여성입니다. 오히려 10~30대 남성의 자살률이 여성보다 2.5배 높고, 40대 이상은 남성 자살률이 여성의 3배나 됩니다. 근로 현장에서 산업재해로 인한 사망률도 남성이 압도적으로 높죠.

이런 자료를 제쳐 두고 페미니스트분들이 꼭 인용하는 지표가 있습니다. 『세계경제포럼 젠더 격차 보고서(World Economic Forum Gender Gap Report)』입니다. 이 보고서에서 항상 우리나라는 성평등 100위권 밖에 랭크됐습니다.

그런데 이상해요. 나미비아(8위), 르완다(12위), 짐바브웨(45위), 에티오피아(75위), 케냐(77위), 우간다(78위), 가나(100위) 등이 우리나라보다 순위가 높게 나오네요. 일부다처제, 조혼, 여성 할례가 횡행하는 '여성 지옥' 국가들이 한국보다 순위가 높은 게 말이 되나요? 그러니까 팩트 체크, 내면을 들여다봐야 한다는 겁니다. 르완다의 경우 37년 동안 내전을 치르면서 남자들이 많이 죽어서 여성 인구가 3배 정도 많습니다. 자연히 정치, 경찰, 공업 생산 등 거의 전 분야에 여성들이 진출해 있겠죠? 그래서 격차가 적은 걸로 나타나는 겁니다.

정말로 믿을 만한 수치는 UNDP(유엔개발계획)에서 발표하는 '성 불평등 지수'입니다. 이미 2015년 발표에서 우리나라는 아시아 최고 1위, 세계에서는 10위를 기록했습니다.

이미 우리나라는 가정의 경제권, 소비권, 자녀 양육 주도권, 집안 대소사 관련 결정권, 자녀 교육권 등에서 여성의 입김이 센 가모장제 가정이라고 해도 무방하지 않나요? 이런 조건이 갖춰진 나라에서 남녀가 서로 사랑하고 협력해야지, 그저 다른 성을 타도해야 될 대상으로만 보면서 한참 아름다운 나이에 탈코르셋을 외치고 미투, 무고가 판을 치면 어떻게 될까요? 소중한 생명을 만들어 내고 양육하는 가정을 여성을 억압하는 것으로 치부하고 해방을 주장하며 비혼을 외치면 사회가 유지될 수 있을까요? 이런 주장들은 포스트모더니즘 식으로 '다른 생각'이라며 받아들여야 하는 것이 아닌 그저 '틀린 생각'일 뿐입니다.

무한 경쟁에 빠져들고, 경쟁에서 밀리면 여성계는 할당제를 외치고, 그렇게 능력이 떨어지는 여성이 들어가 의무와 책임보다 권리만 외치다 보면 여성에 대한 선입견도 사실로 굳는 악순환이 반복됩니다. 이게 편견이라며 각종 교육을 의무화해 여성운동 한다는 분들의 일자리를 챙겨 줍니다.

어떤 여성운동가는 비례대표를 받아 국회의원이 되어서는 철저히 진영 논리에 따라 활동하고, 심지어 성 비위에 휘말린 인사마저 자기 진영이라는 이유로 편들어 줍니다. 박원순에게 피해를 입은 분을 '피해 호소인'이라고 하는 등 2차 가해를 하는 거죠. 종군 위안부 출신 할머니들도 자기편을 들지 않으면 비난하기 바쁘고요. 급기야 '설치는 암컷'이라는 망언까지 나왔는데도 자기편 감싸기에 급급했습니다.

결국 페미니즘으로 이득을 얻는 사람들이 누굽니까? 강단 페미니스트들, 여성 정치인들, 여성 변호사들, 여성 활동가들, 그중에서도 극소수 최상층뿐입니다. 힘없는 여성들은 보호받지 못하고요.

남녀 없이 서로 연대하고 사랑하고, 정말 어려움을 겪는 이들을 보호해야 하는데 이 역할을 제대로 해내지 못하고 세금만 축내는 여성가족부를 폐지하자는 말이 나올 만도 하지 않습니까?

정의의 기준은 '내' 편

한때 시민단체 활동가들을 존경했습니다. 사익을 추구하지 않고 정의와 나라의 발전을 위해 재능을 기부하는 것 같아 보였기 때문입니다.

대표적인 인물로 참여연대를 이끌었고 서울시장까지 했던 박원순이 떠오릅니다. 이분이 소외된 이웃을 챙긴다며 '아름다운재단'을 설립했을 땐 후원도 했고, 제 모교인 한양대 동문회관에 있는 '아름다운가게'에도 자주 들렀습니다.

그런데 어느 날 기업 사회공헌팀에서 일하는 지인으로부터, 이 단체가 대기업을 트집 잡아 시위하고, 후원하면 봐주는 등의 행태로 기금을 모은다는 소릴 들었습니다. 실망한 뒤 더 이상은 아름다운가게에 가지 않았습니다. 시간이 흘러 그분은 성 추문 사건으로 스스로 생을 마감했구요.

역사에 관심이 많아서 법륜 스님이 기획한 '동북아 역사 대장정'에 참여한 일도 있습니다. 일주일 동안 고구려, 발해, 독립운동 유적지 등을 돌아보는 일정이었습니다.

대장정에서 크게 감명 받고는 역시 법륜 스님이 주관하는 '통일의병'이라는 단체에도 관심을 갖게 됐습니다. 정부가 남북통일에 미온적이니 임진왜란 때처럼 '의병', 즉 일반 시민이 평화통일운동에 나서겠다는 것이었죠.

지원 의사를 밝히고 단체 간부를 만났습니다. 그분은 당시 박근혜 정권에 반대하는 저의 정치 성향을 확인하고 나서 대뜸 ICBM(대륙간 탄도미사일)을 쏘아 올린 김정은이 얼마나 대단한 지도자인지 칭송했습니다. 자기는 북에도 자주 다녀왔다며 앞으로 자주 보자고까지 했는데, 국정원에 신고해야 되나 고민하다가 소개해 준 지인에게 실례될까 관뒀습니다.

그 뒤 법륜 스님을 좋아하는 분들이 주축이 되어 청년 정당을 만든다며 의료 분과에 도움이 돼 줬으면 하기에 기꺼이 창당준비위에 참여했습니다.

어느 날 『우리는 왜 공부할수록 가난해지는가』라는 책의 저자 를 초청해 좌담회를 가졌어요. 비싸 보이는 가죽 점퍼를 걸치고 아이폰 최신 기종에 스타벅스 음료 컵을 손에 들고 나타난 저자는 학자금 대출로 빚을 진 자신의 안타까운 사례를 소개하면서, 약육강식의 신자유주의 체제를 타파해야 한다고 말하더군요.

'언능 돈이나 갚어.'

이 말이 목구멍까지 치밀어 올라오는 걸 꾹 참고 있는데, 그날 좌장을 맡았고 훗날 그 정당의 공동대표가 되는 이가 한 술 더 떠, 학자금 대출 갚지 말자는 캠페인을 벌이자네요.

저도 모르게 한마디 튀어나와 버렸습니다.

"그 대출금에는 우리 부모님들이 뼈 빠지게 일해서 모은 돈이 들어 있어요!"

어떻게 됐냐구요? 쫓겨날 뻔했다가 간신히 수습됐죠 뭐.

나중에 알고 보니 좌장은 국내 최초로 양심적 병역 거부를 선언하고 교도소에 다녀온 분이더라구요. 바로 제 발로 그 단체에서 빠져나왔습니다.

시간이 더 흘러, 그 대표가 만취해 쓰러진 여성을 모텔로 데려가 성추행하고 지갑을 가져간 혐의로 검찰에 송치됐다는 소식을 들었습니다.

내과 레지던트를 끝내고, 의료 정책 공부를 하고 싶어서 평소 존경하던 모교의 예방의학과 교수님께 고향에서 갓 올라온 최고급 배즙을 한

박스 들고 찾아갔습니다. 그날 진로에 대해 진지한 대화를 나누고, 군에 입대한 뒤에 교수님께서 페이스북에 올리시는 의료 정책 관련 게시물들을 찾아보며 혼자 공부도 했지요.

그런데 교수님은 페이스북에 반일 메시지를 자주 내시면서 프로필 사진을 일본 애니메이션 「붉은 돼지」의 주인공인 포르코로 해 놓으신 게 좀 어이없더군요. 뿐만 아니라 마르크스와 레닌의 묘를 참배하는 사진을 자랑스러운 듯 올리고, 우파를 싸잡아 비하하는 포스팅을 올리시는 걸 보고 결국 관계를 끊었습니다.

얼마 후 문재인 정권 시절, 공공 의대 도입에 반대하며 의사와 의대생들이 파업하자 '의대생들은 학교를 떠나라'라는 칼럼을 〈한겨레〉에 기고하시더라구요. 체 게바라가 세상을 여행하고 나서 약자를 위해 싸우는 '진짜 의사'가 된 것처럼, 헛된 파업을 중단하고 학교를 떠나라는 내용이었습니다. 지켜봐 온 제자는 교수님이 가난한 환자들을 위해 뭘 하셨는지 전혀 모르겠는데, 그저 시원한 에어컨이 나오는 의과대학 연구실에 앉아 그런 글을 쓰시는 교수님의 모습을 상상하니 씁쓸했습니다.

군의관 시절 고려사이버대 법학과에 입학해서 수강한 과목 중에 '사회복지법제'라는 게 있었습니다. 저명한 복지학자이자 사회운동가를 모시고 특별 강연을 들었습니다. 연사가 너무나도 당당하게 "복지란 불의하게 모은 돈을 거두어 가난한 자에게 나누어 주는 정의로운 행위"라고 말했습니다. 좌파 운동가들이 부자를 바라보는 시각은 한결같이 '정의롭지 못한 자들'이라고 느끼면서, 함께하기 힘들겠다는 생각이 들었습니다.

예전엔 좌파 사회운동가들의 말이 향기로웠습니다. 하지만 지금은 악취 나는 배설물 같습니다. 스스로 지키지도 못할 말들을 내뱉으면서 도덕적 우월감을 느끼는 꼴이 꼭 길거리에 똥오줌 싸 놓고 자기만 시원하다고 쾌감을 느끼는 자들과 다를 바 없어 보이니까요.

그리고 나서 비로소, 세상사 불만 가득 찬 그들이 싸질러 놓은 배설물을 묵묵히 청소하며 우리가 사는 곳을 깨끗하고 아름답게 가꾸려는 성실한 시민들이 보였습니다. 저도 그런 시민이 되어야겠다고 다짐했습니다.

10

미국과 중국, 우리의 우방은 누구?

자유 없인
문화예술도 없다

멋진 액션의 「황비홍」과 「동방불패」, 모던한 감성의 「중경삼림」과 「화양연화」, 주제곡마저 달콤한 「첨밀밀」….

어릴 적엔 홍콩 문화 콘텐츠를 참 좋아했습니다. 영화를 비롯해 홍콩의 많은 것들이 유행하던 시절이었죠. 동네 삼촌들은 주윤발(저우룬파)을 흉내 내 이쑤시개를 물고 다녔고, 누나들은 홍콩의 잘생긴 배우들을 'F4'라 부르며 사진을 사 모으던 기억이 생생합니다.

그런데 고등학교에 들어간 2000년 무렵엔 저의 마음을 울리는 홍콩 문화 콘텐츠를 접하기 어려웠습니다. 그리고 그 빈자리를 록 음악이 채워 줬습니다.

좋아했던 록밴드 중에 Rage Against the Machine, 줄여서 RATM이 있었습니다. 케냐 공산혁명군의 후손이면서 하버드대 정치학과에서 진보적 사상으로 무장한 기타리스트 톰 모렐로와 멕시코 혁명군의 손자이면서 랩을 담당하는 잭 드라로차가 중심이 된 이 밴드는 그루브한 메탈 사운드에 특이한 기타 이펙터 소리, 반미와 진보 사상 충만한 메시지를 강력한 랩에 담아낸 곡들로 단숨에 세계적인 밴드가 됐습니다.

RATM은 이라크 파병과 효순이·미선이 사건 등으로 반미 감정이 고조돼 있던 우리나라에서도 인기가 대단했습니다. 특히 진보적이면서도 예술도 즐길 줄 아는 사람으로 인정받고 싶던 젊은이들에게 더 인기였죠. 광주에서 성장해 진보적인 성향이 강했던 저도 마찬가지였구요.

그런데, 나이가 들고 붉었던 사상이 흐려진 뒤에 그들의 공연을 다시 보니까, 그때 보이지 않던 것들이 보이기 시작했습니다.

그들의 음악은 과연 록과 힙합이 주류인 영미권 음악 시장의 영향 밖에서 나올 수 있었을까? 펜더와 깁슨 같은 미국 악기 재벌의 기타로 연주하지 않아도 과연 그런 퀄리티의 사운드가 만들어질 수 있었을까? MTV로 대표되는 자본주의 시스템을 통한 홍보와 소니 뮤직의 유통 판매 구조가 없었더라도 과연 그렇게 성공할 수 있었을까? 무엇보다, 자유 민주주의 미국이 아니었더라도 RATM이 가운데 손가락을 치켜세우고 그 나라를 '악의 제국(Evil Empire)'이라 부르면서 음악 활동을 지속할 수 있었을까? 이런 것들이죠.

다시 홍콩 얘기입니다.

역사와 국제 정세를 조금 알고 나서 중국을 바라보았을 때도 많은 것이 새로 보였습니다. 제가 어릴 적에 열광했던 문화 콘텐츠들은 정확히 말하면 중국이 아니라 자유 민주주의의 종주국 영국과 함께하던 홍콩의 것이었다는 사실을 알게 된 거죠.

중국이 홍콩을 돌려받은 지금은 어떤가요? 공산당을 비판한 예술인들이 어느 날 갑자기 사라지고, 글로벌 대기업 회장마저 민주화 시위를 하다 구속되는 지경입니다. 중국 본토에서는 연예계 정풍(整風) 운동이 불어 여성처럼 생긴 남자 아이돌 연예인들의 방송 출연이 금지되고, 알리바바의 마윈 회장은 시진핑의 경제 정책을 비판했다가 온갖 금융 규제를 당하며 최고의 자리에서 내려와야 했습니다. 알리바바뿐 아니라 텐센트, 바이트댄스 등 빅테크 플랫폼 기업들이 정부 기관에 줄줄이 불려 나가서 공개적 질책을 듣고 막대한 과징금을 부과받았지요.

코로나 팬데믹 시기 무리한 제로 코로나 정책에 항의하는 시민들이 백지를 들며 시위하는 이른바 '백지 시위'가 벌어졌습니다. 왜 백지일까요? 하고 싶은 말을 했다간 무슨 일을 당할지 모르니 백지를 든 것 아닌가요?

중국은 심지어 거주 이전의 자유도 없습니다. 혹시 '후커우(戶口)' 제도라고 들어 보셨나요? 우리말로 '호구', 그러니까 우리나라에선 없어진 호적 같은 건데, 이게 알고 보면 중국판 카스트 제도입니다. 태어날 때 부모를 따라 한번 정해진 후커우는 극소수 예외를 제외하곤 평생 바뀌지 않는다고 합니다. 농촌 후커우로 태어나면 죽을 때까지 농촌 후커우이고, 그 신분이 자녀들에게 자동 세습되지요. 이를 완화하려고 한다지만, 이미 대도시에서 부유해진 사람들이 반대해서 잘 안 되고 있다네요.

자유가 사라진 곳에서는 인간을 감동시키는 문화 예술 작품이 나올 수 없습니다. 그래서 중국은 물론 2000년 무렵 이후 지금까지 홍콩의 문화 콘텐츠도 우리의 관심을 끌지 못하는 겁니다.

미·중 패권 전쟁이 본격화되고 있습니다. 우리에겐 '안미경중'(安美經中, 안보는 미국, 경제는 중국)으로 실리를 취하던 시간이 끝나고, 곧 두 나라

중 한쪽 줄에 서야 하는 선택을 강요받게 될 수 있다는 겁니다.

여러분이라면 어느 나라를 택할 건가요? 지도자와 나라 전체를 향해 가운데 손가락을 치켜세워도 되는 나라와 함께할 건가요, 아니면 지도자의 독선·독재에 아무 말 못 하고 마스크 쓴 채 백지나 흔들어야 하는 나라에 줄을 설 건가요?

대한민국이 강성해져서 전 세계의 리더 국가가 된다고 합시다. 어떤 체제로 세계를 이끌어야 할까요? 답은 뻔하지 않습니까?

미·일과 중·러,
누가 더 위협인가

침략의 역사 하면 일본이 맨 먼저 떠오르시나요? 하지만 대한제국 전까지는, 해적(왜구)을 제외하고, 일본이 국가적 규모로 우리나라를 침략한 사건만 꼽으면 임진왜란이 고작입니다.

반면 중국은 어떤가요? 역시 해적과 아직 명나라를 세우기 전인 홍건적의 침입을 제외한다고 해도 기원전 연(燕)나라와 한(漢)나라의 고조선 침략, 위(魏)나라 수(隋)나라 당(唐)나라의 고구려 침략, 당나라는 또 백제와 신라 침략, 거란과 몽골(원)의 고려 침략, 후금(後金)-청(淸)나라의 조선 침략… 셀 수 없이 많습니다.

구한말에는 청나라 원세개(위안스카이)가 조선 총독처럼 행세한 12년간 청나라 관리들이 조선의 정치를 좌지우지하고, 청나라 상인들까지 들어와 우리나라 양민을 괴롭혔습니다. 조선의 온갖 이권을 빼앗아 가고 억지 차관으로 빚더미에 오르게 하는 것도 모자라 조선의 자주적 근대화를 철저히 막았습니다. 19세기 말 조선은 '중국 강점기'라 해도 무방할 정도입니다.

중국이 일제강점기 때 우리 독립운동가들을 도와줬다는 분들이 계십니다. 하지만 당시 우리를 도와준 세력은 마오쩌둥의 공산당이 아닌 장제스의 국민당이었습니다.

현대 들어서도 6·25는 김일성이 소련 스탈린과 중공 마오쩌둥의 승인을 받고 일으켰고, 전쟁 첫해에 북한군은 낙동강 전투에서 전력이 거의 소실됐고 이후는 거의가 유엔군과 중공군의 전투였습니다. 휴전협정에도 중공군 사령관 펑더화이(팽덕회)가 서명하지 않았습니까?

당장 현재 대한민국의 번영을 위협할 수 있는 가까운 나라는 일본일까요 중국일까요?

먼저 역사 인식을 볼까요? '동북공정'이라고 잘 아시죠? 고조선·고구려·발해의 역사를 중국 지방 정권의 역사로 편입시켜, 북한에 혼란 상태가 발생했을 때 중국의 한반도 북부 진출을 정당화하고, 훗날 우리나라가 통일됐을 때 조선족이 사는 지역에서 소요가 일어나는 걸 막으려는 야욕을 노골적으로 보이고 있습니다.

군사적인 부분을 보죠. 일본은 '평화 헌법'에 따라 공격 목적의 함대 운용에 제약이 있습니다. 중국은 다르죠. 1982년 중국 인민해방군 류화칭(유화청)이 제시한 중국의 해양 방어선인 '제1 도련'(島鏈, Island Chain. 섬과 섬을 잇는 해상 군사작선선)과 '제2 도련'을 보면 압니다. 현재 중국 해군은 제2 도련까지 진출한 상태입니다. 이미 한반도 전체가 중국의 내해에 포섭되어 있습니다. 우리 해상 관할 구역에서 항공모함 및 대잠수함 훈련을 거리낌 없이 실시하고 한중 배타적 경제수역을 넘은 것은 1년에

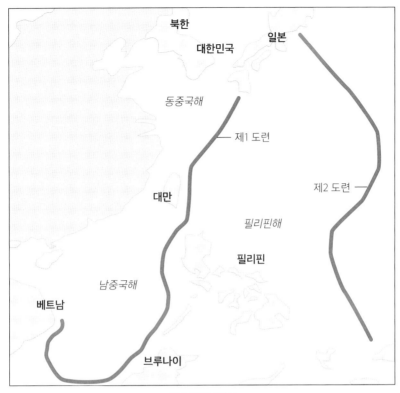

중국 해양 방어선

수백 회나 됩니다.

중국이 안보 상황을 이유로 항해의 자유를 방해해 버리면 어떤 결과가 생길까요? 영미 세력이 패권을 장악하고 항행의 자유가 주어졌는데, 그렇게 되면 안보가 위태로워지는 것은 물론이고 수입·수출이 위축되고 중동산 원유가 우리나라로 오는 길이 멀어져 기름값이 비싸지는 등 엄청난 경제적 손실이 생깁니다.

다음은 외교입니다. 중국은 무려 1648년 베스트팔렌 조약에서 확립

된, 주권 국가들은 강대국, 약소국 할 것 없이 동등한 지위를 지닌다는 개념 자체를 갖고 있지 않은 것 같습니다. 걸핏하면 옛 중화(中華)를 들먹이며 대국과 소국의 관계를 강조하는 것을 봐도 알 수 있지요. 문제는, 이런 중국의 생각에 민주당이 자꾸 동조하는 모습을 보였다는 것입니다.

"중국은 주변국들과 어울려 있을 때 그 존재가 빛나는 국가입니다. 높은 산봉우리가 주변의 많은 산봉우리와 어울리면서 높아지는 것과 같습니다."

대한민국의 대통령이 중국을 방문해서 한 말이지요. 그러면서 "중국몽이 중국만의 꿈이 아니라 아시아 모두, 나아가서는 전 인류와 함께 꾸는 꿈이 되길 바랍니다"라고도 했지요.

아니, 중국몽(中國夢)이 뭡니까? 중화 민족의 위대한 부흥, 중국 우선주의, 중국식 사회주의, 인권 탄압, 중화 패권주의 아닌가요? 중국몽을 함께 꾼다는 건 중국의 속국 노릇하던 조선으로 돌아가겠다는 '악몽의 재현'일 뿐입니다.

중국에 출판의 자유가 있나요, 거주 이전의 자유가 있나요, 결사의 자유가 있나요? 없습니다. 유엔의 도움으로 자유 민주주의 시장 경제 국가로 건국되어 반세기 만에 전 세계의 모범이 된 대한민국이 어떻게 인권 탄압이나 하는 국가를 큰 봉우리로 모시며 함께하겠다는 건가요? 다른 사람도 아닌 민주주의와 인권을 위해 투쟁했노라고 자처하는 사람들이 말이죠.

더 화가 나는 건, 문재인 대통령이 그 연설을 한 바로 그날 우리나라 기자가 중국 기자들에게 집단으로 구타를 당했는데도 중국 측에 아무런 항의도 못했다는 겁니다. 이런 민주당에 저는 지지를 철회할 수밖에 없었지요.

중국의 이런 행태에 우리나라 안에서도 혐중(嫌中) 정서가 생기는 등 여론이 악화돼 왔습니다.

하지만 저는 '공산당 정부'와 '중국인 개인과 이민자'는 분리해서 볼 필요가 있다고 생각합니다. 이런 생각을 갖게 된 건 제가 4년 동안 영등포구와 광진구에서 의사로 근무하면서 중국인과 조선족 환자들을 진료하며 느꼈던 고마움 때문입니다. 대부분 성실하고 착한 분들이었고, 한국 의료진을 존중하고 잘 대해 주었거든요. 주위를 조금만 둘러봐도 어르신들 간병해 주는 간병사들부터 제조업 건설업 자영업 현장까지, 중국 조선족 동포들이 없다면 우리 생활이 제대로 굴러가지 못한다는 걸 잘 알 수 있습니다. 중국 정권하고 별개로 그들은 우리의 소중한 이웃인 것이지요.

우리와 인연을 맺고 성실히 일하는 조선족들과 탈북자들, 그 외 국가에서 온 이주민들을 개인으로서 존중하고 포용해서 자유 민주주의 대한민국의 아이덴티티를 갖게 하는 것, 꼭 대한민국에 귀화하지 않더라도 자유 민주주의 시장 경제의 필요성에 공감하게 하는 것, 이런 것들은 어렵더라도 꼭 해내야 하는 일입니다. 그것이 전체주의 국가들을 이겨내고 자유 민주주의 시장 경제 안에서 함께 번영하는 길이니까요.

마지막으로 미국이 남았네요. 짐작하시겠지만 저는 미국에 대해 좋은 생각을 가지고 있지 않았습니다. 가까운 예로 효순이, 미선이가 미군 장갑차에 깔려 죽었을 때, 가해자 미군 병사가 대한민국 법에 따른 재판을 받지 못하는 현실을 용납할 수 없었죠. 그런 성향을 마음에 품고 근현대사를 공부하면서 미국의 남침 유도설 같은 음모론에 잠시 빠지기도 했습니다.

남침 유도설은 이른바 '수정주의'라 해서, 미국 시카고대 교수인 브루스 커밍스가 쓴 『한국전쟁의 기원』에 적힌 내용이고 좌파들이 게걸스럽게 소비한 어젠다였죠.

유명한 역사 강사이자 유튜버 황현필 씨도 6·25는 미국이 시나리오를 짜고 연출한, 미국이 일으킨 전쟁이라면서 "현대사를 공부하는 가장 큰 목적과 의의는 성숙한 반미 의식을 키우는 것"이라 했습니다. 이미 소련이 해체되고 김일성이 소련을 졸라서 전쟁을 일으켰음을 증언하는 비밀 문서들이 쏟아져 나온 뒤인데도 그런 소릴 하고 다녔지요. 팩트를 알고 나서 화가 났던 기억이 납니다.

의과대학에 들어오고 나서부터는 앞서 말씀드린 것처럼 의학 영역에서 미국의 힘을 피부로 느끼는 나날이었습니다. 그 발달된 의학의 결과물을 동맹국들과 서로 공유하는 모습도 멋지고 한편으로 감사했지요.

역사적으로 봐도 일제를 패망시키고 우리가 자유 민주주의 진영의 일원으로 글로벌 생산 체인 아래서 자유 무역을 통해 번영을 누리게 해 준 것도 감사했습니다. 주한 미군을 주둔시키는 것이 미국의 패권을 유지하기 위함이고 거기에 우리가 부담하는 돈이 많다고들 하는데, 아무리 그래도 자국 젊은이들을 남의 땅 전쟁터로 내보내는 것은 절대 쉽지 않은 일입니다. 외교라는 것이 기본적으로 자국 중심으로 흘러갈 수밖에 없고 미국도 단점이 많은 나라겠지만, 그래도 중국, 러시아 같은 나라들이 패권을 잡는 것보단 낫다는 생각이 들었습니다.

미국이 패권을 잡은 역사를 간단히 살펴보죠.

미국은 2차대전이 끝날 무렵 세계 최대 금 보유국이었습니다. 자신 있게 금 1온스당 35달러의 '금 태환'을 선언했고, 달러는 국제 통화로 인정받게 됐습니다. 이것이 '브레턴우즈 체제'인데요, 이때부터 미국 달러가 금과 같은 안전 자산이 되었고, 세계은행(구 IBRD)과 국제통화기금(IMF)이 설립되며 금융 세계화가 시작됐습니다. 그러면서 미국은 막강한 해군력으로 전 세계 모든 해상 무역로를 보호하고 거대한 미국 시장을 외국에 개방하며 자유 무역 체제를 지탱했습니다.

하지만 1960년대 후반 과도한 서유럽 경제 원조(마셜 플랜)와 베트남 전쟁 때문에 달러가 너무 많이 풀리니까 결국 닉슨 대통령은 1971년에 금 태환을 포기하게 되지요. 달러 패권이 위기에 처하자 닉슨은 최대 산유국인 사우디에 석유 결제를 달러로만 받게 만들어 이른바 '페트로달러' 체제를 출범시켜서 기축 통화로서 달러의 힘을 유지하지요.

결국 미국의 패권은 군사적, 경제적 힘으로 유지한 것입니다. 막대한 자본으로 선제적으로 세계 석유 분포를 조사하고 계약을 맺은 미국의 승리였지요.

이후 미국 주도의 고도성장기를 맞게 됩니다. 그런데 금융이 지나치게 비대해지니 오히려 미국 내 제조업 성장을 저해하고, 그러는 사이 일본·독일 같은 나라들이 기술 격차를 좁혀 왔습니다. 그래서 이번에는 '플라자 합의'를 통해 일본 엔화와 독일 마르크화를 절하시키기로 합의하면서 경쟁에서 나가떨어지게 만들죠.

다음엔 많은 인구와 풍부한 자원을 배경으로 기술 격차를 좁혀 오는 중국이 패권 경쟁에 뛰어들었지만, 미국의 패권은 한동안 유지될 것으로 보는 전문가들이 다수입니다. 왜냐구요?

먼저 자원입니다. 셰일 오일이 발견되고 이를 끌어올릴 수 있는 수압 파쇄법이 발견되며 대외 자원 의존도가 낮아진 것이죠. 피터 자이한의 『셰일혁명과 미국 없는 세계』에 따르면 미국 셰일 가스 산업의 10분의 1이라도 개발할 역량을 갖춘 나라는 거의 없다네요. 러시아는 셰일이 동토(凍土)층에 있어 접근이 어렵고 사람도 없는 데다가, 개발한들 송유선 깔아서 모스크바까지 가져오기도 힘듭니다. 중국은 소량씩 분산돼 있고, 그 유전을 개발해 이득을 챙긴 성(省)이 독립을 시도할 가능성도 있어서 잘 안 하려 든다네요. 유럽에도 좀 있지만 인구 밀집 지역과 겹쳐 있습니다. 미국은 그냥 광활한 밀밭이죠. 또 광물권, 즉 지하에 매장된 광물에 대한 개인의 소유권을 존중해 주어 적극적으로 개발하도록 합니다.

국방력만 봐도 미국이 다른 나라를 모든 면에서 압도하고 있어서, 전 세계 국방력을 다 합쳐도 미국은 못 당한다는 보고가 있을 정도입니다.

과학 기술도 아직은 중국이 따라잡기 힘든 상태로 알려져 있습니다. 인구 구조도 급격히 노화되고 있는 중국과 비교해 미국은 젊은 층이 두텁고 전 세계의 똑똑한 이민자들이 아직도 가고 싶어 하는 나라죠.

이런 사실들을 알고 나서는 반미적인 생각을 버렸습니다. 그렇게 생각을 바꾼 데는 자칭 반미 진보 인사들의 이중적인 태도도 한몫했습니다. 글과 말로는 반미이면서 제 자식은 꼭 미국에서 교육시키는 분들이 뜻밖에 많더라구요. 자신들도 수시로 미국을 드나들면서 미국과의 끈을 놓지 않으려고 애를 쓰고요. 반미를 외치는 사람들도 이렇게 알고 보면 친미인데, 일반 시민인 제가 굳이 반미 할 이유가 있나요?

20세기 대한민국의 역사는 중국 문명권에서 이탈해 미국·유럽 문명권으로 편입된 역사입니다. 유교 문명권에서 기독교 문명권으로, 대륙 농경 문명에서 해양 상업 문명으로 일대 전환이 일어난 겁니다.

바다를 활용하는 해양 세력은 경제적으로 발전할 수밖에 없습니다. 철도로 운송하는 것보다 배로 운송하는 것이 5배 싸고 그러니까 교역이 활발해지기 때문입니다. 해양 세력과 손을 잡고 삼면이 바다인 지형을 활용해 대한민국도 이만큼 발전한 겁니다.

우리 역사를 보면 좁은 반도의 한계 때문에 대륙에 종속되면서 스스로 힘을 키우지 못하다 일본에 침략당하는 일이 반복됐습니다. 중국과 일본을 견제하고 교류를 통해 발전하려면 미국의 힘이 꼭 필요합니다.

3군 사령부에서 군의관으로 복무하던 2017년이었습니다. 한미 연합 훈련(을지 프리덤 가디언, UFG)이 시작되어 모든 간부들이 2주 동안 2교대로 지하 벙커에 투입됐습니다. 미군도 같이 벙커에 내려와서 훈련을 함께 했습니다. 평소엔 그냥 동네 아저씨 같던 간부들이 세계 최고의 군사력을 가진 미군과 직접 프리 토킹 하며 열심인 모습을 보니 새삼 멋있고 든든해 보였습니다.

그런데, 그중에 유독 정신없이 헤매다 상급 지휘관에게 혼나고 멘붕 온 간부들도 있었습니다. 전임자가 갑작스럽게 전역해서 제대로 인계를 받지 못했기 때문이었습니다. 일 년에 많아야 두 번 하는 한미 연합훈련이라, 전임자의 인계 없이 작전계획만 봐서는 미군의 어느 계통과 연락해야 되는지 등 세부 사안을 진행하기 힘들거든요. '정확한 인계, 중단 없는 훈련 진행'이 필수적이었던 것입니다.

다른 간부들 옆에서 귀동냥을 하며 무기 체계를 공부해 보니 미군의 필요성을 더욱 절실히 느끼게 됐습니다. 유사시에 동원되는 무기들과 병력 배치 등 작전계획이 다 한미 연합을 전제로 짜여 있었으니까요.

꼭 인계와 무기 체계 때문이 아니라도, 간첩이 아니고서야 전쟁이 끝나지 않았는데 어떤 형태로든 군사 훈련 중단하자는 건 말이 안 됩니다. 아무리 최강대국 미국이 도와줘도 손발을 맞추는 연합훈련과 스스로 지킬 의지 없이는 전쟁에서 질 수밖에 없음을 베트남 전쟁이 증명해 주지 않았나요?

그런데 문재인 정권에서 한미 연합훈련을 중단해 버렸습니다. 코로나라는 핑계를 댔지만 그걸 누가 믿을까요?

2023년에 뭔 간첩 타령이냐 하는 분들도 있을 텐데요, 최근 간첩이 잡히는 일이 매스컴에 흔히 오릅니다. 시대착오적 레드 컴플렉스가 아니라 현존하는 위협인 것이지요.

당연히, 언론에 보도된 사건이 전부가 아닙니다. 지금 이 순간에도 간첩들은 정치와 사법을 비롯한 모든 영역에서 모든 방법을 동원해 대한민국 시스템을 무너트리려 암약 중입니다.

간첩이 별건가요? 핵무장 수준의 국방력 강화에 대한 주장 없이 평화를 핑계로 한미 연합훈련 반대하는 자들이 간첩입니다. 독자 훈련마저도 평화를 위협한다고 반대하는 사람들도 마찬가지입니다. 정권이 바뀌고 한미 연합훈련을 다시 실시하게 돼서 정말 다행이지요.

물론 '너그러운 이웃'에 안보를 의존하지 않고 스스로의 힘으로 나라를 지키는 것이 이상적이겠지만, 우리보다 훨씬 강한 나라인 영국·프랑스·독일 등도 미국 주도 아래 뭉친 NATO(북대서양조약기구)의 일원으로 안보 문제를 해결하는 것을 보면, 한미 연합 체계를 유지하면서 북한·중국·러시아로부터 스스로를 지킬 힘을 점차 키워 나가는 것이 현실적이라고 생각합니다.

11

조선은 왜 망했나

'화냥년'이라는 욕, 들어 보셨죠? 보통 몸을 팔거나 여러 남자를 만나는 여자를 낮잡아 부르는 비속어지요.

그런데 거슬러 올라가 이 말의 어원을 보면 조선의 민낯을 보게 됩니다. 병자호란 때 청나라에 끌려갔다가 천신만고 끝에 고향으로 돌아온 여자들을 돌아올 환(還), 고향 향(鄕) '환향녀'라고 부르는 데 그치지 않고, 몸을 더럽히고도 자결하지 않았다며 '년'자로 바꿔 붙인 것이죠. 한심하지 않습니까? 자기 여자도 지키지 못한 주제에 겨우 살아 돌아온 이들에게 손가락질하는 그 찌질함이라니!

사실인즉 조선이란 나라가 그렇게 찌질했습니다.

이해찬 민주당 대표가 이런 말을 했죠.

"정조와 김대중과 노무현을 뺀 기득권 세력이 근대 자본주의의 맹아를 보인 조선을 망하게 하고, 그 뿌리가 친일파와 독재 세력으로 이어져 대한민국을 적폐에 신음하게 만들었다."

저도 한때 이런 민주당 식 역사관을 신봉한 적이 있습니다. 하지만 공부하면 할수록 조선은 스스로 근대 자본주의를 실행하기는커녕, 민족의 에너지를 갉아먹고 소진시킨 끝에 총 한 방 못 쏴 보고 일본에 나라를 넘긴 한심한 나라였습니다.

그렇다면 왜 조선은 그렇게 무력하게 나라를 넘겨줬을까요?

나라를 떠받치는
다섯 가지 기둥

여러 나라의 역사를 공부하면서 제가 절실하게 느낀 것이, 나라가 스스로 독립을 유지하려면 우선 국방, 상업, 과학 기술이 발달해 있어야 하더라는 겁니다. 한 발 더 나아가 강대국이 되려면, 나와 다른 집단을 내 편으로 만드는 관용과 나라를 발전을 위해 기꺼이 나를 바치는 희생정신이 필요합니다. 국방, 상업, 과학 기술, 관용, 희생정신 ─ 조선은 이 다섯 가지 중 아무것도 갖추지 못했습니다. 차례로 볼까요?

먼저, 무(武)를 천시했습니다. 무를 숭상한다고 해서 꼭 사무라이들이 권력을 가졌던 일본의 막부(바쿠후) 시대와 같아야 하는 건 아닙니다. 나라를 괴롭히는 집단이 있으면 연마한 무예로 혼내 주고, 전공을 세운 사람을 우대해 주면 됩니다.

고려 시대에는 거란족의 요(遼)나라 침입을 자력으로 막아 냈고, 여진족이 변방을 괴롭히자 17만 대군을 동원해서 혼쭐을 내 줬습니다. 또 몽골이 침입했을 때는 적장을 화살로 죽인 승려 출신 김윤후를 정3품 장군에 임명하고 그가 살던 용인 지역을 천민 구역인 부곡에서 현으로 승격시켜 줬습니다.

그랬는데 조선 시대는 어땠나요? 엄청난 무공을 세운 이순신은 파직되고 고문까지 받았죠. 평시에 제대로 된 군사 훈련이 이뤄지지 못했고 지도층은 군역을 피하기 바빴습니다. 이러니 힘이 약해져 두 차례 왜란, 두 차례 호란 등 국가 간 전쟁에서 단 한 번도 이겨 본 적이 없었습니다.

조선은 또 상업을 천시했습니다. '사농공상'(士農工商)이라는 신분 체계의 맨 밑바닥이 상인입니다. 상업은 농업처럼 생산물이 눈에 보이지 않아 세금 매기기도 힘들었고, 상인들을 돈만 밝히는 간사한 존재로만 여겼죠. 상인들을 비하하는 것도 모자라 외적의 침입이 두려워 도로를 내지 못하게 하니 부를 창출하기는커녕 물자 교환도 어려웠습니다.

반면에 고려는 수도 개경에만도 이슬람 상인이 수만 명 거주했을 만큼 상업이 발전한 나라였고 세계에 코리아라는 이름을 전파시켰죠. 예나 지금이나 나라를 부유하게 만드는 사람들은 상인입니다. 부가 축적되어야 기술도 발전시킬 수 있는 것 아닙니까?

과학 기술자도 존중받지 못했습니다. 조선 시대 기술자로 거의 유일하게 잘 알려진 장영실도 세종이 탈 가마를 잘못 만들었다고 파직 당했습니다.

연산군 때인 1503년에 양인 김감불과 노비 김검동이 교역의 주요 통화인 은(銀)을 쉽게 추출하는 '연은 분리법'(鉛銀分離法)을 세계 최초로 개발했어요. 금속마다 녹는점이 다른 걸 이용해 은을 추출하는 방식으로, 은의 생산량을 획기적으로 증가하게 만들었습니다. 그런데 중종반정 후에 연산군 시절의 모든 것을 적폐로 보는 바람에 이 사람들이 적절한 보상을 받지 못했습니다. 와중에 일본으로 건너간 기술자들이 거기서 좋은 대우를 받으며 기술을 전수해, 일본은 이와미 은광에서 대량으로 은을 생산합니다. 이 재력으로 포르투갈에서 조총을 구매하고 이걸로 임진 왜란 때 조선을 쑥대밭으로 만들지요.

또 왜란 때 끌려간 도공들은 조선에서보다 일본에서 대우가 좋자 포로 송환 기회가 있음에도 조선으로 돌아가지 않고 일본에 대대로 남아 도자기 산업을 꽃피웠습니다.

무력과 상업과 과학 기술, 이 세 가지가 모두 없으니 나라가 유지될 턱이 있나요?

관용 정신은 더욱 찾아보기 힘들었습니다. 관용은 나와 다른 다양한 생각을 포용해 나라의 혁신을 이루는 원동력입니다. 하지만 조선은 주자 성리학만 숭상한 나라였죠.

다른 실용적인 학문을 배울 생각의 문을 열지 못하게 대못을 박은 왕은, 놀라지 마세요, 바로 정조였습니다.

"정신을 어지럽히는 잡설에 빠지지 말고, 패관(稗官) 같은 사문(邪文) 쓰지 말고, 고전으로 돌아가 옳고 바른 글과 말만 쓰라."

1792년의 '문체파동'입니다. 한때 문체'반정(反正)'이라고도 했지만, 사실은 반동(反動)이지요. 청나라에서 요즘의 문고판 같은 책이 들어오니까 "성인의 말씀을 누워서 읽는단 말이냐?"며 수입 금지했구요. 당시 중국의 최신 서적을 읽고 참신한 문체로 글을 쓰다가 임금에게 반성문까지 써야 했던 대표적인 신진 학자가 실학자로 유명한 박지원입니다. 정조는 나아가 중국을 포함해 외부에서 유입되는 모든 서적을 검열하고, 궁중 도서관에 소장된 서구 문명을 담은 책들을 불태우게 했습니다. 중국 사람들과 개인적 왕래와 필담 금지, 심지어 선물과 편지도 금했죠.

그렇게 학문의 자유가 사라지면서, 조선이 세계적으로 뒤처지지 않을

골든타임도 물 건너갔죠. 이런 정조를 이해찬 대표가 김대중·노무현과 함께 예외라고 칭송한 겁니다.

"그래도 조선 후기에 실학이 발전하지 않았나?"라고 반문하시는 분이 있을 겁니다. 하지만 실학이라는 단어가 일제 시대에 정인보가 정약용 등의 학자를 연구하면서 붙인 단어입니다. 실학 자체가 18~19세기 국가 정책에 거의 반영되지 못했고, 당시에 실학 관련 서적이 출판되어 일반 대중에게 확산되지도 못했지요.

이런 풍토에서 희생정신은 당연히 기대하기 어려웠습니다. 희생정신은 나를 바칠 만큼 사랑하는 대상에만 발휘될 수 있습니다. 그런데 조선은 세종 때 시행된 노비 '종모법(從母法)'으로 전 인구의 40퍼센트가 노비였다는 연구가 있습니다. 아무리 일해 봤자 주인이 다 빼앗아가고 자식까지 노비의 굴레에서 벗어날 수 없었습니다.

노비들은 도야지(道也之, 刀也只), 강아지(江牙之), 송아지(松牙之) 같은 동물 이름, 더부사리(多夫沙里), 담사리(淡沙里) 등 빈한 처지를 노골적으로 가리키는 이름, 곱단(古邑丹), 작은년(自斤連), 어린년(於仁連) 등 여성을 노리개 삼는 이름, 개부리(介不里), 개노미(介老未), 개조지(介助之), 소부리(牛不里) 등 짐승의 성기에 빗댄 이름, 심지어 개똥(犬屁), 말똥(馬冏), 소똥(牛冏) 등 짐승의 오물을 가리키는 이름을 평생 가진 채 살아야 했습니다. 이런 노비들에게 나라를 사랑하는 마음이 들 수 있을까요?

북한을 혼쭐내기는커녕, 김여정이 우리 대통령더러 "삶은 소대가리가 앙천대소할 일"이라는 막말을 해도 아무 말 못 했지요. 기업 활동을 장려하긴커녕, 소득 주도 성장이라는 해괴한 이론으로 시장 질서를 망가트렸구요. 과학자들의 경고를 무시하고 졸속으로 탈원전을 추진하는 바람에 전기세 폭탄이 떨어졌습니다.

자기들만 정의로운 집단이고 남의 당은 다 적폐 취급하며 파트너로 인정하지 않습니다. 애국자들이 피땀 흘려 일군 대한민국을 '친일파가 건국하고 독재의 후예들이 이끈 나라'라고 폄하하고, 정작 업적도 불분명한 김일성이 세운 북한은 독립운동의 영웅이 세운 나라라고 숭배하니, 바다에 빠진 우리 국민을 북한군이 불태워 죽여도 눈 하나 깜짝하지 않고 국제 사회에 대북 제재를 풀어 달라고 요구합니다. 대한민국에 애착심이 없는 겁니다.

군인과 상인, 과학 기술자들은 모두 리스크를 감수하는 직업들입니다. 모든 걸 바쳐도 생명을 잃거나 파산하거나 아무 성과를 얻지 못할 위험을 달고 살지요. 하지만 그들이 목적을 이뤘다 하면 나라가 부강해집니다.

유교 경전 외우고 글이나 지으며 도덕적 우위를 독점한 사람들에게 벼슬이라는 보상을 준 조선처럼, 그저 민주화운동 했다고 대대로 보상받으려 민주유공자법이나 제정하는 그들이 너무나 비슷해 보였고, 이런 사람들이 대한민국을 이끌면 '도로 조선'으로 퇴행하지 않을까 걱정이 되어, 지금의 민주당을 지지해선 안 되겠다는 생각이 들었습니다.

실패한 역사에
분칠이나 해서야

역사 공부를 좀 더 파고들어 보니, 우리가 얕게 배운 역사에는 조선 시대를 지나치게 미화한 대목들이 뜻밖에 많더라구요.

대표적으로 '동학'입니다. 어릴 때 동학 농민군을 다룬 다큐를 보면서 일본군의 개틀링건(따발총)에 농민군이 추풍낙엽처럼 쓰러지는 장면에 분노하고, 지도자 전봉준의 애통한 죽음과 함께 구슬픈 「새야 새야 파랑새야」 노래가 나올 때 저도 모르게 눈물을 흘렸지요. 학교 교과서에서 동학농민운동에 담긴 자유·평등·민권 사상을 배우고서는 '조선의 마지막 남은 에너지를 상징하는 동학 농민군이 김옥균 등의 개화파들과 함께했다면 얼마나 좋았을까!'라고 상상했고, 그걸 무너트린 일본에 대한 분노가 더 끓어올랐습니다.

하지만 동학농민운동의 실체를 알고 나서는 그때의 분노보다 훨씬 큰 실망감을 느꼈습니다.

결론부터 말하면 동학농민운동은 근본적 혁신이 담긴 진보적 혁명운동이 아니라, 조선 왕조의 기존 질서를 보존하려 한 '난(亂)'이었을 뿐입니다. 그들은 유교적 기강을 바로잡고 무너져 가는 사회 신분 질서를 회복하기 원했으며, 무엇보다 흥선대원군의 복권을 추진했습니다. 흥선대원군과 전봉준은 예전부터 밀접한 관계였고, 대원군이 동학으로 하여금 난을 일으키게 사주했다는 사료도 있습니다.

동학 교조 최제우가 교리를 대중화하기 위해 쓴 『용담유사(龍潭遺詞)』에 이런 구절이 있습니다.

곤륜산 한 가닥이 중국에서 뻗어 내려 우리나라 구미산에 작은
중국 꾸며 냈네.

딱 소중화(小中華) 사상이죠? 당시 세계정세에 그토록이나 어두웠던

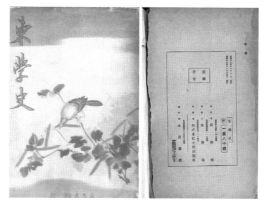
동학 농민군 총참모였던 오지영의 역사소설 『동학사』의 표지와 판권쪽

겁니다.

학생 때 죽어라 외웠던 농민군의 '폐정 개혁안 12조' 중 '노비 제도 혁파'와 '토지 평균 분작'은 그럼 뭔가요? 놀랍게도, 그런 건 없었어요. 실제 사료에는 없고, 오지영이라는 사람이 쓴 '소설'(＝fiction＝허구)에만 등장하는 얘깁니다. 전북 익산 지역의 집강소를 담당하다 동학란이 실패로 끝나자 무리를 이끌고 만주로 건너가 고려혁명당에 가입한 오지영이 계급혁명의 소망을 투영해 쓴 소설, 그야말로 로망(=roman)에 불과했던 겁니다.

하지만 좌파들은 현대 한국의 민족주의와 사회주의, 대중 민주주의가 꽃피우는 데 결정적 공헌을 한 진보적 민중운동의 출발점이라는 '상징'이 필요했습니다. 그래서 소설을 동학의 역사로 둔갑시켜 교과서에 집어넣더니, 동학농민'혁명' 참여자 등의 명예회복에 관한 특별법을 제정하고 이들의 명예회복심의위원회(위원장 국무총리)까지 만들었습니다. 일개 '난'이 '운동'이 되고 농민'전쟁'이 되고, 급기야 '혁명'으로 미화되고 국가에 의해 공인된 것이죠.

동학은 그렇게 3·1운동-4·19 혁명-5·18 민주화운동-1987년 6월 항쟁-탄핵 촛불 시위로 이어지는 민주당 식 민중 저항 세계관의 출발점이 돼 버렸습니다. 동학란의 고향 정읍시는 관광객 유치 등에 보탬이 된다며 유족들에게 다달이 수당을 준다고 나섰구요.

무려 130년 전 사건의 후손들을 찾아 국민 세금으로 보상해 준다니, 이런 코미디가 어딨습니까? 자기네 정파의 이익에 부합하면 임진왜란 때 희생된 사람들, 몽골 침입에 항거한 사람들, 더 거슬러 올라가 고조선 때 한나라와 싸운 사람들의 후손들도 찾아내 세금으로 지원해 주자고 하지나 않을까요?

더 기가 막힌 팩트는, 항일 무장 투쟁의 아이콘 안중근도 아버지와 함께 동학도들을 '도둑놈'이라 칭하며 토벌대에 가담했다는 것, 그리고 「새야 새야 파랑새야」는 전봉준이 태어나기 전에도 유행했던 노래로 전봉준과는 아무 상관 없다는 것, 그리고 동학도들의 상당수가 이후 강성 친일파(일진회)가 되어 한일합방 운동을 전개했다는 겁니다.

알면 알수록 근현대사는 흑백이 아닌 총천연색이더라구요. 제발 그 색깔의 한 부분만 보고 역사를 입맛대로 부풀리거나 짜깁기하지 말고, 역사를 직시했으면 좋겠습니다. 정확한 역사라야 제대로 된 교훈도 얻을 것 아닌가요?

조선 왕실과 대한제국 구(舊) 황실에 대한 지나친 미화도 도를 넘었습니다.

급격한 개혁을 추진했던 1884년의 갑신정변은 삼일천하로 끝을 내렸죠. 꼭 10년 뒤 '조선 회생의 마지막 남은 동력'이었다는 동학도 그렇게 허무하게 끝이 났습니다. 이렇게 나라가 막장으로 향해 갔어도 지도자라도 정신을 차렸더라면 좋았으련만, 고종은 느닷없이 '황제'가 되겠다고 합니다.

을미사변으로 왕비도 잃고 얼마 전까지 러시아 외교 공관에 피신해 있던 왕입니다. 당시 세계는 바다를 장악해서 대륙으로 치고 들어오는 영국과 대륙에서 바다로 나아가려는 러시아 사이의 '그레이트 게임'이 한창이었습니다. 결국 패권은 영국으로 기울고, 이런 영국의 구상에 잘 맞춰 주는 일본은 영국과 동맹까지 맺고 러시아를 견제하고 있었는데, 조선의 왕이 국제 정세를 거슬러 러시아 공관으로 도망쳐 버릴 때 조선의 운명은 사실상 끝난 것이었습니다.

그런 왕이 뜬금없이 "나는 황제다" 한다고 누가 황제 대접을 해 줄까요? 이런 고종을 개명 군주라며 칭송하는 분들이 있습니다. 곳간을 탕진하고 나라를 망친 민비는 이미 죽었지만 명성황후로 추존(追尊)되고, 요즘도 드라마와 뮤지컬을 통해 미화되고 있구요.

그렇게 허울뿐인 황제에 오른 고종도 더 버티는 게 무리임을 깨닫고 일본과 '딜'을 합니다. 외교권이 박탈되어 실질적인 국권 피탈이나 다름없는 1905년 을사조약 체결 일주일 전, 고종은 일본 공사로부터 2만 원, 지금 시세로 25억 원을 받았습니다.

고작 25억에 나라를 넘겼을까요? 아닙니다. 고종은 외교권을 넘기며 황실의 안녕을 약속받았습니다. 고종을 이은 순종은 일본으로부터 천황과 귀족의 중간 단계인 '왕공족(王公族)' 창설과 그에 걸맞은 대우를 약속받았고 일본은 이를 지켜 줍니다. 물러난 태황제 고종은 '덕수궁 이

태왕(德壽宮李太王)', 황제 순종은 '창덕궁 이왕(昌德宮李王)', 황태자 이은(순종 동생)은 '영친왕(英親王)'이 되고, 고종과 순종의 형제들은 공족(公族)이 됐습니다. 이집트와 베트남 같은 나라들이 제국주의 식민지로 전락할 때 기존 왕족들은 어김없이 평민으로 강등당하고 재산을 박탈당했지만, 대한제국은 달랐습니다.

「덕혜옹주」 같은 영화를 보면 조선 구 황족 출신들이 일제 시기 독립운동에 열심이었던 것처럼 묘사하는데, 거짓말입니다.

덕혜옹주만 해도 그냥 일본 지방 귀족인 쓰시마(대마도)의 백작 가문에 시집가서 정신 질환을 앓다 생을 마감했다는 정도의 기록만 있습니다.

그리고 남자 왕공족들은 모두 일본군에 입대해 장교로 복무합니다. 순종은 사후에 육군 대장을 추서(追敍)받았지만, 영친왕 이은을 비롯한 왕공족들은 현역 장성으로 부대를 지휘했습니다. 생활은 윤택했고 특히 이은 부부에게는 당시 일왕 히로히토가 황태자 시절 했던 것처럼 세계 순방을 시켜 줄 정도였죠.

나라는 일본으로 넘어갔어도 이씨 종묘의 향불은 일본이 패망하는 1945년까지 꺼지지 않았습니다. 이것이 조선의 마지막 모습이었습니다.

조선을 비판한다고 해서 일본의 조선 병합이 정당화되는 건 아닙니다. 그건 그거고, 나라 시스템을 스스로 개선하지 못하고 외세만 바라보다 나라를 잃은 게 분하다는 것이고, 지금부터라도 조선 망국사를 제대로 배워 이런 일이 다시는 없게 해야 된다는 겁니다.

실패한 역사에 분칠한다고 자긍심이 길러지나요? 그런 자긍심이라면 차라리 없는 게 낫습니다. 오직 사실만이 교훈을 줄 뿐입니다.

12

반일보다 극일

'신라구'와 '고쿠리',
우리는 일본에게 약자가 아니었다

역사적 사실을 바로 보기 시작하니 한일 관계의 역사도 감정을 배제하고 차분히 공부할 수 있었습니다.

앞에서 해적을 언급했는데, 고려와 조선을 괴롭힌 왜구보다 전에 신라 해적 '신라구(新羅寇)'가 악명을 떨친 역사, 혹시 들어 보셨나요?

신라 말 극심한 혼란기에 먹고살기 위해 해적이 된 사람이 1,000명에 이르렀다네요. 더 이상 잃을 것이 없어 죽자고 달려들어 쓰시마와 규슈 일대를 약탈하는 신라 해적이 당시 일본에겐 공포의 대상이었습니다. 우리만 일본 해적에게 당한 게 아니라 일본도 우리에게 당했다는 겁니다.

하지만 해적과의 싸움을 국가 간 전쟁으로 볼 수는 없죠. 한일합방도 총 한 방 안 쏘고 나라를 '거래'했으니 역시 전쟁이 아니구요. 통일 전 삼국 시대의 소규모 전쟁들을 제외하면, 일본과 우리 사이의 정식 전쟁은 임진-정유 왜란 딱 한 번입니다.

일본 입장에서는 다를 수 있습니다. 고려 때 여몽(麗蒙) 연합군의 일본 침공을 우리는 원나라의 강제 동원이라 여기지만 당시 일본은 고려의 의지가 담긴 침략이라 여겼고, 결국 침략 행위는 한일 양국이 피장파장이라고 생각한다는 것입니다. 1274년과 1281년 두 차례 여몽 연합군의 침공은 일본에게 어마어마한 공포였고, 침략군이 상륙한 곳에선 실제로 잔인한 학살이 이뤄졌습니다. 마을 사람들의 손바닥에 구멍을 뚫고 쇠사슬로 꿰어 줄줄이 바닷물 속에 들어가게 했다죠. 여몽 연합군이 얼마나 무서웠던지, 규슈 지방에서는 "몽쿠리(몽골) 온다", "고쿠리(고려) 온다"고 하면 울던 아이가 울음을 그쳤다고 합니다.

원 간섭기 고려의 왕들은 원나라 황제의 사위-외손자였고 만주 지역 심양 왕(瀋陽王)에 봉해졌습니다. 만약 여몽 연합군이 일본 정벌에 성공했다면 고려 왕이 일본 왕까지 겸했을 수도 있었겠네요.

그런데 말입니다, 지나간 2,000년 동안 충돌이 이 정도라면 한국과 일본은 친하게 지낸 축 아닌가요? 원수라고 하려면 적어도 영국과 프랑스처럼 100년씩 전쟁 할 정도는 돼야 하지 않을까요? 그런 영국과 프랑스도 히틀러의 침략 앞에서는 손잡고 싸웠고 지금은 러시아의 푸틴에 함께 맞서고 있는데요. 역사적으로 중국이 끊임없이 우리를 괴롭히면 괴롭혔지, 일본과는 그렇게 심하게 싸운 적도 없는데 신(新) 냉전 시대에 북한·중국·러시아의 위협 앞에 일본과 힘을 합치지 못할 이유가 뭔가요?

한반도에서 건너간 도래인(渡來人)들이 원주민인 아이누족을 몰아내고 세운 나라가 일본입니다. 상황(上皇) 아키히토가 천황 시절 "나에겐 백제의 피가 흐른다"고 고백했을 만큼 한국과 일본은 혈연적으로 가깝습니다. 해방 직후 6·25 때는 연합군의 후방 기지로서 한반도 적화를 막아

내는 데 역할을 했고, 산업화 시기에 자금을 제공하고 기술을 전수해 대한민국이 공업 국가로 도약하는 데 도움을 주었습니다. 이제는 제발 일본과 힘을 합쳐 자유 민주주의 시장 경제를 지키고 함께 번영했으면 좋겠습니다.

일본의
'축적'의 교훈

일본의 성공적인 근대화를 가능하게 한 '축적의 역사' 얘기를 해 볼까요?

해적질이나 하던 '나쁜 일본'이 어느 날 갑자기 부국강병에 성공해서는 평화를 추구하는 '착한 조선'을 강제 병합해 쌀과 노동력을 수탈했다는 식으로 쓰인 교과서로 공부한 저는 당연히 반일 감정에 찌들어 있었습니다.

하지만 어른이 돼서 '일'이라는 걸 해 보니, 한 분야에서 성공한다는 게 얼마나 힘든 일인지, 절대로 '어느 날 갑자기' 이뤄질 수 없다는 것을 알게 됐지요. 마찬가지로 국가의 성공도 어느 날 갑자기 이루어지는 것이 아니라 그 뒤에는 반드시 '축적'의 과정이 있을 것이라 생각하게 되었습니다.

그래서 더 궁금했습니다. 지구 동쪽 끝 작은 섬나라 일본은 도대체 어떤 축적의 과정이 있었기에 근대화에 성공하고 아시아의 절반을 집어삼킬 수 있었을까요?

일본 역사 관련 서적을 읽다 찾은 것이 에도 막부 시대 데지마섬 이야기였습니다.

도요토미 히데요시의 조선(명목은 명나라) 침략 실패 후 도쿠가와 이에야스가 에도(도쿄)에 막부를 세우고, 동아시아의 중심이던 한족의 명나라가 만주족의 청나라에 의해 멸망하는 격변의 17세기. 일본은 막부 체제에 위협적인 가톨릭을 전파하려는 스페인, 포르투갈과의 교역과 기독교 관련 한역(漢譯) 서양서 수입을 금지했습니다.

단 한 나라, 네덜란드만은 경제 교류를 원하고 선교에는 관심이 없었기에 네덜란드 상인들에게 나가사키 앞바다의 데지마(出島)라는 작은 인공 섬에서 교역하는 것을 허락해 주었죠. 서양 서적 수입 금지령이 완화되면서 데지마에 몰려든 일본 학자들은 네덜란드(오란다) 서적을 통해 발달된 서양의 학문을 공부했고, 이를 '난학(蘭學, 난가쿠)'이라 불렀습니다. 우리나라는 정조의 문체 파동이 있을 때쯤입니다.

가장 먼저 적극적으로 번역에 뛰어든 이들은 의사들이었습니다. 수천 년 동아시아 의학을 지배한 한의학의 음양과 오행 이론으로는 환자를 살릴 수 없음을 몸소 느껴 왔기 때문이겠죠. 그들은 '이론이 사실에 앞설 수 없다'는 생각으로 한의학을 버리고 맨땅에 헤딩 하듯 네덜란드 해부학 책을 공부했습니다. 당시 『해체신서(解體新書)』라는 제목으로 낸 번역서에 지금도 우리가 쓰는 혈관, 신경, 동맥, 정맥 같은 용어들이 처음 등장합니다.

그 밖에도 다양한 분야의 서적이 번역되면서, 동양에 아직 없던 개념들을 만날 때마다 일본 학자들은 일일이 한자를 조합하거나 필요하면 중국 고전을 뒤져서 새 단어를 만들어 냈습니다. ~적(的), ~성(性), ~식(式), ~학(學), ~주의(主義) 등의 접미어나 부(不)~, 무(無)~ 등의 접두어가 들어

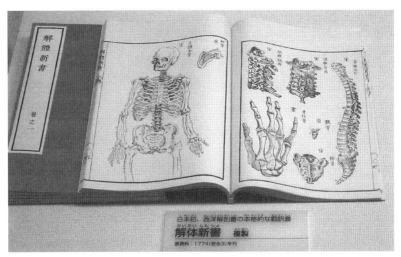

독일 책 『해부학 도해』(1722)의 네덜란드어 번역판을 다시 한문으로 번역한 『해체신서』(1774)

가는 단어들이 그것입니다. 이런 식으로 지금 우리가 쓰는 한자 조어(造語)들은 거의 다 일본에서 만들었습니다. 민주주의 공화 선거 주권 혁명 자유 권리 의무, 현상 실체 관념 관찰 주관 객관 귀납 긍정 부정, 문화 예술 각색 걸작 주인공 이론 비평, 산업 소비 복지 표준 철도 우편 현금, 토론 가결 부결, 과학 야구 품위 행복 낭만… 현대 한국인이 생각하는 틀을 제공하고 서로 소통할 수 있게 해 주는 단어들이죠.

이렇게 데지마섬에서 앞서가는 서양을 철저히 공부한 경험은 일본이 급격한 근대화를 추진하는 과정의 충격을 흡수하는 쿠션이 되어 주었습니다. 그리고 뒤이은 메이지유신 시대 산업화와 근대화 국면에서 생각의 대전환(paradigm shift)을 용이하게 해 주어 폭발적인 국력 신장의 원동력이 되었습니다.

이런 역사적 사실들을 알게 되니, 우리의 지나간 역사보다 그걸 가르치는 지금의 교육이 더 안타까웠습니다. 이미 에도 시대부터 한국과 일본은 엄청난 국력 차이를 보였음에도 그 '축적의 과정'에 대한 설명 없이 '착한 조선, 나쁜 일본'의 흑백 논리로 학생들을 가르치는 것 말입니다. 그런 교육이나 받아서는 조선은 왜 실패했는지, 강대국에 둘러싸인 조그만 나라가 또다시 실패하지 않으려면 어떻게 해야 하는지에 대한 성찰을 막고 정신 승리에 빠지게 할 수밖에 없습니다.

이런 저의 생각이 과연 친일 극우적인가요? 오히려 이런 생각이 일본에서 배운 반도체 기술로 일본의 내로라 하는 전자 기업들을 압도해 버린 진정한 극일 정신입니다. 오직 선거만을 바라보며 스스로도 지키지 않을 반일 불매 운동이나 벌이는 것이야말로 나라 망신, 외교 폭망, 끝내는 망국으로 이끌려는 한심하고 찌질한 정신 승리입니다.

미래 세대까지 근거 없는 피해 의식에 찌들도록 이끄는 역사 교육이 개선되기 바랍니다. 어린 시절의 저처럼 특정 정치 세력에 선동당해 무턱대고 일본을 증오하지 않았으면 좋겠습니다. 일본에 먹힌 역사를 치욕으로 여긴다면 더더욱, 치욕을 안겨 준 일본을 제대로 알아야 치욕적인 역사의 반복을 막고 일본을 넘어설 수 있는 것 아닐까요?

자력으로
근대화가 가능했을까

아직 일본 공부를 하기 전인 2014년, 친구랑 술을 마시며 정치 이야기를 하다가 일제 시대까지 거슬러 올라갔습니다. 민주당 식 역사관을 신봉하던 저는 일제의 만행과 식민지 근대화론의 허구성에 대해 침을 튀기며 열변을 토했습니다.

친구가 반박했습니다.

"야 시×, 민족이 뭐고 나라가 뭔데? 내가 개고생해서 번 돈으로 와이프랑 딸내미 먹여살릴 수 있으면 지배자가 일본인이든 외계인이든 뭔 상관이야? 상놈으로 태어나면 돈 벌어 봤자 상전들한테 개무시당하면서 굶어 죽도록 세금 뜯기고, 조선 말에 40프로나 되는 노비로 태어나면 내 딸내미까지 자동으로 노비 돼서 양반들 노리개나 되는데, 내가 왜 그 나라에 충성하고 독립운동 해야 되냐? 조선은 망해도 싼 나라였다니깐. 존× 굴욕이긴 해도, 그런 한심한 조선이 근대화되는 데 일본의 영향이 하나도 없었겠냐?"

분위기가 험악해질까 봐 더는 반박하지 않았습니다만, 집에 돌아오는 길에 이런 생각이 들었습니다.

'식민지 근대화 어쩌고저쩌고 하는데, 근대화란 뭘까?'

개인을 제약하는 신분이란 게 없고, 산업이 발전해 생산물이 풍족해져 배곯지 않고, 열심히 일해 모은 사유 재산을 나라가 멋대로 빼앗아 가지 않고, 개인 간의 계약이 존중되는 시스템이 갖춰진 사회겠지요.

조선은 갑오개혁(1894) 이후 노비도 폐지하고 『형법대전』(1905)도 만들긴 했습니다. 하지만 나라가 망해 의병을 일으켰을 때도 상놈이 양반에 말대꾸하다가 그 자리에서 즉결처분 당했다는 일화를 접하고는 의문이 들었습니다.

'조선은 과연 자력으로 지금의 대한민국 같은 선진 법치 시스템 수준으로 도약할 수 있었을까?'

그런 생각을 간직한 채로 수강했던 고려사이버대 민법총칙 강의는 제게 큰 충격이었습니다. 강의 중에 우리 근대 민법의 기원이 일제강점기 '조선민사령(朝鮮民事令)'이라는 말이 나왔는데, 교과서에도 그렇게 명시돼 있었기 때문입니다. 노예제 조선과 근대화된 대한민국 사이의 큰 간극에 일제강점기가 끼어 있음을 확인하는 순간이었죠.

일제 시기 법체계가 정착해 온 역사를 좀 더 공부해 봤습니다. 구한말 지방관들이 재판권을 악용해 국민을 수탈하고 억압하자 일부 국민은 한국에 주둔한 일본군 사령부나 일본 공사관에 억울함을 호소했다네요. 실제로 일본이 한국 정부에 외교적 압력을 넣은 결과 탐관오리가 처벌되는 사례도 있었구요. 조선 통감 이토 히로부미는 열악한 조선의 사법과 재판 제도에도 칼을 들이댔습니다. 행정권으로부터 사법권을 독립시키고 고문을 폐지하겠다고 하자 지식인들의 호응이 있었습니다.

개인의 권리를 보호해 주지 못하는 나라에 백성은 희망을 잃어 갔고, 이것은 한일합방 후 의병운동이 일부 유생들의 움직임으로 그친 한 원인이 되었습니다. 지배의 정당성을 잃었던 것이죠.

일제 시대 때는 고등문관시험 합격한 엘리트 판검사를 한국에 발령 보냈습니다. 당시 이런 기록도 있군요.

"일본인 판검사가 한국의 재판 기관을 장악해 감에도 불구하고, 군수·관찰사의 불공정한 재판에 피해를 받아 온 지방민들과 중앙의 상급 재판소의 폐해를 목도해 온 지식인들은 신(新) 재판소 개청, 민형사 재판 관련 신규 법령 실시에 대하여 많은 기대를 표명하고 통감부의 '시정 개선' 사업 중 괄목할 만한 것으로 받아들이고 있었다."

굴욕적이긴 하지만 그게 '역사'입니다. 조선민사령 등 일본의 법체계가 근대화에 끼친 영향에 대해서는 다른 의견도 있겠지만, 극우 인사들이나 하는 주장으로 치부할 수만은 없는 근거도 어느 정도 있었던 것입니다.

이런 경험을 한 뒤, 비슷한 주장들을 접했을 때는 무턱대고 뉴라이트, 일베라 단정 짓기 전에 직접 자료들을 찾아보는 습관을 가지게 되었고, 새로운 사실들을 알게 되면서 결국 민주당 식 역사관에서 탈출하게 되었습니다.

법뿐일까요? 최초의 고등교육 기관이 서울대학교의 전신(前身)인 '경성제국대학'이었음을 떠올려 보면 과학, 인문학 분야도 마찬가지였으리라 짐작할 수 있습니다.

그렇다고 일제가 조선을 근대화'시켜 줬다'는 주장에 전부 동의하진 않습니다. 일본의 근대화에 네덜란드와 포르투갈 등 나라들이 큰 역할을 했고 결국 미국이 힘으로 일본을 개항시켰다고 해서 유럽과 미국이 일본을 근대화'시켰다'고 할 수 있나요?

근대화는 스스로 해내야 하는 겁니다. 우리도 김성수 등 일제강점기에 학교와 기업을 설립하며 실력을 키운 선각자들이 있었고, 해방 후 이승만은 대한민국을 자유세계에 편입시켰고, 박정희는 산업화를 성공시켰고, 전두환과 노태우는 폭발적 경제 성장을 해냈고, 김영삼과 김대중은 국민의 열망을 담아 민주화를 이뤄 낸 것에 더해, 우리 국민이 공산 정권과의 전쟁과 독재 정권과의 투쟁을 불사했기에 근대화에 성공한 것이지, 누군가 시켜서 된 일이 아니기 때문입니다.

스스로 근대화를 이룬 우리 현대사에 자부심을 가지는 동시에, 일제 강점기 사료를 해석할 때 최대한 감정을 억누르고 객관적으로 접근했으면 좋겠습니다. 그래야 역사에서 뭔가 배울 것 아닌가요?

일제강점기,
슬프지만 진실은

　　　　　　안타깝게도 국권이 일본에게로 넘어갔습니다. 그런데 일제 시대의 생활 문화를 담은 자료와 책들을 보면, 제가 알고 있던 '악랄한 일본, 신음하는 조선' 이미지와 달랐습니다. 쌀과 자원을 수탈당하고 노예처럼 부림받는 데 민족 전체가 항거했을 거라는 막연한 상상과 달리, 주어진 현실에 능동적으로 올라타 자신과 가족의 삶을 개척해 나가는 모습들이 있었던 겁니다. Sad but true, 슬프지만 그게 진실입니다.

제가 특히 충격 받은 사실 몇 가지만 소개해 볼게요.

먼저 쌀 '수탈론'입니다. 우리 농민이 고생해서 생산한 쌀을 돈도 안 주고 뺏어 갔다는 말이지요? 실상은 달랐습니다. 조선 말, 악덕 관리들이 사라지고 근대 과학을 기반으로 한 농법이 전래되자 쌀 생산량이 크게 늘었습니다. 이 쌀이 폭발적인 경제 성장을 이루고 있어 식량이 부족했던 일본에 흘러들어 갑니다. 일본 농민의 입장에선 쌀값이 하락해서 불만이었습니다. 그런데 조선과 일본이 모두 풍년이었던 1931년, 일본 농민들이 조선 쌀 반입을 방해하려 하자 〈동아일보〉가 이에 반대하는 사설을 게재합니다. 뭔가 이상하죠? 이제 학계에서도 쌀을 '수탈'했다고 하기보단 제값 주고 '수출'했다는 것으로 인정했다고 합니다.

다음은 민족 자본입니다. 1911년 '조선회사령'으로 일제가 조선인 자본이 성장하지 못하도록 억압했다고 배웠습니다. 일본은 회사 설립이 신고제인데 식민지 조선은 허가제였다는 게 그 근거입니다. 그런데 알고 보니 회사령은 조선'인'에게만 적용되는 것이 아니라 '조선 내' 일본인에게도 똑같이 적용됐더군요. 그마저도 반발이 있어서 결국 1920년에 회사령이 폐지됩니다. 실제로 회사 설립은 일제 시대 내내 증가 추세였습니다. 경제 활동이 활발해졌다는 말이죠.

기본적인 삶의 질을 볼까요? 일제 시대에 근대 의학이 보급되고 상하수도 시설이 보급되는 등 위생 상태가 개선돼서 사망률이 급격히 떨어졌고 평균 기대 수명은 26세에서 45세로 증가했습니다. 그리고 유아 사망률은 급격히 감소했습니다.

'기회'입니다. 1930년대에 일본이 만주국을 세우고 2차 세계대전에 참전하면서 군과 경찰에 대거 조선인들을 뽑습니다. 처음엔 '어떻게 일본에 스스로 부역하려 지원할 수 있겠어? 다들 어쩔 수 없이 했겠지'라고 생각했지만, 그렇게 보기엔 경쟁률이 너무 높았습니다. 가난으로부터 벗어나 출세하고 싶은 젊은이들이 많이들 지원했던 것입니다. 특히 태평양 전쟁 기간 육군 특별지원병의 경우, 일부 강제를 감안해도 수천 명 모집에 20만~30만 명씩 지원해 50 대 1 안팎의 경쟁률을 기록하죠. 저는 이것이 절대 나쁘다고 생각하지 않습니다. 자신과 가족들을 위해 능동적으로 삶을 개척한 것을 어떻게 나무랄 수 있을까요?

독립운동 볼까요? 민족의 지도자 함석헌은 『뜻으로 본 한국역사』라는 저서에서 "만주에서 독립운동 한다는 사람들 다 마적떼였다"고 했습니다. 독립운동가이자 민주화운동가 장준하는 "임시정부 합류를 후회하며 비행기로 임시정부에 폭탄 떨어트리고 싶다"고 했습니다. 조선의용대 최후의 분대장 김학철은 2001년 병상 인터뷰에서 "우리 독립운동사는 신화에 가까울 정도로 과장이 있었다는 것은 분명해요. 내 경험으로 볼 때 봉오동 전투와 청산리 전투에서의 전과는 적어도 300배 이상

과장된 것"이라고 했습니다.

그도 그럴 것이, 조선에 주둔한 일본군 숫자는 겨우 2만 명, 1개 사단 정도에 불과했습니다. 소요 사태가 별로 없이 안정적이었다는 것이지요. 1945년 4월 현재 우리 광복군의 공식적인 총 수는 339명이었고 그마저도 중국의 명령을 받아야 했습니다. 그런데 당시 일본군은 720만 명으로 무려 2만 배 차이였습니다.

물론 이런 글을 적기 조심스러울 정도로 어려운 여건에서 끈질기게 무장 투쟁을 지속한 것은 정말 존경받을 일입니다. 서구 열강과 중국과 소련으로 하여금 일본이 패망했을 때 당연히 조선은 독립해야 한다는 인식을 심어 주기에 충분했던 투쟁이었습니다. 그마저도 없었더라면 일본이 패망했어도 여전히 우리는 일본의 한 부분이었을지도 모릅니다.

그렇다고 독립운동 자체를 과도하게 성역화하고 신격화하며 비판 자체를 막는 것은 옳지 못하다고 생각합니다. 특히 좌익 계열의 독립운동, 이른바 '붉은 항일'이라고 불리는 독립운동은 국제 공산주의 연합 코민테른에 맹종하느라 김좌진 등 청산리 주역들을 반공 분자로 몰아 살해하고 물산장려운동과 신간회를 파괴했습니다. 이런 부분에 대한 역사적 연구와 비판이 있어야 한다고 생각합니다.

이런 과거사로 인해 열등감을 가질 필요도 없습니다. 덴마크에서 프랑스로 건너온 종족의 후손인 윌리엄 공작이 영국을 점령했다고 해서 영국이 덴마크나 프랑스 식민지라고 할 수 있나요? 외세에 무너지고 또다시 세우고 하는 일은 세계 역사에 비일비재합니다. 과거를 곡해하지 않고 사실 그대로에서 교훈을 얻어 번영을 쟁취하는 자가 결국 승리합니다. 아일랜드나 이스라엘이 영국이나 독일 못잖게 사는 것처럼요.

그렇다면 우리도 '어떻게 일본보다 더 잘살까'를 고민해야 합니다. 사실 구매력을 기준으로 한 1인당 GDP는 대한민국이 이미 2017년에 일본을 앞질렀고, 1인당 국민소득(GNI)으로만 따져도 일본을 2023년에 앞질렀습니다.

그래도 더 압도적으로 일본을 앞서고 싶다면 그 해답은 잘나가는 기업이 많아지는 겁니다. 삼성은 이미 모든 일본 전자 그룹들을 이겼습니다. 이제 현대차가 토요다를 넘어서고 탑텐이 유니클로를 이기면 됩니다. 그게 아니면 새로운 사업에서 이기면 되고, 그것도 아니면 법인세를 인하해서 유명한 기업을 우리나라에 유치하면 됩니다.

그렇게 극일 정신을 발휘하면 될 일을 왜 거짓말까지 하면서 반일 감정을 조장하고 힘든 시기를 헤쳐 온 분들께 정치적 목적으로 친일파라는 오명을 씌워야 할까요?

어떤 거짓말을 했는지 먼저 봅시다. 소설『아리랑』에 나오는 토지 조사 대목에서 비협조적인 조선인을 즉결 처형했다는 말은 거짓말입니다. 소설에 나오는 '경찰령'이라는 법령은 실제 존재하지도 않았습니다. 국사 교과서에는 일제가 토지를 수탈해서 40퍼센트가 총독부 소유로 들어갔다는데, 어느 연구자도 40퍼센트라는 수치를 내놓은 적 없습니다.

또 일제가 우리의 민족 정기를 끊기 위해 산마다 쇠말뚝을 박았다며 김영삼 정권 시절 대대적으로 말뚝 제거 운동이 벌어졌는데요, 그 말뚝이란 게 사실은 측량용 보조 장치였을 뿐입니다.

또 사실과 전혀 맞지 않는 자극적인 사진을 골라 우리 민족의 피해상을 과장하기도 합니다. 초등학교 6학년 교과서에 '강제 노역에 동원된 우리 민족'이라며 실린 사진 속 사람들은 알고 보면 일본인들입니다. 군

함도에서 강제 노역에 시달리는 조선인이 썼다는 "어머니 보고 싶어", "배가 고파요", "고향에 가고 싶다"는 낙서들은 영화 찍느라고 만든 사진에 불과합니다.

이미 돌아가서서 변명을 할 수도 없는 사람들에게 정치적인 목적으로 친일파라는 오명을 씌우는 것도 큰 문제입니다. 제헌 국회 시절 만들어진 '반민특위' 때 친일 부역자 명단에 오른 사람은 688명이었습니다. 일제 시대가 엊그제일 때 그렇게 판정했으니 인정할 만합니다. 그런데, 그로부터 60년 가까이 지나 노무현 정권 때 친일반민족행위자를 선정한다며 그때보다 300명 더 늘어난 1,005명을 선정했습니다. 민간 단체인 민족문제연구소는 그 네 배가 넘는 4,389명을 선정했구요.

이렇게 친일 청산 광풍이 불 당시 여당이던 열린우리당 신기남 전 의장(당대표)의 아버지와 이미경 의원의 아버지는 과거 일본군 헌병으로 복무했고, 더불어민주당 원내대표를 지낸 홍영표 의원의 아버지는 조선총독부 중추원 참의였고, 민주당 계열 김희선 전 의원의 부친은 만주 공안국 특무경찰이었고, 유시민의 부친 유태우는 만주국 역사 교사였음이 밝혀져, "누가 누굴 청산하느냐"는 반대 여론이 생길 정도였습니다.

더 큰 문제는 좌익 인사들은 친일 행적이 분명해도 명단에 올리지 않고, 건국과 6·25 전쟁에서 공을 세운 이들만 과거 행적을 끌어들여 친일파라 하는 겁니다.

예를 들면 좌익 독립운동가 출신으로 건준을 이끈 여운형은 신문에 여러 차례 학병 권유문을 게재했습니다. 『친일인명사전』에 이런 인사는 실지 않고, 동아일보와 고려대학교, 경성방직을 세웠고 대한민국 건국에 참여한 김성수는 등재했습니다. 또 6·25 전쟁 당시 다부동 전투 등 수많은 전투를 승리로 이끌며 대한민국을 지켜 낸 백선엽 장군도 등재돼 있습니다. 대한민국을 빈곤의 수렁에서 산업 국가로 탈바꿈시킨 박정희도 마찬가지입니다. 함석헌의 말대로 만주의 독립군을 토벌하기 위함이 아니라 식민지에서 태어나 군인이라는 직업을 얻어 만주일대의 마적떼를 소탕하는 역할을 한 것뿐인데 반민족행위자로 낙인찍어 버린 것이지요.

이 명단을 발표한 민족문제연구소의 임헌영 소장은 1974년 문인간첩단 사건, 1979년 남조선민족해방전선준비위원회(남민전) 사건으로 투옥됐던 전력이 있습니다. 남민전은 대법원에서 반국가단체로 확정판결을 받은 공산주의 지하 조직이었습니다. 과연 대한민국의 건국을 부정하려는 의도가 담기지 않았다 할 수 있을까요?

저도 한때, 일본이 전후 전범 재판에서 독일처럼 호되게 당하질 않아서 대한민국을 비롯한 주변국에 대한 사과에 인색하다고 생각했습니다. 6·25 전쟁 덕분에 미군의 후방 기지 역할을 하며 자기네 경제를 성장시켜 놓고 우리에겐 배상금도 적게 준 사실에 열받아 했죠.

하지만 전후 '극동 군사재판'은 1931년의 만주사변 이후에 있었던 일에 대한 재판으로, 한국의 식민 지배는 애당초 문제가 아니었습니다. 부끄럽지만 당시 국가의 주인이나 다름없었던 고종의 도장이 찍혔기 때문에도 문제삼기 힘들지요. 즉, 미국 영국 소련 같은 전승국들이 보기에 우리는 일본에 대한 전승국도 아니고 강제 식민지 피해국도 아니고, 그저 일본 내 특수한 한 지역이었습니다.

그리고 표에서 보듯, 일본은 전후에 장관들이 망언만 한 게 아니라 천황과 총리까지 포함해 몇 번이나 한국에 사과성 발언도 했습니다.

일본이 망한 경제를 6·25 덕분에 부흥시켰다고 합니다. 맞는 말입니

일본의 과거사 관련 공식 사과·유감 표명 이력

연월	발언자 (당시 직책)	요지	의의
1960. 6	고사카 젠타로 (외무장관)	"과거의 관계는 유감"	첫 공식적 '유감' 표명
1965. 2	시나 에쓰사부로 (외무장관)	"양국 간 오랜 역사 속 불행한 기간이 있었던 것은 참으로 유감스러운 일로, 깊이 반성"	첫 공식적 '반성' 표명
1983. 1	나카소네 야스히로 (총리)	"양국 간 불행한 역사를 엄숙히 받아들이지 않으면 안 된다고 생각"	총리 최초
1984. 9	히로히토(천황)	"양국 간 불행한 과거가 있었던 것은 참으로 유감, 반복돼서는 안 된다"	일왕 최초
	나카소네(총리)	"잘못에 깊은 유감의 뜻을 기억하고 장래를 굳게 다져 가는 결의를 표명"	첫 '잘못' 표현
1990. 5	아키히토(천황)	"귀국의 국민이 맛본 고통을 생각하니 통석의 염을 금할 길 없다"	일왕 유감 표현 수위 높아짐
1993. 8	호소카와 모리히로 (총리)	"나 자신은 침략 전쟁이었다, 잘못된 전쟁이었다고 인식"	첫 '침략' 표현, 단서 있음
		"식민 지배와 침략으로 많은 나라에 다대한 손해와 고통을 줬다"	첫 '식민 지배' 표현, 대상국 확대
	고노 요헤이 (관방장관)	"종군위안부로서 허다한 고통을 경험당하고 심신에 씻기 어려운 상처를 입은 모든 분들게 사과와 반성"	위안부 첫 인정, 첫 '사과' 표현
1993. 11	호소카와(총리)	"창씨개명과 위안부, 징용 등의 여러 형태로 괴롭힘과 슬픔을 당한 데 대해 가해자로서 마음으로 반성, 사죄"	창씨개명, 징용 등 구체적 사례 인정, 첫 '사죄' 표현
1995. 8	무라야마 도미이치 (총리)	"식민지 지배와 침략으로 많은 나라, 특히 아시아 사람들에게 많은 손해와 고통 줬다. 통절한 반성의 뜻"	전후 50주년 담화. 폭넓게 '침략' 인정하고 반성
1998. 10	오부치 게이조 (총리)	"한국인이 받은 다대한 손해와 고통의 역사에 통절히 사과"	첫 공식 문서화
2005. 8	고이즈미 준이치로 (총리)	"아시아 사람들에게 많은 손해와 고통을 줬다. 재차 통절한 반성과 마음으로부터의 사죄를 표명한다"	전후 60주년 담화. '사죄'의 디폴트화
2015. 8	아베 신조 (총리)	"앞서 사죄 표명했던 입장 변화 없다. 다음 세대 아이들에게 사과라는 숙명을 계속 짊어지게 할 수 없다"	전후 70주년 담화. 앞선 담화들의 정신 계승

출처: 한국언론재단, "망언의 네트워크", 〈미디어이슈〉 제1권 12호(2015); 이창위, 『토착왜구와 죽창부대 사이에서』(박영사, 2023) 등

다. 그런데, 일본만 일방적으로 이득을 봤나요? 일본이라는 후방 기지가 있었기에 미군을 비롯한 유엔군의 군수 보급이 원활해져 대한민국이 유지되었다는 사실도 간과해선 안 되죠.

박정희 정부 시절 대일 국교 정상화를 통해 한국이 받은 대일 청구권 자금(일본 측 '경제 협력 자금')은 정부 자금 5억 달러(무상 3억, 유상 2억)와 민간 상업차관 3억 달러였습니다. '겨우?'라 생각할지 모르지만, 당시 한국의 외환 보유고가 수억 달러, 일본도 20억 달러에 불과했단 걸 감안하면 작은 금액이 아닙니다.

2차대전 때 일본에 점령당한 필리핀이 왜 한국보다 더 많은 5억 5,000만 달러를 받았냐는 비판도 있는데요, 한국은 필리핀과 달리 광복군이 진주하기 전 일본이 패망해 버리는 바람에 전승국 대우를 받지 못해 전쟁 배상금으로 받지 못했기 때문이죠.

해방 당시 한국만 청구권을 가진 게 아니라 일본에도 대한(對韓) 청구권이 있었습니다. 일본인이 남기고 간 재산, 한국 입장에선 적산(敵産)의 경제적 가치가 23억 달러였다고 합니다. 당시 한반도 총 경제의 80퍼센트였지요. 그래서 일본은 샌프란시스코 조약 협상에서 그 23억 달러의 청구권을 요구했지만 거절 당하고, 그 재산들이 한국인에게 불하됐습니다. 가옥은 물론 기업들도 마찬가지였죠. 대표적인 보기들을 보면,

- 쇼와기린맥주: 당시 관리인이었던 박두병에게 불하되어 두산그룹 OB맥주가 됨
- 삿포로맥주: 명성황후의 인척 민덕기에게 불하되어 조선맥주가 됨(1998년 하이트맥주로 상호 변경)

- 조선유지(油脂) 인천공장 조선화약공판: 당시 직원이었다가 관리인이 된 김종희에게 불하되어 한화그룹의 모태가 됨
- 고레카와 제철소(삼척): 해방 후 삼화제철로 상호 변경되며 장경호에게 불하되어 동국제강이 됨
- 조선제련: 구인회에게 불하되어 락희화학(후에 LG화학)이 됨
- 조선연료, 삼국석탄, 문경탄광: 김수근에게 불하되어 대성그룹의 모태가 됨
- 아사노 시멘트 경성공장: 김인득에게 불하되어 벽산그룹이 됨
- 경성전기, 남선전기, 조선전업: 해방 후 합병되어 한국전력이 됨
- 선경직물: 공장의 생산 관리 책임자이던 최종건에게 불하되어 SK그룹의 모태가 됨
- 경기직물, 조선방직: 대구에서 비누 공장을 운영하던 김성곤에게 불하되어 쌍용그룹의 모태가 됨
- 주가이제약: 서울사무소 관리인에게 불하되어 현 중외제약이 됨
- 조선미곡창고주식회사: 해방 후 한국미곡창고주식회사, 후에 대한통운이 됨
- 조선중공업주식회사: 해방 후 대한조선공사, 후에 한진그룹에 편입되어 한진중공업이 됨
- 조선생명: 이병철에게 불하되어 삼성생명이 됨
- 미쓰코시백화점 경성점: 이병철에게 불하되어 신세계백화점이 됨
- 나가오카제과: 직원이던 박병규 등에게 불하되어 해태제과합명회사가 됨
- 도요쿠니제과: 해방 후 풍국제과, 1956년 동양제과(오리온)에 합

병됨

(이상 이대근,『귀속재산 연구』, 숲, 2015, 682쪽 간추림)

어마어마하죠? 오늘날의 대기업 대부분입니다. 이 기업들이 지금도 우리나라를 떠받치고 있습니다. 그 영향이 작다 할 수 있을까요?

해방 이후에는 한국과 일본이 경제, 과학, 기술 분야에서 협력한 사례가 많습니다.

가장 성공적인 협력 사업으로 포항제철소 건설 프로젝트가 꼽히죠. 원래 포항제철소 건설은 미국과 유럽 등 5개국 8개 회사의 컨소시엄에서 세계은행의 지원을 받아 추진할 계획이었습니다. 그러나 세계은행이 타당성이 없다는 판단을 내려서 당초 계획이 무산되고 결국 일본이 그 일을 모두 떠맡게 되었습니다. 야하타제철(지금 신일철주금)을 중심으로 일본 철강사들이 기술 협력을 하고, 소요 자금은 청구권 자금으로 댔습니다. 결과는 아시다시피 대성공이었죠.

한국 인스턴트 라면의 시작은 삼양식품의 삼양라면이었지요. 창업자 전중윤 회장이 일본 묘조식품의 기술을 1963년에 전수받으면서 시작됐습니다. 지금은 고인이 된 오쿠이 사장은 "미군이 내다버린 재료들로 꿀꿀이죽을 먹는 국민에게 더 좋은 음식을 제공하고 싶다"는 전중윤의 열정에 감화되어 무상으로 제면 기술을 제공했다고 합니다.

자동차는 현대는 미쓰비시, 기아는 마쓰다와 각각 기술 제휴로 고유 모델을 개발해 양산까지 하는 데 성공했습니다.

이런 이야기는 말하지 않고 그저 일본과 적대적이었던 역사만 강조하며 정치적 이득을 얻는 이들이 분명 존재합니다. 이런 반일 감정이 표가 되니까요. 후쿠시마 처리수 방류를 보세요. 1년 전에 그렇게 난리였지만 검사 결과 기준치 이상의 방사능 검출은 전혀 없었습니다.

이미 많은 교류를 하며 힘을 합쳐 발전하고 있는 한일 관계를 떼어놓아서 한미일 공조를 약화시키고 표만 얻는 이들을 우리가 따끔하게 심판해야 하지 않을까요? 적대적 역사만 기억하지 말고 자유민주주의 시장 경제를 추구하는 국가끼리 미래 지향적인 발전 관계를 유지하는 것이 좋지 않을까요?

제 4 부

현대사
바로 보기

13

호남은 원래 보수 우파의 본산

호남

'좌향좌'의 과정

역사 공부를 해 보니, 영·호남으로 나뉜 지금의 정치 지형이 건국 때부터 쭉 이어진 것으로 알고 있던 제 상식이 틀렸다는 것을 알게 됐습니다.

호남 지역의 여순 사건이 유명하지만, 건국 직전 미 군정의 정책들에 반대해 좌익이 주도해 일으킨 대구 10·1 사태는 훨씬 심했습니다. 대구를 포함한 경상북도에서만 136명이 사망하고 5,000명이 체포됐지요.

대구는 한때 '반도의 모스크바'라고 불리기까지 했지요. 1956년 제3대 대통령 선거에서 대구시민들은 진보 성향의 조봉암을 73퍼센트나 지지했고 이승만은 23퍼센트 정도에 그쳤는데, 거꾸로 전라남도는 이승만을 72퍼센트나 지지하고 조봉암은 25퍼센트에 그쳤습니다.

공화당 박정희와 민주당 윤보선이 대결했을 때도 호남은 박정희를 60퍼센트나 지지했습니다. 김대중은 처음에 고향 목포(신안)에서도 낙선

했을 정도로 비중 없던 정치인이었고, 후에 극적으로 민주당의 대선 후보가 되며 박정희와 맞서 선전했을 때도 호남을 완전히 장악하진 못했죠.

5·18의 참극이 일어난 다음 해인 1981년 11대 총선에서는 전두환의 민정당이 전남 20석 중 10석, 전북 14석 중 7석, 그다음 1985년 12대 총선에서는 전남 22석 중 11석, 전북 14석 중 7석을 가져갔습니다. 50퍼센트는 민정당이 가져갔던 것이죠. 5·18만으로 이런 정치지형이 만들어진 것이 아니라는 것입니다.

즉 지금의 정치 지형은,

> 1987년 대선을 거치며 TK는 노태우, PK는 김영삼, 호남은 김대중, 충청은 김종필이 장악

> 노태우·김영삼·김종필의 3당 합당으로 호남이 고립되며 본격적인 호남 차별과 왜곡과 비하 시작(예: 서울 하숙집에서 전라도 출신 안 들임)

> 그 반작용으로 김대중을 메시아로 추앙하는 호남 민심 강화, 5·18의 서사도 '자유'가 아닌 '민주·민중' 일변도로 윤색되어 감

> 김영삼에 한 번 더 패배한 김대중이 IMF 사태와 이인제 탈당 표 분산 및 DJP 연합으로 정권 창출

▼

임종석, 이인영 등 NL 운동권 출신 인재들 수혈하며 보수적이던 민주당의 색깔이 확 달라짐

▼

부마항쟁의 상징성을 가져올 수 있었던 노무현을 내세워 PK 공략하고 행정수도 이전으로 충청을 공략해 노무현 정권 재창출

▼

그러나 전북 순창 출신 정동영이 이명박에 더블 스코어로 깨지자 이후 '얼굴마담' 대통령은 경상도 출신을 내세우는 전략 수립

▼

잠시 멀어졌던 PK 운동권이 노무현의 자살로 다시 결집하며 문재인을 옹립

▼

민주당 내 중도 보수 세력이 안철수와 국민의당 창당하지만 대선에서 문재인에 패하며 지리멸렬하며 호남의 보수 세력의 씨가 마름

▼

문재인 정권 실패로 정권 교체

'호남 좌향 좌'는 이런 과정을 거치며 35년 동안 서서히 형성된 것입니다. 원래는 농촌 특유의 보수적 성향을 가지고 있던 호남이 급기야 진보당 강성희까지 뽑아 주는 안타까운 상황까지 오게 된 것이죠.

이런 역사적 흐름을 보고 나니, 그렇다면 호남은 어떻게 원래 보수 우파의 본산이었는지 궁금해졌습니다.

더 공부하다 발견한 인물이 바로 전북 고창 출신 인촌 김성수 (1891~1955), 그리고 그와 함께한 호남 출신 정치인들입니다. 김성수를 비롯한 호남의 인재들이 일제 말과 건국 초에 있었기에 대한민국은 식민지를 겪은 다른 나라들처럼 산업화와 민주화에 실패하거나 포퓰리즘에 무너지거나 쿠데타가 빈발하지 않고 세계사적으로 예외적인 성공을 거둘 수 있었던 겁니다.

호남의 인재들이 호남의 너른 들판에서 일군 부를 기반으로 일제 시대에는 민족의 실력을 키우며 독립운동을 지원하고, 자유 민주주의 대한민국의 건국을 주도해 진정한 독립, 즉 스스로 일어서는 역사를 일군 드라마를 한번 들여다볼까요?

독립운동과 건국을 주도한
호남의 정치인들

김성수는 1891년 전라북도 고창의 부농 집안의 아들로 태어나, 후사가 없던 큰아버지의 양자로 입적됐습니다. 어린 시절 고창과 담양을 오가며 평생지기 송진우, 백관수를 알게 되는데 이 셋은 훗날 호남 삼총사라 불렸죠.

왼쪽부터 송진우 백관수 김
성수 김준연 김병로
일러스트 - 이철원

　당시 대한제국은 민비 시해(1895)에 이어 외교권까지 빼앗기는(1905) 치욕을 당하며 망해 가고 있었습니다. 호남 삼총사는 비분강개하여 대책을 강구하다 결국 '부강해진 일본을 배워 민족의 실력을 키워야 한다'는 결론을 내고 일본 유학을 결정합니다. 하지만 장손을 적국에 보낼 수 없다며 집안 반대가 심하자 김성수는 18살에 어른들 몰래 송진우와 함께 도쿄로 향하는 배에 올라탑니다.

　일본에 정착 후 양부와 친부를 초대하여 앞서가는 일본의 발전상을 보여 주고 일본을 배워야만 하는 유학의 정당성을 승낙받아, 1910년 와세다대학에 입학해 정치경제학을 공부했습니다.

　당시 일본에서는 호남 삼총사 외에 초대 대법원장이자 김종인의 조부인 순창 출신의 김병로, 임시정부에서 독립운동을 하고 이후 민주당 대표가 되는 신익희, 독립운동가이자 국무위원을 역임한 조소앙, 광복군 총사령 지청천, 초대 육군 참모총장 이응준, 역사학자이자 대문호 최남선, 독립운동가이며 유력 정치인인 조만식, 동아일보 부사장을 거쳐 한민당의 브레인 역할을 하는 장덕수 등, 훗날 독립과 대한민국 수립에 지대한 역할을 하는 기라성 같은 인재들이 수학하고 있었습니다.

김성수는 고향에서 받은 돈을 형편이 어려운 유학생들과 나눠 쓰며 함께 공부했다고 합니다. 호남인들이 일군 부가 대한민국의 인재를 키운 겁니다.

1914년 유학을 마치고 귀국한 김성수는 독립을 이루려면 먼저 민족을 교육시켜 실력을 향상시켜야 한다는 일념으로 학교 설립을 추진합니다. 민족의 영산 백두산에서 이름을 따 '백산학교' 설립을 신청하지만, 일제가 불온하다며 불허했지요.

김성수는 이에 굴하지 않고, 경영 악화에 빠진 중앙학교(현 중앙고등학교)를 인수합니다. 공부만 한 25살 청년이 돈이 어디서 났을까요? 친아버지에게 돈을 구해 보지만 아직 어린 나이를 이유로 반대하자 단식 투쟁까지 하며 결의를 보입니다. 결국 양부인 큰아버지가 고창의 비옥한 땅 3,000두락을 팔아 자금을 대 주어 중앙학교를 인수합니다. 교장은 호남 삼총사 송진우가 맡아 민족 인재 육성의 산실 역할을 해냈습니다.

김성수의 꿈은 거기서 멈추지 않았습니다. 유럽과 미국의 유명한 대학들을 답사한 뒤 민립 대학 설립에 뛰어든 것이지요. 하지만 배일사상을 고취할까 두려워한 일제는 경성제국대학(현 서울대)을 설립한 뒤 조선에는 더 이상의 대학 설립이 필요 없다며 추가 설립을 모두 중지시켜 버립니다.

이번에도 김성수는 굴하지 않고 다시 양부와 생부를 설득해 추가로 땅을 팔아 자금을 마련하지만, 그래도 부족하자 이번엔 추수한 쌀 5,000석을 팔아 결국 1932년 보성전문(현 고려대)을 인수해 경성제대에

태극성 로고가 있는 경성방직의 광목 신문 광고. "우리가 만든 것 우리가 쓰자" "광목은 태극성" "조선 사람 조선 광목" "우리 손으로 맨든 광목"

버금가는 대학으로 키워 냅니다. 보성전문에서는 조선어와 한국사를 필수 과정으로 정해서 우리 문화의 맥이 끊기지 않게 하는 데 큰 역할을 했습니다.

학교가 기틀을 잡아 가자 이번에는 민족의 생활 향상을 이끌어 낼 제품을 만들 기업 설립에 뛰어듭니다. 당시는 한복에서 양복으로 의생활이 바뀌어 가면서 방직물 수요가 폭증하던 시기였습니다. 하지만 우리 민족이 설립한 방직 회사가 없어 일본 기업이 폭리를 취하고 있었지요.

김성수는 '우리 옷은 우리 손으로'라는 호소력 있는 슬로건을 내세우며 우리 역사 최초로 회사 설립을 위한 주식을 발행했지만 역시 자본금이 부족했습니다. 이번에도 양부와 친부에게 부탁해 자금을 지원받고, 교토제국대학에 유학한 수재이자 훗날 삼양그룹을 창업하는 동생 김연수의 도움까지 받아 1917년 경영이 어려워진 경성직뉴(織紐)를 인수하고, 기술자들을 영입해 1919년 경성방직을 창립했습니다. 태극성(星)이라는 다분히 민족적인 로고를 적극 사용하며 일본 기업 제품에 뒤지지 않는 옷을 싼값에 생산해 냈고, '별표 고무신'도 출시해 민족의 의생활에 획기적인 변화를 이끌어 냈습니다. 대규모 공장에서 많은 일자리를 창출해 민족 경제 발달에도 이바지했음은 물론이지요.

삼성도 아직 쌀가게에 불과하던 당시 경성방직은 민족 기업 중 타의 추종을 불허하는 재계 서열 1위 기업이었습니다. 춘원 이광수는 1935년에 "공업에서 경성방직 발전은 뒤에 오는 대군(大軍)의 척후임이 확실하다"고까지 찬탄했지요. 대군이란 훗날 만개할 한국의 기업과 자본주의이고, 경성방직을 그 선두에 서서 이끄는 척후에 비유한 겁니다.

교육과 사업에서 어느 정도 결실을 이루고 이번엔 언론 사업에 뛰어듭니다. 일제가 식민 통치의 정당성을 선전하는 데 신문을 이용하는 것을 보며 안타까움을 느껴 우리 민족을 대변하는 정론지가 필요하다고 생각했기 때문입니다.

아직 일제강점기 초기이던 당시 조선에 일본 신문은 26개나 있었지만 한국인이 운영하는 신문은 총독부 어용 신문인 〈매일신보〉뿐이었지요. 이에 김성수는 전국을 다니며 언론사를 설립할 주주를 모집합니다. 그러나 민족 언론사의 주주가 된다는 것 자체가 일제에는 독립운동을 하는 것으로 인식되어 참여가 저조했습니다.

하지만 김성수는 올바른 길 앞에서 포기를 모르는 남자였습니다. 동생 김연수에게 3만 원을 얻어 쓰고도 모자라 결국 또 양부에게 부탁해 2만 5,000원을 받아 1920년 〈동아일보〉를 창간하고, 이번에도 호남 삼총사 백관수와 송진우에게 번갈아 사장을 맡겼습니다.

〈동아일보〉는 1936년 베를린 올림픽 마라톤에서 우승한 손기정의 일장기 말소 사건 등 민족 정론지로서 역할을 다했습니다. 이런 활동에 일제의 탄압은 당연했지요. 기사 삭제 4번, 발매·반포 금지 12번, 게재 중지

1번, 무기 정간 4번을 당한 끝에 결국 1940년에 강제 폐간되었습니다.

김성수가 이번엔 포기했을까요? 아닙니다. 1945년 해방을 맞자마자 〈동아일보〉를 복간시키고 대한민국의 정론지로서 역할을 이어 나갑니다.

김성수는 독립운동 후원에도 앞장섰습니다. 독립운동가를 만날 때면 항상 안방 금고를 열어 둔 채 혼자 먼저 방을 나와 독립운동가가 돈을 가져갈 수 있게 했다는 일화는 유명합니다. 그가 세운 중앙학교의 숙직실은 민주 공화정 대한민국의 시작을 알린 3·1운동을 계획하는 민족운동가들의 정보 교환 및 계획 모의, 집합 연락, 담론 창출의 요람이었습니다.

뿐만 아니라 김성수는 상하이임시정부 청사에서 안창호를 만나 외교 투쟁을 하던 이승만에게 자금을 조달했고, 무력 투쟁의 선봉에 선 김좌진 장군에게도 4만 원을 후원했으며, 1922년 물산장려운동과 1926년 6·10 만세운동, 1927년 신간회 창설, 그리고 조선어학회의 활동에도 배후에서 아낌없는 도움을 주었습니다.

그리고, 해방의 날이 찾아왔습니다. 당시엔 38선 이북을 소련과 김일성이 장악하고, 남쪽마저 여운형의 조선건국준비위원회가 결성되는 등 좌익 세력이 커져 가고 있었습니다. 일제의 창씨개명 등의 협력 요청을 피해 칩거해 있던 김성수는 평생의 동지이자 우익 민족 진영의 대표 지도자로서 한국민주당을 이끌던 송진우가 암살당하자 한국민주당의 대표로서 백관수와 김병로, 조병옥, 윤보선과 함께 대한민국의 중추 세력을 형성해 나갑니다. 반대파의 암살 시도를 9번이나 겪는 등 좌익의 테러에 굴하지 않고 호남 삼총사 송진우, 백관수와 김병로, 조병옥, 윤보선과 함께 우익 민족주의 계열 한국민주당을 창당해 대한민국의 중추 세력을 형성합니다. 미 군정 3년 동안 한국인으로서 기관장을 맡은 사람들은 거의 다 한민당 사람들이었으니, 건국 전 우리나라의 첫 여당인 셈이죠.

그 혼란스러운 시기에 한민당이 중심을 잡아 대한민국을 탄생시켰습니다. 이승만, 김구 등 독립운동가들이 활동할 공간과 비용을 대 준 것도 그들이었습니다.

한민당은 임시정부의 법통을 잇는다는 의미에서 처음에는 김구를 지지했으나, 김구가 김일성과 공산주의자들의 꾐에 빠져 남북 협상을 추진하자 과감히 지지를 철회하고 남한만의 단독 선거를 진행시켜 남한의 공산화를 막았습니다.

그리고 김성수는 고려대 법대 교수 유진오, 한민당의 김준연 같은 사람들을 자택의 사랑방에 모아 새 헌법을 만듭니다. 바로 대한민국 제헌헌법이죠.

김성수는 나라에 필요한 일이라면 자신의 기득권도 과감하게 버리는 겸양의 정치를 보여 줬습니다. 김성수의 그늘 아래 이름뿐인 대통령이기 싫었던 이승만은 5·10 총선거에서 자신의 지지 세력을 모아 대한독립촉성국민회를 만듭니다. 믿었던 이승만에게 배신당한 와중에도 김성수는 의회 민주주의의 정착을 위해 친 이승남 파인 평안도 출신 이윤영 목사에게 "월남한 이북 동포의 의사를 대변할 정치인이 필요하다"며 자신의 지역구를 양보합니다.

초대 농림부장관 조봉암이 농지개혁법을 입안하고 대지주들의 경제적 토대를 완전히 몰수하려 할 때도 과감히 찬성 의견을 밝히며 협조합니다. 당시 지주들은 토지 개혁에 결사적으로 저항하려 했지만, 최대 지주였던 김성수가 지주들을 설득합니다.

"이제는 토지 자본의 시대가 아닌 산업 자본의 시대다."

그 결과 1950~60년대 한국의 토지 소유 평등지수는 세계 1위였습니다. 세계은행은 2003년 정책 연구 보고서를 통해, 건국 초기 토지 분배 상태가 평등할수록 GDP 성장률이 높다는 분석을 내놓았습니다. 바로 대한민국이 그 보기죠. 브라질의 룰라 전 대통령은 브라질의 빈곤 원인을 "한국은 1950년대에 토지 개혁을 했지만 브라질은 아직도 이를 하지 못하고 있기 때문"이라고 진단했습니다. 100여 개 가문이 국토의 절반을 소유한 필리핀은 아직도 토지 개혁을 하지 못하고 있지요.

김성수의 희생 덕에 대한민국은 전근대적 지주제의 잔재를 일소하고 근대 국가로서 힘찬 출발을 할 수 있었고, 6·25 전쟁 때 '지켜야 할 나의 것'이 생긴 국민이 용감히 싸울 원동력을 마련해 주어 다시 한 번 대한민국 공산화를 막았습니다.

이렇게 김성수를 비롯, 호남 출신으로 건국 초 나라를 이끌던 리더들은 보수 우파였고, 이들의 정책을 통해 소작농이 특히 많았던 호남 지방에서 자신의 땅을 갖게 된 이들이 많아지게 되면서 호남은 보수 우익의 본산이 됐습니다.

이런 공적을 인정받아 김성수는 화합의 리더십이 절실하던 6·25 전쟁 때 부통령으로 추대됩니다. 부통령으로서 공무원 비리의 원인이 되었던 열악한 공무원 처우 개선 및 복지 정책 개선에 앞장서지만, 이승만의 부산 정치파동과 발췌 개헌에 분노하며 부통령 자리를 박차고 나와 투쟁하다 1955년 사망합니다.

그런 김성수 곁에 호남의 인재들이 함께했습니다.

전남 담양 출신 송진우(1890~1945)는 호남 정치인 그룹의 '행동대장' 이었습니다. 김성수는 오히려 뒤에서 든든한 지원을 해주는 역할을 했지요. 송진우는 메이지대를 졸업하고 돌아와 중앙학교의 교장이 되어 호남의 인재를 키우고 3·1운동과 물산장려운동을 주도했습니다. 1927년 동아일보의 사장을 맡고 나서 문맹퇴치운동을 이끌었고 손기정 선수의 일장기를 지운 사진을 신문에 게재해 총독부의 압력으로 자리에서 물러났습니다.

2차 세계대전 패망이 다가오자 일제는 한민족의 지도자 송진우에게 정권을 넘기고 한반도에 거주하는 일본인들이 안전하게 본국으로 귀환할 수 있도록 해 줄 것을 타진했지만 송진우는 "임시정부가 중심이 돼야 한다"며 한사코 거절하고, 해방 후 이승만과 김구 등 임정 요원들이 환국했을 때 그들에게 든든한 지원을 해 줬습니다.

여운형 등 좌익 세력이 중심이 되어 건국준비위원회를 만들며 '조선인민공화국'을 선포하자 송진우는 우익 세력을 규합해 '국민대회준비회'를 조직하고 한국민주당을 창당합니다. 한민당에는 미국과 소통이 가능한 엘리트들이 많았기에 미 군정기 실질적인 여당 역할을 맡지요. 환국했던 이승만도 독자적으로 세력을 키워 보려다 실패하고 송진우를 지원했을 정도입니다.

그렇게 한반도의 공산화를 막고 독립 국가를 건국하려던 실질적인 대통령 송진우도 신탁통치가 결정되고 거센 반대 여론이 들끓는 상태에서 "침착하게 정세를 바라보자"는 주장을 했다가 극렬분자의 총에 사망하고 말지요.

전북 고창 출신 백관수(1889~1961?)는 메이지대 법대를 졸업하고

1919년 2월 도쿄에서 조선청년독립단을 조직하고 독립선언서를 발표하여 경찰에 체포돼 1년간 복역했습니다. 중앙학교와 조선일보·동아일보에서 근무하다 제헌 국회의원이 되어 헌법을 기초했고 6·25 때 납북되었습니다.

전북 순창 출신 김병로(1887~1964)는 메이지대 법과대학을 졸업하고 고등문관시험에 합격해 변호사가 된 뒤 독립운동가와 법에 무지한 조선 민중을 무료로 변론해 '민족 인권변호사'로 불렸습니다. 좌우 합작 독립운동 단체인 신간회의 위원장이 되어 독립운동을 주도했고 대한민국 건국 후에는 초대 대법원장을 지냈지요. 김종인 씨가 그 손자입니다.

전남 영암 출신 김준연(1895~1971)은 도쿄대와 베를린대에 유학하고 조선일보 모스크바 특파원을 역임한 뒤, 송진우와 함께 국민대회준비회와 이어진 한국민주당을 조직하고, 대한민국 헌법 기초위원으로서 헌법 초안을 만들었습니다. 한민당 측이 제안한 내각제를 이승만이 완강히 반대하자 대통령제와 내각제를 절충한 안을 만든 이가 바로 김준연이었습니다.

뿌리를 부정하는
좌파 민주당

이렇게 민족의 실력을 키우고 독립운동을 하고 나라를 건국하는 데 중심적인 역할을 한 호남의 인재들을 보다가, 국회 일정 중 본인의 코인 투자에 열성이었던 김남국, 공적인 회의에서 '딸딸이'라는 비속어를 쓰고 출판 기념회 자리에서 '설치는 암컷' 발언을 한 최강욱, 민생에 피해를 주는 '검수완박'(검찰 수사권 완전 박탈)을 통과시키려 꼼수 탈당한 민형배 등 요즘 활동하는 호남 출신 민주당 정치인들을 보면 한숨이 나옵니다. 호남인이 주도해 건국한 대한민국을 무너뜨리려고 하는 북한에 비자금을 보내고, 비리 의혹 정치인을 위해 방탄 국회를 여는 정당에 호남이 압도적인 지지를 보내는 현실은 또 얼마나 안타까운가요?

지금의 민주당은 김성수와 송진우가 조직한 한국민주당을 모태로 하고 있습니다. 이후 북한에 대해 비판적이던 이철승과 김영삼이 떨어져 나가 노태우·김종필과 힘을 합치고, 남은 김대중이 재야 및 운동권 인사들을 대거 받아들이면서 지금 모습이 되었죠.

그런 민주당과 좌파들이 '원조 민주당' 김성수를 친일파로 몰아 인촌로라는 길이름을 '고려대로'로 바꾸고 건국훈장을 박탈해 버렸습니다. 심지어 일부 고려대생들은 고려대 교정의 김성수 동상을 뽑아 버리려 했지요. 최고 명문 고려대에 다니며 좋은 교육과 명예는 다 누리면서 그 학교를 고생해서 일군 김성수를 지우겠다니, 이 얼마나 배은망덕하고 몰상식한 짓이랍니까!

김성수는 이승만 정부 시절 진행된 반민특위에도 회부되지 않았습니다. 오히려 국부(國父)로서 부통령에 추대됐지요. 그런데 노무현 정부에서 추진된 친일반민족행위 진상규명 보고서의 『친일인명사전』에 들어갑니다. 학도병 참전을 권고하고 여러 친일 단체의 이사 및 창립발기인으로 활동했다는 겁니다.

가당치 않은 이야기입니다. 김성수는 당시 민족의 스승이자 재계 1위 기업의 창업자였습니다. 당연히 일제의 감시 대상 1호였지요. 유명 조선

인사의 참여가 필요한 성명을 발표할 때마다 김성수의 이름을 일제는 허락도 없이 갖다 썼습니다. 김성수는 온갖 압력에도 끝내 창씨개명을 하지 않았습니다. 이랬던 그가 보성전문, 동아일보, 경성방직, 중앙고등학교 등 자신에게 딸린 식솔만 수만 명인데 이들의 삶을 모두 무너뜨리고 총이라도 쐈어야 한다는 겁니까?

만약 김성수가 친일파였다면 임시정부 내무부장 출신 신익희(초대 국회의장), 항일 변호사 김병로(초대 대법원장), 2·8 독립선언의 주역 백관수 등 쟁쟁한 항일 지사들이 해방 후에 김성수와 정치 행보를 함께했을까요? 그리고 조선어학회 사건으로 혹독한 고초를 겪은 학자들이 김성수를 "왜정의 모진 바람을 막아 준 계동에 계신 철의 기둥"(최현배), "이 땅에 태양이신 스승님"(이희승), "온 겨레 마음의 별"(조지훈)이라며 추앙했을까요? 그리고 김성수가 정말로 학병 권유를 하고 다녔다면 왜 보성전문 학병 지원율이 압도적으로 꼴찌이고, 학병을 다녀온 이철승이나 김준엽 총장 등이 자기들을 학병에 내몬 김성수를 하늘처럼 추앙했을까요?

오히려 일본 중의원 출신 악질 친일파였던 박춘금이 관동대지진 일어났을 때 조선인을 색출해 테러를 가하자 김성수와 송진우가 이끌던 〈동아일보〉는 이를 비판하는 성명을 냈고 이에 박춘금은 일제에 협력하지 않는 김성수와 송진우를 납치하여 포박하고 구타하고 오물을 끼얹었습니다. 이래도 김성수가 친일파인가요?

이것은 대한민국을 친일파들이 건국한 나라라고 왜곡하며 건국의 정당성을 훼손시키는 반(反) 대한민국 세력의 작전입니다. 해방 후 한반도 공산화에 김성수가 가장 큰 걸림돌이 되자, 박현영을 비롯한 대한민국 타도 세력들이 조직적으로 퍼뜨린 것이지요. 단언컨대 이것은 역사 바로 세우기가 아니라 역사 파괴 운동이며 못난 자기 부정에다 한심한 정신적 퇴행일 뿐입니다.

해방이 됐다고 다 스스로 나라를 세우는 건 아닙니다. 팔레스타인 보십시오. 한때 오스만 튀르크에 속해 있다가 영국의 지배하에 들어갔다가, 연합국의 힘을 받은 유대인들이 팔레스타인 땅에 나라를 세워 버리자 막상 팔레스타인인들은 아직도 나라가 없습니다. 쿠르드족은 인구만 3,000만 명인데 아직도 독립을 못 하고 있습니다. 주변 나라의 간섭을 물리칠 힘, 즉 사람의 힘이 부족하기 때문입니다.

언론을 통해 우리 민족 문화를 지키고, 교육을 통해 우리 인재를 기르고, 기업을 통해 민족 자본을 육성하고, 해외 독립운동가에게 자금을 지원해 주고, 마침 해방이 되었을 때 활동할 공간을 양보하는 것. 김성수가 한 이 일이야말로 진정으로 대한민국이 스스로 일어설 수 있게 하는 '독립' 운동 아닙니까?

저는 김성수를 비롯한 호남 출신 정치인들에 호남인들 자신부터 자부심을 가졌으면 좋겠습니다. 그리고 제발, 호남인들이 건국한 대한민국을 해치려는 세력을 호남인들이 지지하지 말았으면 좋겠습니다.

14

신군부 시대와 5·18

신군부 시대는 과연
암흑기였을까

　　　　　독립과 자유 대한민국 건국을 호남 출신 인재들이
이끌었다는 사실을 알고 제 고향 호남에 더 큰 자부심을 갖게 됐습니다.
　그 자부심이 있으니 과거의 아픈 기억도 담담하게 바라볼 수 있게 되
었지요. 예전이라면 전두환, 노태우 이름만 나와도 5·18의 붉은 아픔이
떠올라 무턱대고 저주를 퍼부었던 저였지만, 용기를 내어 신군부 시절
이후의 역사도 공부해 봤습니다. 현재는 모든 과거가 모여 만든 것이니
까요.
　그 시대의 역사를 공부해야겠다고 다짐한 계기는 바로 30년 전 TV 예
능 프로의 한 장면입니다. SBS에서 방영됐던 '알뜰살림장만퀴즈'인데,
연말 마지막 '왕중왕전' 상품이 무려 여의도 아파트 1채입니다. 요즘 서
울, 그것도 여의도에 아파트 한 채 가지려면 평생 벌어도 힘들 지경인데,
방송에 나와 퀴즈 잘 맞추면 아파트를 준다는 겁니다. 도대체 얼마나 경

기가 좋고 집값이 쌌기에 그런 프로가 제작될 수 있었을까요?

그뿐이 아닙니다. 캠퍼스의 낭만은 고사하고 1학년 때부터 스펙 전쟁에 뛰어들어도 취직이 안 돼 아우성인데, 그때는 대기업들이 학생들을 경쟁적으로 데려가려고 캠퍼스에 입사 원서를 뿌려 댔다죠.

"그거 다, 운 좋게 3저 호황(약달러, 저유가, 저금리) 맞아서 그런 거야."

이렇게 넘겨 버리는 말이 오히려 솔깃했습니다. 쿠데타로 권력을 잡아 민주주의를 후퇴시키고 무엇보다 제 고향 광주에 큰 아픔을 준 전두환과 노태우에 대해선 당연히 부정적으로 생각했으니까요.

하지만 막상 병원에서 일을 해 보니, 스스로 준비돼 있지 않으면 운이란 게 아무 소용없더라고요. 제가 너무 현실 정치만 보고 그 시대를 '암흑기'로만 평가한 것은 혹 아니었는지 의구심이 들기 시작했습니다. 그래서 그 시대를 공부하기로 한 거죠.

맨 먼저, 구조 개혁에 성공한 점이 눈에 띄었습니다.

전두환 정권이 출범한 1980년은 2차 오일 쇼크로 물가가 치솟고 재정 적자와 외채 증가에 중화학공업 과잉 중복 투자 문제까지 겹쳐 경제성장률이 떨어지는 위기 상황이었습니다. 청와대 경제수석비서관 김재익은 오르는 물가를 잡기 위해 근로자 임금과 추곡 수매가를 묶고 예산까지 동결한 다음, 수입 자유화를 추진해 보호받던 국내 기업의 경쟁을 유도하고 독과점을 막기 위해 '공정거래법'을 제정했습니다. 자본 시장을 개방해 재일 교포 자본이 참여한 신한은행, 한미 자본 합작 은행인 한미 은행이 세워졌습니다. 지금은 당연해 보이지만 당시엔 매국노 취급을 받았지요. 정권이 흔들릴 수도 있는 인기 없는 구조 개혁에 주변의 반대가 심했지만 전두환은 "경제는 당신이 대통령이야"라며 김재익을 전폭

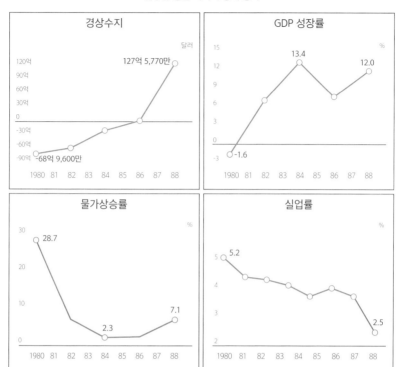

전두환 정권 시기의 경제 성과

경상수지

달러
127억 5,770만

120억
90억
60억
30억
0
-30억
-60억
-90억 -68억 9,600만

1980 81 82 83 84 85 86 87 88

GDP 성장률

%
15
13.4
12 12.0
9
6
3
0
-3 -1.6

1980 81 82 83 84 85 86 87 88

물가상승률

%
30 28.7
20
10 7.1
0 2.3

1980 81 82 83 84 85 86 87 88

실업률

%
5 5.2
4
3
2 2.5

1980 81 82 83 84 85 86 87 88

지원했습니다.

　결국 물가가 잡히고 만성적 무역 적자도 흑자 구조로 바뀌고, 연평균 10퍼센트 이상 경제성장률을 기록하며 중산층이 두터워졌습니다. 정부의 과도한 재정 지출을 잡으니 대한민국 건국 이래 최초의 흑자 정부가 탄생한 것이지요.

　미래 과학 기술에 투자한 것도 인상적이었습니다. 과학기술비서관 오명에게 '전자산업 육성 대책반'을 맡겨 통신·전자·반도체 같은 첨단 산업 인프라 구축을 시도했습니다. 자금과 기술력이 모자랄 때니 당연히 주변 반대가 심했죠.

전두환은 일본에 "한국이 공산 세력으로부터 일본을 지켜 주고 있으니 안보 경협 자금 100억 달러를 내라"고 요구해 결국 40억 달러를 받아 내고 반도체 생산 장비의 수입 허가도 이끌어 냈습니다. 이 자본과 기술을 바탕으로 반도체 개발에 투자할 수 있었지요. 또 당시 대일 적자가 심해 관세가 높았음에도 사업의 중요성을 들어 반도체 장비만은 수입할 때 관세를 면제해 주고, 수도권에 공장을 세울 토지 매입을 허가해 주는 등 지원을 아끼지 않았습니다. 이 한 발 앞선 투자가 오늘날 대한민국을 번영하게 만든 기술로 결실을 맺었습니다.

세계 최고 인터넷 강국 코리아의 위상도 5공 정부의 통신혁명이 바탕이었습니다. 1980년대 초만 해도 전화기 한 대 값이 집 한 채 값에 맞먹었다면 믿겨지시나요? 그렇게 비싼데도 회선이 모자라서 1980년대 말 현재 전화 개통을 신청해 놓고 번호를 받지 못한 신청자가 60만 명이었다고 합니다. 당시 선진국에만 있던 전(全)전자식 교환기(TDX) 개발에 뛰어든 정부는 4년 만에 세계 10번째로 국산화에 성공하고, CDMA(코드 분할 다중 접속) 교환기까지 개발함으로써 오늘날 모두가 휴대전화기를 갖는 세상을 열었습니다.

'우민화 정책'이라 평가받던 '3S'(스크린, 스포츠, 섹스) 정책도 다시 보게 됐습니다. 사실 우민화라는 단어 자체가 국민과 해당 분야 종사자를 모욕하는 단어죠. 영화와 스포츠 즐기고 야한 영상물 좀 본다고 국민이 멍청해지는 게 아니지 않습니까? 성 묘사에 대한 검열을 완화하고 대중 문화와 스포츠를 활성화한 건 사회 문화적 자유화 요구를 수용한 자연스러운 흐름이었습니다. 또 3S 정책으로 미디어 산업과 스포츠 산업이 비약적으로 발전해 일자리를 창출했습니다. 뭐가 잘못된 정책인가요?

"시장 경제 하면
민주화는 따라온다"

1987년의 6·10 항쟁으로 직선제 개헌이 이뤄졌지만, 경제 성장의 공을 긍정적으로 평가했기 때문일까요, 국민의 선택은 노태우였습니다.

노태우 정권은 북방 외교, 평시 작전권 회수, 남북한 유엔 동시 가입 등을 추진해 성공시켰습니다. 그리고 '88 올림픽을 성공적으로 치르고, 인천국제공항과 서해안고속도로, 광양제철, 새만금 개발 등의 사업도 성공시켰습니다. 국민의료보험 및 국민연금 제도를 확대해 국민의 복지를 두텁게 했습니다. 이 시기에 '범죄와의 전쟁'을 추진해 선량한 시민들을 괴롭히는 건달들을 소탕했습니다. 그전엔 거리에서 장사하려면 건달들에게 자릿세를 내야 했는데 그런 게 없어진 겁니다.

그 시대엔 목숨 걸고 민주화 투쟁에 앞장선 분들도 있었지만, 이념을 떠나 민생 문제를 해결하려던 엘리트 관료들과 그들의 제안을 외압 안 받게 보호해 주며 추진케 한 리더들도 있었습니다. 무엇보다 가족을 위해 성실히 일한 국민들이 있었지요. 이 시기는 암흑기가 아닌, 모두의 노력으로 한강의 기적을 완성한 시대인 것입니다.

전두환 정권 초기 청와대 경제수석 김재익의 아들이 아버지에게 항의합니다.

"아버지는 왜 독재 정권에 협력하려 하십니까?"

"경제의 개방화와 국제화는 결국 독재 체제를 어렵게 하고, 시장 경제가 자리 잡으면 정치의 민주화는 자연히 따라온다. 아빠가 하려는 일이 바로 이것이다."

저도 김재익이 '독재에 협력'한 것이 아니라 '국가에 헌신'했다고 생각합니다. 얼핏 이율배반 같지만, 정치적 통제 아래 경제적 자율의 씨앗이 싹을 틔운 것이지요.

아픔과 차별을 겪어야 했던 고향 광주 어르신들의 마음을 알기에 이런 글을 쓰기가 매우 조심스럽고 또 죄송한 마음입니다. 하지만 갚을 수 없는 원한을 언제까지나 대물림할 순 없습니다. 지금 광주시민들이 진정 바라는 것도 과거를 딛고 일어나 성숙한 민주주의를 갖춘 부강한 나라를 만드는 것이라 생각합니다. 5·18 피해 유족들에게 사죄하러 온 전두환·노태우의 후손들이 환대받은 것도 그런 의미 아닐까요?

공과 과를 함께 담담히 바라보고 교훈을 얻어 지금 우리에게도 절실히 필요한 노동·연금 분야의 구조 개혁과 미래 과학 기술 투자를 통해 다시 성장 발판을 마련하길 기대해봅니다.

5·18 정신은
자유, 반공, 친미

아무리 전두환·노태우 정권의 공을 인정한다 해도, 5·18의 의미 자체를 부정하는 음모론에는 도저히 가만히 있을 수 없었습니다. 제가 우파로 전향하게 되면서 가장 힘들었던 부분이 바로 5·18 왜곡이었습니다.

1980년 5·18 시위 현장에 내걸린 '북괴는 오판 말라' 구호

아직도 5·18의 자유 민주주의, 반공, 친미라는 가치를 부정하고 그저 북한군의 소행이라고 믿는 분들이 많습니다. 그래서 굉장히 민감한 주제이지만 5·18의 진정한 의미와 오해와 음모론을 다뤄 보려 합니다.

먼저 5·18의 진정한 의미를 말씀드리면, 첫째, 5·18은 반공정신이었습니다. 매일같이 시위대들은 '북괴는 오판 말라', '반공전선 이상 없다'를 외쳤습니다. 시위 군중을 울분의 화산이 되도록 선동하는 사람들을 간첩으로 여겨 계엄군에게 끌고가 인계한 사람들도 시위대였습니다.

둘째, 시위대는 군부 정치를 거부한 것이었지 대한민국 헌정 자체를 거부한 것이 아니었습니다. 북한으로부터 대한민국을 지켜야 할 전방 사단의 병력을 빼서 쿠데타를 일으키고 집권한 정권에 대항해 헌법에 명시된 민주주의를 쟁취하려는 국민의 저항이었습니다. 자유 민주주의를 외쳤지, 인민 민주주의나 민중 민주주의를 외친 것이 아니었지요.

셋째로 친미적 성격입니다. 계엄군의 무력 진압이 시작될 때까지 도청을 사수하던 무장 시위대들은 북한군이나 소련군의 개입을 기다린 것이 아니라 부산항에 입항할 미 해군 엔터프라이즈호의 개입을 기다리고 있었습니다. 그 기다림은 수포로 돌아가고, 살육전과 함께 시위에 참가했던 이들에겐 '폭도'라는 단어가 붙여졌습니다.

그 참상을 겪은 운동권은 급격히 친북·민중·민주주의 세력들로 교체돼 버립니다. 비교적 온건한 자유주의 운동권이 "감상적 부르주아 사상에 입각한 저항이라 실패했다"는 평가를 받고 쫓겨난 것이지요.

그리고 "작전지휘권을 가진 미국이 국군 제20사단의 광주 진입을 용인했다"는 루머가 퍼지면서 반미적 성격이 더해집니다. 하지만 이는 사실이 아닙니다. 당시 20사단은 한미연합사에 들어가 있지 않아 미국에 통제 권한이 없었죠. 그러나 이미 운동권 내부에선 이 루머가 정설로 퍼져, 이후 각지의 미국 문화원을 점거하고 불을 지르는 사태가 벌어집니다.

이렇게 5·18의 왜곡된 가치를 독점한 운동권 인사들이 국회에 입성해 권력을 거머쥐면서 5·18은 완전히 '친북, 반미, 민중 민주주의'로 변질해 전승되고 있습니다. 5·18의 진정한 의미인 '자유, 반공, 친미'를 되찾아야 하는데, 운동권 출신 주류 정치인들에 염증을 느끼다 보니 사람들의 눈길은 엉뚱하게 5·18 자체를 부정하는 세력으로 향합니다. 1980년의 끔찍한 유혈 사태의 저주가 이번엔 "시위대는 다 북한군이었다"는 끔찍한 비하의 형태로, 새로운 저주로 탈바꿈한 것이지요.

음모론의
실체

새로운 저주에 편승한 음모론들을 몇 가지 볼까요?

먼저 '광수설'입니다. 광수는 5·18 당시 시위에 참여한 시민들을 북한 군으로 여기는 사람들이 부르는 단어인데, 한때 이 시위대들이 다 북한에 실존하고 있다는 음모론까지 나왔습니다. 그러나 이 음모론은 사진에 찍힌 당시 사람들이 밝혀지면서 완전히 거짓으로 드러났습니다.

사진에 찍힌 '1번 광수 김 군'은 광수도 김 군도 아닌 시민 차복환 씨였습니다. 네, 총과 무전기로 무장한 건 맞습니다. 그런데 차 씨가 전문 군인이나 다룰 수 있는 무전기와 기관총을 들었다고 하는 건 사실이 아닙니다. 기관총이 아닌 브라우닝 자동소총이었고 무전기도 특전사 급이 아닌 일반 보병 부대의 소대급 무전기였죠.

북한에도 5·18을 기리는 각종 글씨가 있다는 사실 또한 사실이 아닙니다. '룡성기업'에 있는 1만 톤짜리 프레스 기계에 '5·18청년호'라는 글씨가 있어서 이것이 광주 5·18을 기리는 것 아니냐는 얘긴데요, 그 실체는 〈로동신문〉에 나옵니다.

> 친애하는 지도자 김정일 동지께서는 1984년 5월 18일 룡성의 로동계급을 찾으시여 큰 프레스를 만드는 것은 나라의 위력을 시위하는 척도 (…) (《로동신문》 1991년 10월 22일자)

즉, '5·18청년호'는 김정일의 방문 일자인 1984년 5월 18일을 기린 명명입니다.

"5·18 북한군이라던 '광수'는 나"···42년만에 '김군' 찾았다

중앙일보 | 입력 2022.05.12 18:38 업데이트 2022.05.12 19:13

진창일 기자

북한군이라던 '광수 1번'은 시민

5·18민주화운동 당시 시민군 '김군' 당사자인 차복환 씨가 12일 서울 중구 5·18민주화운동 진상규명조사위원회에서 열린 대국민 보고회에서 당시 상황에 대해 설명하고 있다. 뉴스1

　　북한의 한 철도역에 '5·18 무사고 정시견인 초과운동'이라는 글씨도 있다고 합니다. 그 설명도 〈로동신문〉에 나오는데, 심지어 광주 5·18이 일어나기 한 해 전인 1979년 기사입니다.

　　　　당 중앙위원회 제5기 제18차 전원회의 결정을 빛나게 관철하기
　　　　위한 철도운수부문 수송전사들의 대중적 혁신운동인 5·18무사고정
　　　　시견인초과운동을 끝없이 격동 (···) (〈로동신문〉 1979년 7월 28일자)

　　5·18 당시 북한군 특수부대가 대거 침투했다가 많은 요원이 남한에

서 사망하고 북한으로 귀환하지 못해 시신 없는 가묘(假墓)를 만들었다는 루머도 있습니다. 그 리스트라고 하는 것도 돌아다니는데, 사진에 보면 이들을 조선인민군 '열사'라고 했네요. 다들 아시다시피 북한에서는 '렬사'라고 씁니다. 게다가 '조선인민군 무력부 534군부대'는 남파 목적의 특수부대가 아니라 후방총국 소속 군수 전담 부대 이름입니다. 이 리스트는 악의적인 날조치고도 어설픈 날조입니다.

2014년 청주 흥덕 지구에서 발견된 430구의 무연고 유골이 5·18 당시 사망한 북한군의 것이라 하는 분들도 있습니다. 실상은 청주시에서 근방 묘지의 무연고 유골을 수습해 화장해서 관리하고 있는 것이었습니다.

광주에서 사망해 복귀하지 못한 북한군 특수부대원들의 가묘가 함경북도 청진의 '열사묘'에 있다는 루머도 사실이 아닙니다. 이 열사묘는 입구에 '1950~1953'이라는 연도가 명기돼 있습니다. 6·25 전쟁 당시 사망한 군인들을 추모하는 시설입니다.

사상범들이 복역 중인 광주교도소를 6차례에 걸쳐 탈환하려 했다는 소문도 있습니다. 교전이 있었던 것 자체는 사실이지만, 오해가 있습니다. 광주교도소 양옆으로 호남고속도로와 국도가 지나는데, 당시는 평면 교차로여서 국도와 고속도로를 자유롭게 넘나들 수 있었습니다. 도시가 봉쇄된 상태에서 외부로 나가 광주의 현실을 알리고 싶었던 시위대는 이 국도와 고속도로를 이용할 수밖에 없었는데 이를 계엄군이 공격해서 교전이 일어난 겁니다. 애초에 교도소가 목적이 아니었고, 시민들 중엔 광주와 담양을 드나드는 일반 시민도 있었습니다.

5·18 유공자에 대한 과도한 특혜를 문제 삼으며 유공자 명단을 공개

남조선 통일전선을 위한 투쟁에서 전사한 조선인민군 열사자료
조선인민군 무력부 534군부대 (1980. 8. 1)

광주에서 전사했다는 북한군 특수부대 군인 리스트. '렬사' 대신 '열사'로 쓰고 특수부대가 아닌 후방 군수부대 소속이라고 한 점 등 어설프게 날조한 흔적이 역력하다.

하라는 요구가 있습니다. 특히 6·25 참전 용사 예우가 5·18 유공자보다 못하다며 구체적 수치까지 밝힌 표가 SNS에 돌아다니자 분노하는 분들이 많았죠. 하지만 그 표는 '부상을 입은 5·18 민주유공자'와 '부상을 입지 않은 6·25 참전 유공자'의 예우를 잘못 비교한 것이었습니다. 6·25 참전 용사 중에서도 후방에서 노력한 분과 전방에서 목숨 걸고 고지를 탈환한 분들의 예우가 다르듯 5·18도 가장 큰 피해를 입은 분들과 광주 밖에서 사태를 알리고 민주화운동에 참여한 분들의 예우가 다른 것은 당연한데, 표는 6·25 참전 용사 중 가장 낮은 급과 5·18의 가장 높은 급을 대비한 것이었지요.

아, 유공자 명단은 공개하지 않는 것으로 별도로 대법원 판결이 났습니다. '유공자'와 '피해자'가 명확히 구분되지 않고, 피 흘리도록 곤봉으로 두들겨 맞고 심지어 총까지 맞은 시민들의 명단이 공개되었을 때 다른 생각을 가진 사람들이 이들을 찾아가 따지면 2차, 3차 가해의 고통을

줄 수 있기 때문입니다.

"공무원 시험 합격자의 절반 이상이 5·18 유공자"라는 루머를 담은 전단지가 학원가에 퍼진 일도 있는데 역시 허위 사실이었습니다. 광주시 자체 조사 결과, 5·18 유공자 가산점이 적용돼 합격한 공무원은 전체 합격자 대비 0.6퍼센트 수준이었고, 2022년 국가유공자 취업자 중 5·18 관련은 1.2퍼센트였습니다.

5·18 당시 광주에 있지도 않던 이해찬 같은 사람이 왜 5·18 유공자냐 하는 비판도 있는데, 유공자 대상 요건은 3종류(5·18 민주화운동 시 사망 또는 행방불명, 부상, 그 밖의 민주화운동이 인정된 자)입니다. 이해찬은 5·18과 연결된 김대중 내란음모 사건으로 10년형을 선고받아 '그 밖의 민주화운동'에 해당하는 것이지요.

유공자 관리의 문제점도 분명 존재합니다. 어느덧 40년 넘게 지난 사건이다 보니 보상 대상자가 계속해서 늘어나기도 했고, 그 과정에서 일부 부정도 있었지요. 하지만 이는 다른 역사적 사건의 유공자 선정 과정에서도 있는 일입니다. 부정은 분명히 잡아내야 하지만, 유공자 부정 선정 문제가 불거지면 다수의 선량한 광주시민과 유공자의 명예가 훼손될 수 있기에 이를 빌미로 전부가 그런 것처럼 왜곡해서는 안 되지요.

보상은 광주시가 심의하고 유공자 선정은 국가보훈처가 결정해 온 구조도 문제였는데, 보훈처가 보훈부로 격상되었으니 앞으로는 유공자 선정과 보상 등 업무를 보훈부에서 일원화해 진행하는 것이 어떨까 합니다.

물론 5·18은 비폭력 시위는 아니었습니다. 폭력 시위의 목적이 대한민국의 건국 정신인 자유 민주주의에 반대하는 것이라면 거기 반란이나 폭동이라는 단어를 붙일 수도 있겠지요. 하지만 5·18의 본질은 누구이 말씀드리듯이 자유·반공·친미였습니다. 절대 반란이라는 단어를 붙일 수 없는 것입니다.

일반 시민이 무장해서 계엄군에 대항했다는 거부감을 가지는 분들이 여전히 있겠지만, 역사적으로 국민의 의지와 반대되는 기존 체제를 개혁하려는 움직임엔 언제나 크고 작은 유혈 충돌이 있었습니다. 4·19 혁명 때도 마산의 민간 시위대가 수류탄을 탈취해 경찰서에 던졌고 동대문과 의정부 일대에서는 총격전이 벌어져 민간인 사망자가 180여 명이나 발생했습니다. 현재까지 집계된 5·18 민간인 사망자 166명보다 많은 숫자이지요. 그렇다면 4·19도 폭동이고 반란이란 말인가요?

최근 들어 5·18에 대한 왜곡이 심해지며 그 반작용도 더 강해졌습니다. 광주광역시 교육청은 관내 학교에 5·18 역사 교육을 의무화했습니다. 매년 5월이면 5·18민주묘지에서 전두환의 이름이 새겨진 비석을 밟는 퍼포먼스가 펼쳐지고, 참배하러 오는 보수 정당 정치인을 일부 시민 단체가 막아서기도 합니다. 갈등을 풀어야 할 호남의 정치인들은 오히려 이를 이용해 독점적인 정치 구도를 만들어 5·18 역사왜곡 처벌법까지 제정해 헌법에 보장된 표현의 자유를 억압한다는 논란을 일으켰지요.

그런데 6·25 남침 유도설을 주장한다고, 천안함 좌초설을 주장한다고 처벌받진 않지 않습니까? 5·18에 대한 그릇된 시각은 학계와 시민 사회에서 스스로 정화해 나가야 할 영역이라고 생각합니다. 홍콩과 미얀마에서 〈임을 위한 행진곡〉이 불릴 정도로 민주화운동의 세계적인 상징이 된 5·18이 광주라는 좁은 공간에 갇히지 않고 보편적인 자유 민주주의 정신과 역사적 화해를 주장하는 목소리가 커지도록 해야 하지 않을까요?

5·18의 한을 풀어 준 이는
김영삼

안타까운 심정은 이해하지만, 역사적 아픔을 딛고 미래로 나아가기 위해 고향 분들이 기억해 줬으면 하는 정치인이 있습니다. 바로 김영삼입니다.

김영삼은 5·18 진상 규명을 요청하며 1983년 5월 장기간 단식 투쟁을 했습니다. 대통령이 되어서는 '하나회'를 척결해 군부 쿠데타의 싹을 제거하고, 마침내 전두환과 노태우를 형사 법정에 세웠습니다. 5·18 특별법 제정과 5·18민주묘역 조성도 김영삼 정권 시절 이뤄졌지요. 김영삼은 광주시민의 한을 풀어 주고 민주화를 이룩하는 데 진심인 대통령이었습니다.

지금 국민의힘 당사에는 그의 사진이 걸려 있고 윤석열 정권은 그의 정신과 함께 5·18 정신을 계승할 뜻을 밝혔습니다. 고향 광주 분들이 민주당만 바라보지 말고 국민의힘에도 관심을 가져 주어 정당 간에 경쟁을 촉발해서, 낙후된 호남 경제를 발전시키고 5·18이 좀 더 보편적인 민주화운동으로서 그 가치를 대한민국뿐 아니라 세계적으로 인정을 받으면 얼마나 좋을까요?

호남의 여러 어르신들과 대화해 보면 한미 동맹과 경제 성장 등 우파적 가치를 중요시하는 분들이 많습니다. 그분들은 또 하나회 군인들이 번갈아 가며 대통령 하던 시대를 끝냈다는 자부심이 있습니다. 그런데도 국민의힘 일부 정치인들에게 5·18이 폭동 취급을 받는다는 억하심정에 차마 국민의힘을 찍지 못하겠다는 정서가 느껴집니다. 5·18을 왜곡하고 비하하는 일부 우파들의 언행이 출향민인 제가 그랬던 것처럼 호남 사람들의 국민의힘 지지에 큰 장애물인 것입니다.

5·18의 역사적 의미를 높이 평가한다고 해서 국민의힘 계열 정당의 대통령이었던 이승만과 박정희, 전두환과 노태우가 이룬 업적이 가려지는 것이 절대 아닙니다. 모두가 지금의 발전한 대한민국을 만든 역사였습니다. 그리고 김영삼이라는 정치인이 있었던 이상 '국민의힘은 산업화, 민주당은 민주화'라는 프레임에 갇힐 필요가 없습니다. 국민의힘은 산업화도 이루고 민주화도 성공시킨 정당이라는 자부심을 가지고 호남에 적극적으로 다가가 5·18 정신과 지역을 발전시킬 공약을 내놓아야 합니다.

15

박근혜 탄핵과 문재인의 실정(失政)

짜 놓은 계획처럼

진행된 탄핵

　　　　　　　군대에서 저의 사상이 바뀌어 가는 동안 박근혜 대통령이 탄핵으로 파면됐습니다. 2017년 초까지만 해도 박근혜에 비판적이었던 터라 저도 탄핵 당일엔 잘됐다고 생각했습니다. 그런데 시간이 지나며, 정치의 영역에 사법이 지나치게 개입해서 혼란을 초래한 건 아닌지 걱정도 됐습니다.

여론 왜곡도 심각했습니다. 박근혜가 이상한 종교에 빠져 세월호 아이들을 인신공양했다거나, 영화 감독과 문란한 생활을 하다 에이즈에 걸렸다는 등 별별 이야기가 다 돌았죠. 마치 모든 탄핵의 과정이 계획된 듯 순차적으로 박근혜 정부 존립의 정당성을 하나 하나 갉아먹었습니다. 지도자가 힘을 잃으니 곁에 있던 사람들도 다 떠나고 결국 내려올 수밖에 없었습니다.

그렇게 문재인이 정권을 잡았습니다. 걱정은 됐습니다만 그래도 잘해

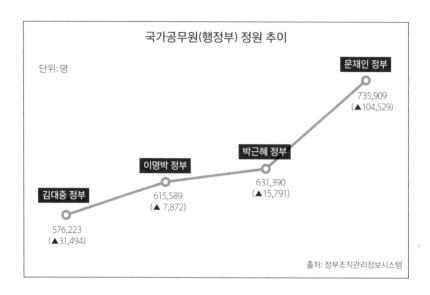

국가공무원(행정부) 정원 추이

단위: 명

문재인 정부
735,909
(▲104,529)

박근혜 정부
631,390
(▲15,791)

이명박 정부
615,589
(▲ 7,872)

김대중 정부
576,223
(▲31,494)

출처: 정부조직관리정보시스템

주길 바랐습니다. 그런데 문재인 정권의 계속되는 실정과 불법을 마주
하다 보니 도저히 참을 수가 없었습니다.

북한과의 관계 개선 움직임도 저에게는 쇼처럼 보였습니다. 저런 쇼로
북한이 바뀔 리 없다는 사실을 잘 알고 있었으니까요. 무엇보다 어이없
었던 것은 "삶은 소대가리가 앙천대소할 일"이라는 소리까지 들어 가며
세계 정상들에게 대북 제재를 해제해 달라고 읍소한 일입니다. 그것도
모자라 바다에 빠진 우리 국민이 북한군에 의해 불에 타 죽어도 아무 말
못 하고, 북에서 자유를 찾아 넘어온 탈북민들을 포승줄로 묶어 북으로
보내 버렸습니다. 간첩이 활개 치는데도 국가정보원의 대공 수사권을
폐지해 버렸습니다.

소득 주도 성장을 내세우며 최저임금을 올렸지만 결과는 저소득층의
일자리 감소였습니다. 최저임금을 급격하게 인상하면서 저임금 일자리

가 싹 없어진 거죠. 대한민국은 문재인 정권 이전까지 연평균 약 40만 명의 일자리 증가를 보여 왔습니다. 그런데 2018년에 최저임금을 16.6퍼센트 올리자 당장 그해 취업자 증가 수가 9.7만 명, 지난 평균의 24퍼센트 수준으로 줄어 버렸습니다. 고용 쇼크이자 재앙이었죠.

이 쇼크를 겪고 나서도 정신 못 차리고 2019년에 최저임금을 또 10.9퍼센트 올리더니, 공공 예산으로 노인 일자리를 늘렸습니다. 언 발에 오줌 눈 것이지요. 공무원까지 늘렸습니다. 다 우리 세금입니다.

집값은 미친 듯이 올랐습니다. 막장 정책을 펼치면서 자기들도 집값이 오를 걸 알아서 그랬는지 법안이 국회를 통과하기 전에 미리 전셋값을 올려 버립니다. 그래 놓고 정책의 주요 설계자인 장하성이 국민의 속을 긁어 놓지요.

"내가 살아 보니 강남 살 필요 없더라."

만약에 일제 내시경을
불매한다면

대북 정책에서 성과를 거두지 못하자 반일 감정을 이용한 건 최악 중에서도 최악이었습니다. 심지어 우리 안보에서 정말 중요한 지소미아(GSOMIA, 한일 군사정보 포괄보호협정)를 일방적으로 파기해 버렸지요. 관제 데모 같았던 반일 선동에 국민들도 광기에 휩싸였습니다. 무고한 시민의 렉서스 차에 빨간색 페인트로 욕설을 적고, 아사히 맥주를 파는 편의점주 면전에 욕설을 퍼붓고, 유니클로 매장에 진열된 의류를 립스틱으로 훼손하는 일도 발생했습니다.

그러나 돌이켜보면 당시 우리는 눈에 보이는 몇몇 대표 일본 브랜드를 모욕하는 방식으로 비뚤어진 애국심을 과시하고자 했을 뿐, 우리 사회 곳곳에 포진한 수많은 일제엔 눈을 감았습니다. 반일을 부추기는 KBS TV의 일제 카메라처럼요.

소화기내과 의사인 제가 매일 사용하는 내시경은 아예 반일 불매 운동이 불가능합니다. 여러분은 살면서 꼭 한 번 이상 내시경 검사를 받으실 겁니다. 내시경 검사가 필요한 소화기 계통의 증상을 호소하는 분들이 워낙 많기도 하지만, 대한민국은 세계 최초로 40세 이상인 분들에게 2년마다 공짜로 위 내시경을 시켜 주고, 대변잠혈검사 양성이면 대장 내시경도 공짜로 시켜 주니까요.

그런데, 우리나라에서 쓰이는 내시경 기기의 99퍼센트가 일제인 건 알고 계셨나요? 1위는 구불구불 휘어지는 소화기 내시경을 최초로 상용화한 올림푸스(Olympus)로, 국내 시장에서 70퍼센트 넘는 점유율을 차지합니다. 대학병원 등 대형 수련 병원은 90퍼센트 이상이 올림푸스 장비를 갖추고 있고, 후발 업체들 모두 올림푸스와 비슷한 형태의 내시경을 만들고 있을 정도로 이 시장에서 독보적인 위치입니다. 내과 전공의 과정을 마치고 좀 더 전문화한 소화기내과 분과 수련 과정을 밟는 2년여의 시간은 올림푸스 내시경 기기를 손에 익히는 시간이라 해도 과언이 아닐 정도니까요. 2위는 카메라 마니아들에게 유명한 펜탁스(Pentax)로 점유율 18퍼센트입니다. 최근 기술 개발과 경영 성과에서 무서운 상승세를 보이고 있지요. 3위는 후지 필름으로 알려진 후지논(Fujinon)으로 점유율 11퍼센트입니다. 그 외에 독일제와 중국제 내시경이 있지만 점유율 1퍼센트 미만으로 소소합니다.

우리나라는 내시경도 안 만들고 뭐 하냐구요? 안 만드는 게 아니라 못 만듭니다. 삼성이 있지 않냐구요? 삼성메디슨이라고, 초음파 기기 만드는 회사가 있긴 합니다. 저도 초음파학회 때 삼성메디슨 직원에게 "왜 삼성같이 돈 많고 기술 좋은 회사에서 내시경 안 만드냐?"고 물어봤더니, 내시경에 걸린 특허만 8,000개라 아무리 삼성이라도 건드릴 수 없다고 합니다. 돈 들여 기술을 들여와서 양산을 한다고 해도, 최종 검수 과정에선 장인들의 손끝으로 불량을 잡아내야 하는데 이건 도저히 따라 할 수가 없다고 하네요.

기술 발전에 따라 관련 의학도 발전합니다. 일본은 소화기 계통 질환 및 암의 기준 자체도 독자적으로 만들어 내고 모든 기술을 선도하고 있습니다. 우리나라 소화기 교수님들도 일본에 연수 갔다 오신 분들이 대부분이지요. 제가 근무했던 세브란스 소화기내과 은사님 말씀에 따르면, 미국은 괜히 자존심 세우느라 일본의 우세를 인정하지 않으려 하지만 유럽에서는 확실히 일본을 'admire'하는 분위기라고 합니다.

저를 비롯한 소화기내과 의사들은 일제 불매 운동 지지 여부에 관계없이 모든 환자분들께 좋은 의료기기로 좋은 의료를 제공하고 싶습니다. 그런데 이런 프리미엄 일제 내시경을 불매하라고 하면, 그 많은 소화기계 질환자들과 관련 암(식도암, 위암, 소장암, 췌장암, 간암, 담도암, 담낭암, 대장암) 환자들은 다 죽으란 말입니까?

비단 내시경뿐만이 아닙니다. 다른 의료기기 영역도 마찬가지입니다. 일본 혈액 진단 기기 업체인 시스멕스(Sysmex)는 국내를 포함 전 세계 점유율 50퍼센트로 세계 1위, 체온계로 유명한 테루모(Terumo)는 주사 용품 등 심장혈관 영역 제품군에서 점유율 1위입니다. 이걸 전부 다 불매

하자구요?

의료기기뿐 아니라 일본은 오래전부터 소위 '소부장'(소재·부품·장비) 분야에서 앞선 기술력을 자랑해 왔습니다. 일반 대중 눈에 잘 노출되지 않는 상당수의 B2B(business to business) 업종은 실제로 당시의 반일 불매 운동에 전혀 영향 받지 않았고, 주류와 의류, 완성차, 관광업계만 '토착 왜구'라는 모욕적 언사를 듣고 매국노 취급을 받으며 큰 타격을 입었을 뿐입니다.

그 당시 선동하던 자들은 "다시는 일본에 지지 않겠습니다"라고 했습니다. 도대체 불매 운동을 어떻게 하는 게 이기는 것이고 어떻게 하면 지는 걸까요? 자유 무역 시장에서 물건을 사고파는 당사자는 서로 원하는 조건으로 계약을 하기에 모두 위너입니다. 오히려 필요한 물건인데도 헛된 생각에 구매하지 않는 자가 루저일 뿐이지요. '일본에 지지 않겠다'는 게 기술력으로 일본을 이기겠다는 의도였다면, 거꾸로 끊임없이 교류해서 상대의 앞선 기술력을 배워야 하는 것 아닌가요? 그런데 조선 말 흥선대원군처럼 아예 문호를 닫으면 우리가 얻을 수 있는 건 오직 정신 승리뿐이라는 걸 역사가 이미 증명합니다.

코로나 우왕좌왕,
검수완박…

코로나-19 바이러스에 대한 대응도 의사인 저로선 실망 또 실망이었습니다. 코로나 초기 성공적인 거리두기 확대로 다른 국가에 비해 환자가 적게 나오자, 모든 것이 문제인 정권의 공인 양

1,000억 원 넘게 들여 'K 방역'을 홍보했죠. 그해 2020년 총선 때는 "민주당 후보를 뽑아 주면 전국민 재난지원금을 지급하겠다"며 극악한 포퓰리즘 발언을 해 댔습니다. 그렇게 총선에서 대승을 하죠.

의료진들의 헌신에 감사하는 척 쇼를 하더니, 뒤로는 '공공 의대'라는 걸 도입해 어용 시민단체가 의대생을 뽑게 하려 했습니다. 의사들이 반발하자 "코로나 현장에는 간호사가 더 많았다"며 팩트도 틀린 말을 하면서까지 직역 갈라치기를 했습니다.

백신 공급도 문제였습니다. 새로운 기술로 개발된 mRNA 백신(화이자, 모더나)을 제때에 확보하지 못했고, 기존 방식으로 만들어 효과가 낮은 아스트라제네카와 얀센 백신마저도 한참 늦게야 도입했습니다. 그래 놓고선 교차 접종 하지 말랬다가 적극 권장하고, 접종 간격 꼭 지키랬다가 좀 늦게 맞아도 괜찮다 하고, 아스트라제네카 맞지 말랬다가 "이거라도 언능 맞아"라는 등, 언 발에 오줌 누듯, 아랫돌 빼다 윗돌 괴듯 이랬다저랬다 왔다 갔다 했지요.

비과학적, 비민주적인 거리두기 방식도 문제였습니다. 출퇴근길 만원버스와 지옥철은 그대로 둔 채 식당 영업 시간을 제한하고 문화 예술 공연을 금지할 과학적 근거는 어디에도 없습니다. 자영업이건 문화예술업이건 당사자에겐 필수이고 '생업'인데, 특정 직업군들이 비필수적이니 무조건 희생하라고 명령할 권리는 없지요. 적어도 자유 민주주의 국가라면요.

이런 막장 짓을 하는 정부에 몽둥이 들고 쳐들어가도 이상하지 않은데, "다 이유가 있겠지", "맞아, 우리가 좀 느슨해졌지"라며 자학하고 '비정상'적 상황을 '뉴 노멀'이라 부르며 순종하는 모습이 저는 너무 싫고

답답했습니다.

그러던 중, 다른 나라들은 거리두기를 해제하는 데 우리만 늦게 풀면서 '잘되면 정부의 K 방역 덕, 못되면 느슨해진 국민 탓' 하고, 헌법에 보장된 자유로운 의견 표현을 하는 시위대는 살인마라 욕하면서 민주노총 시위는 눈감아 주고, 새로 개발된 백신이면 사망 시 백신 원인으로 넓게 인정해 줘야 하는 데 그러지도 않다가 결국 델타 변이로 사망자가 폭증해 화장장이 부족해지는 지경까지 이르자, 그제야 국민은 완전히 돌아섰습니다. 과학적 오류야 전문가들도 틀리는 것이니 그럴 수도 있겠다고 참아 줬지만, 방역조차 자기편만 챙기는 행태에는 도저히 참을 수가 없었던 것이지요.

저도 의사로서 코로나 확진자 진료의 한복판에 있었습니다. 델타 변이 유행으로 5,000명 확진에 주요 대학병원 중환자실이 동나 의료 붕괴 위기에 처하자, 제가 근무하는 종합병원에 격리 음압 병실을 만들라는 '명령'을 '통보'해 코로나 전담 병원이 돼 버렸거든요. 심지어 환자를 보내는 대로 받지 않으면 청구 금액을 삭감해 버리겠다고 협박하고, 자기들이 정해 놓은 '환자당 적정 간호 인력'을 초과해서라도 받으라 하고, 휴가도 가지 말고 피로 누적 따윈 핑계 대지 말라고 공문을 보냈죠. 어이없었지만, 내가 안 하면 누가 하겠냐는 마음으로 1년 2개월간 코로나 확진자 진료에 매진했습니다. 코로나 확진자를 입 다 벌리게 한 채로 내시경까지 하고, 제가 확진되어도 쉬지 못하고 환자를 진료했지요. 지금 생각해 보면 참 광기의 시간이었습니다.

윤석열 대통령 당선으로 정권 교체가 이뤄진 후의 일이긴 하지만 '검수완박'도 최악이었습니다. 정권 교체 후에 옛 정권 장본인들을 수사할 권력을 미리 대폭 줄이자는 것이었지요. 다른 선진국들처럼 수사권과 기소권을 분리하기 위함이라고 했지만, OECD 35개국 중 27개국은 검사도 수사권을 가지고 있고 미국도 마찬가지입니다. 예외는 오직 '대배심' 제도로 보완 가능한 영연방 국가들뿐이지요. 검찰 수사권 박탈의 가장 큰 폐해는, 힘없고 억울한 피해자들이 경찰의 '고발인 불송치' 결정에 이의 신청을 할 수 없게 된 것입니다.

참 이해가 안 가는 게, 사법시험·변호사시험 패스한 똑똑한 사람들 데려다가 세금으로 법률과 수사, 기소 전문가인 검사로 키워 냈으면 이제 국민을 위해 뼈 빠지게 일 시켜서 부려 먹을 생각을 해야 하는 것 아닌가요? 뭐가 그리 고까워서 수사 못 하게 권한을 박탈해 버리면 인재들이 다 검찰 떠나 로펌 가거나 개업해 버릴 텐데, 검사 한 명 키우는 데 들인 세금이 아깝지도 않나요?

중요한 일을 해 본 사람들은 압니다. 아무리 잘난 사람이라도 실수를 하기 마련이라 여러 사람이 크로스체크 하는 시스템이 얼마나 중요한지요. 저나 여러분이 억울하고 안타까운 범죄를 당했다고 합시다. 믿음직한 경찰이 나서 줘도, 경찰도 실수할 수 있잖아요. 그럴 때 검사들이 한 번 더 나서서 크로스체크 해 주고 해결해 주면 얼마나 더 믿음직스럽고 좋겠어요? 그러라고 국민 세금 쓰는 것 아닌가요?

그리고 만약 경찰의 권한이 일제 시대처럼 너무 커져서 생기는 여러 문제들은 어떡할 건가요? 그땐 '경수완박' 할 겁니까? 경찰 수사권 박탈하면 그때부턴 범죄자는 누가 잡나요? 검수완박이든 부박(부분박탈)이든 이제 그만 원상 복구하고, 제발 나랏돈 들인 만큼 검사들을 제대로 부려 먹을 생각을 좀 했으면 좋겠습니다.

문재인 정권의 이런 폭주에 저를 포함해 많은 분들이 걱정을 했지요. 심지어 진료실에서까지 울분을 터트리는 분도 있었습니다.

걱정만 해서는 세상이 바뀌지 않을 것 같아, 응원하는 정치인들을 실질적으로 후원하기로 했습니다. 제가 사는 광진구에 국회의원 출마한 오세훈 후보를 위해서는 지지 피켓이라도 들까 하다가,

'설마 대통령감 오세훈이 고민정에게 지겠어?'

그랬는데 그만 오 후보가 고민정 후보에게 져 버렸습니다. 그것도 참패였죠. 미래통합당은 지리멸렬했고, 그렇게 초거대 여당(당시)이 된 민주당의 만행은 끝이 없었고, 야당이 된 지금도 마찬가집니다. 그때 피켓이라도 들고 다녔으면 좀 다르지 않았을까 하는 후회가 남게 되었고, 현실적인 고민이 시작됐습니다.

'남을 도우려고만 할 게 아니라, 이제는 내가 움직여야 하지 않을까?'

제 5 부

광주 출마로
피우고 싶었던
꽃은

16

호남인이 본 호남의 현실

'광주 정신'의
장사꾼들

        2018년에 아버지께서 건강이 나빠지셔서, 간병하러 고향 광주를 자주 방문하게 됐습니다. 오랜만에 광주에서 많은 시간을 지내 보니 맨 먼저 수도권보다 편의 시설이 부족하다는 걸 실감했습니다. 복합 쇼핑몰이 하나도 없다는 것도 그중 하나입니다.

    광역시급인데 이상하지요? 알고 보니 2015년에 광주광역시와 신세계가 복합 쇼핑몰 조성을 추진했는데, 지역 소상공인들과 서구 의회의 반대로 시간만 낭비하다 유력 대선 후보였던 문재인 후보의 반대로 완전히 중단된 일이 있더군요.

    그때 신세계가 광주에 풀어 놓으려던 7,000억 투자는 고스란히 대전으로 옮겨 가, 직·간접적으로 2만 명 고용을 창출한 복합 쇼핑몰을 탄생시켰습니다. 젊은이들은 일자리를 찾아 광주를 떠나야 했고, 그 후 광주에 코스트코 입점마저 실패로 돌아가자 시민들은 대전이나 수도권으로

지금까지 확인된 광주'광역시'에 없는 것

운전면허시험장
래미안 아파트
코스트코
노브랜드
스타필드
이케아
트레이더스
롯데몰
노브랜드버거
쉑쉑버거
블루보틀
쿠팡와우(당일배송불가)
마켓컬리(새벽배송불가)
워터파크
스타벅스 리저브
롤렉스 매장
샤넬 매장

원정 쇼핑을 떠나야 했습니다.

지역 여론이 들끓자 지난 대통령 선거 때 윤석열 후보가 광주 복합 쇼핑몰 유치를 공약했습니다. 세간의 이목이 집중되며 '광주〈광역시〉에 없는 것' 리스트가 퍼지고, 동생뻘 광주 청년들이 커뮤니티에서 "복합 쇼핑몰에는 돈 내고 들어가나요?" "코스트코에 놀이 기구라도 있나요?" 라고 물어본 댓글이 박제되어 놀림감으로 돌아다니는 모습이 안타까웠습니다.

그런데도 민주당과 좌파 인사들은 선거 때마다 90퍼센트 지지를 보내주는 광주를 무슨 정치적 가두리 양식장마냥 취급하는 듯한 막말을 이어 가니, 안타까움은 분노로 바뀌었지요.

이재명 민주당 대표는 당 대선 후보 경선을 하던 2017년에 광주 복합 쇼핑몰 건립을 반대했지만, 2021년 경기도지사 재임 시 경기 화성에 복합 쇼핑몰을 건립하기로 한 정용진 신세계 부회장에게 감사 편지를 보냈습니다. 그랬으면서도 윤석열 후보의 광주 복합 쇼핑몰 유치 공약을 극우 포퓰리즘이라며 폄하했습니다.

심상정 정의당 전 대표는 2016년 이케아 고양점 기공식에 참여해 기념 촬영까지 했지만 정작 2017년 대선 때는 광주 복합 쇼핑몰 유치 반대 의사를 표명했습니다.

자신의 지역에는 복합 쇼핑몰이 필요하지만 광주에는 있어서는 안 된다는 이유가 도대체 뭘까요?

"가난한 사람들이 명품 시계 찬다고 부자 되는 건 아니잖으냐." (민주당 법률 지원단 설주완 변호사)

대놓고 광주시민을 비하했습니다. 그리고 광주가 정말 가난한가요? 실제 광주 신세계는 2020년 백화점 매출 12위로 다른 지방보다 높은 편에 속합니다. 서울 호남선 고속터미널과 연결된 센트럴시티에서 호남 사람들의 명품 매출도 상당한 것으로 알려져 있지요.

"광주가 복합 쇼핑몰 없어도 오일장이 시 개(세 개)나 있다." (나경채 정의당 전 공동대표)

구한말 위정척사파 같은 시대착오적 인식에 그만 할 말을 잊었습니다. 광주'군(郡)'도 아니고 '광역시'에 오일장이 '시 개'나 남아 있는 게 더 문제 아닌가요?

"지역 소상공인의 고통을 외면하고 상생과 연대의 광주 정신을 훼손해 표를 얻겠다는 계략." (민주당 을지로위원회)

그럼 복합 쇼핑몰이 많은 다른 대도시 소상공인들은 다 망했나요? 아닙니다. 오히려 유동 인구가 늘어나고 상권이 형성되어 경제가 발전해 진정한 '상생과 연대'가 실현됐습니다. 대형 쇼핑몰 이용객 다수가 주변 상점을 같이 이용한다는 각종 통계와 조사 결과가 그걸 증명합니다.

"광주의 투쟁 능력을 약화시키겠다는 속마음이 드러난 것." (우원식 전 민주당 원내대표)

광주에 태어난 사람은 좋은 편의 시설 누려 보지도 못하고 좌파 진영의 이념을 위해 죽을 때까지 투쟁해야 하는 운명을 타고나기라도 했나요? 그렇게 '광주 정신'을 강조하고 광주의 아픈 역사를 정치적 자산 삼아 정치권에 입성해 놓고서, 모두가 슬픔에 잠긴 5·18 전야제 때 룸살롱에서 접대부 불러 놓고 술판 벌인 작자들은 누굽니까?

진보를 참칭(僭稱)하는 좌파들에게 묻고 싶습니다. 당신들에게 광주란 무엇인가요? 광주 사람들이 잘살길 바라긴 하나요? 김수현 전 청와대 정책실장이 『부동산은 끝났다』라는 책에서 "자기 집이 있으면 보수적, 없으면 진보적 투표 성향을 보인다"고 했던 것처럼, 호남이 영원토록 경제적 약자, 민주화 투쟁의 도시로 남게 해 당신들만 지지하기를 바라는 것 아닌가요?

국민 세금에
빨대나 꽂다

호남의 문제는 그것뿐만이 아닙니다. 격렬한 5·18 민주화운동이 벌어졌던 전남도청 일대에 조성된 아시아문화전당을 봅시다. 무등산 경관을 해친다며 땅을 파 지하로 지어진 아시아문화전당을 비롯한 '아시아문화중심도시' 조성에 총 5조 3,000억 원이 들어갔다고 합니다. 제대로 된 수익 사업이 없으니 연간 700억 적자입니다. 이런 적자를 메꿔 주려 법인에서 국립으로 바꿨습니다. 국민의 피 같은 세금 수백억이 매년 사라지는 것이지요. 제대로 된 수익 사업도 없습니다.

'광주형 일자리'를 봅시다. 핵심은 비싼 인건비 때문에 채용을 꺼리는 환경을 극복하고자 국가 세금으로 임금을 지원해 주는 대신에 완성차 기업에서 공장을 설립하는 것이지요. 그렇게 해서 싼 경차를 생산해 초반엔 반응이 좋았습니다만, 기업 팔 비틀어 투자하게 만든 게 오래 갈까요? 정책 설계를 할 때 참조했던 독일의 'Auto 5000 프로젝트'도 결국 기존 기업에 흡수되고 끝이 났습니다.

'군산형 일자리'도 에디슨모터스가 전기차를 생산하기로 했지만 중국에서 생산한 모델을 고작 조립하는 데 그쳤고 그나마도 생산 목표의 0.8퍼센트밖에 달성하지 못한 채 결국 에디슨이 KG모빌리티에 인수되며 막을 내렸습니다. 애초에 기업이 리스크를 짊어질 책임감을 가지고 한 투자가 아니었기에 실패는 불을 보듯 뻔했습니다.

한전공대를 봅시다. 한전을 나주의 혁신도시에 이전하는 것까진 지방 분권 차원에서 그럴 수 있다고 생각합니다. 그런데 뜬금없이 1조 6,000억 원을 들여 한전공대를 세우겠다고 문재인 후보가 공약하면서 대학 신설이 진행되었습니다. 전남대 공대나 광주과학기술원(GIST)에 세우는 게 더 효율적이라고 충분히 건의했으나 막무가내였죠. 선거용 공약인 만큼 당선 후 무리하게 추진하다 보니 진행이 허술해 허허벌판에 건물 딱 하나 지어 놓고 개교기념식을 해서 전국의 웃음거리가 되었습니다.

공통점이 보이나요? 결국 국민 세금에 빨대 꽂는 사업들이라는 것입니다. 국가 사업으로 정해 놓고, 자기 사람들 앉혀 놔서 월급 받고 업무추진비 쓰면서 살게 하는 것이지요. 이른바 '빨대 사업'만 신경 쓰면 되니, 정작 기업이 투자 의사를 밝혀도 별 관심이 없습니다. 무리한 기부채납을 요구하는 등 갑질이나 하는 것이죠.

어등산 관광단지는 개발을 선언한 지 벌써 19년째입니다. 주변이 다 허허벌판인데 무슨 지역 상권 죽는다고 상업 시설 면적을 제한해 놓으니 번번이 투자가 무산됐죠.

그렇게 자생적 성장 능력을 갖추게 할 기업이 들어오지 않으니 2023년 전국 17개 시도별 재정 자립도를 보면 전남(28.7%), 전북(27.9%)이 전국 최하위, 6개 광역시 중에선 광주(46.2%)가 꼴찌입니다.

결국 이들을 견제할 세력이 없는 것이 근본적인 문제입니다. 언제든 자기 자리가 날아갈 걱정을 하고 민심을 두려워한다면 이렇게 행동할 수 있을까요? 그러니 불법 하도급이 만연해 학동 건물 붕괴, 화정동 아이파크 붕괴 사건들이 일어나는 겁니다. 학동에서 붕괴된 건물엔 제가 중학교 때 다닌 학원이 있었습니다. 아직 살아 계셨던 아버지를 뵈러 갈 때 그 건물 앞을 지나갔죠. 당시 사망자가 제가 됐을 수도 있다는 겁니다. 착잡했습니다.

교육으로 증오를
대물림할 건가

2차대전이 끝날 때 연합군에 가장 필사적으로 맞선 독일 집단은 나치의 청소년 조직 '히틀러 유겐트'였습니다. 중국을 퇴행의 수렁으로 빠지게 한 문화대혁명 시기에 가장 저돌적으로 나섰던 이들도 공산당의 청소년 조직 홍위병이었지요.

이렇듯 역사를 보면 극단 세력이 정치적 목적을 이루기 위해 청소년을 포섭하는 일은 필수였습니다. 청소년은 선동에 취약하고, 그렇기에 추진력은 오히려 성인보다 강하고 대중에 끼치는 영향력도 크니까요.

정치적으로 편향된 내용을 억지로 가르치는 교사들은 어느 지역에나 있을 겁니다. 하지만 호남에서는 특정 내용에 적극적으로 반대하는 여론이 형성되기 어려워 이런 교육을 제지하기 어려운 분위기가 있는 게 큰 문제입니다.

예를 들어 볼까요. 광주광역시의 한 공립 중학교 교사 백모 씨는 2020년 총선 당시 생애 첫 투표 기회를 맞은 제자들에게 더불어민주당에 투표하라고 독려하는 문자를 보냈다가 2심까지 진행된 현재 징역형 선고유예와 교사 자격 정지 판결을 받았습니다. 하지만 반성은커녕 유죄 판결을 받은 뒤에도 학생들에게 공공연하게 "(윤)석열이 때려잡고 김건희는 감옥으로 보내자"고 말하는 등 교육공무원이 지켜야 할 정치적 중립 의무를 위반하는 행동을 빈번하게 했습니다.

기말고사에 윤 대통령의 비리 혐의로 엮은 지문으로 구성한 시험 문제를 내고, 수업 시간엔 국가보안법 폐지와 주한 미군 철수를 주장하는 교사들도 있습니다. 국민의힘을 비하하는 발언을 하거나, 지난 문재인 정권의 대북 정책을 비판적으로 보는 학생을 극우 성향으로 몰아 가기도 하구요.

2019년 광주의 한 초등학교 교사는 학생들을 동원해 사자명예훼손 혐의 재판으로 광주지법에 출석한 전두환 전 대통령을 향해 "전두환은 물러가라!"라는 구호를 외치도록 하기도 했지요. 오죽했으면 학생들이 단체(전국학생수호연합)를 결성해 상경해서 기자 회견도 하고 문제 교사를 고발하는 등의 투쟁까지 하게 됐을까요?

이런 사례가 비단 호남 지역에만 있는 것은 아닙니다. 하지만 민주화 운동 과정에서 많은 사람이 목숨을 잃었다는 지역적 특수성 탓에 좀 더 주목받는 것이 사실입니다. 첫머리에 말씀드렸듯 저도 광주에서 중·고교를 다닐 때 역시 음악 시간엔 5·18 주제곡을 배웠고, 이승만-박정희-

전두환으로 이어지는 국민의힘 계열의 보수 정치인에 대해 부정적 이야기를 들었습니다. 그래도 당시는 이미 호남의 한을 풀어 준 김대중 정권이 들어선 이후라 그런지 일방적 혐오 대신에

"이제 망국적 지역감정을 극복해야 한다."

이런 취지의 이야기를 더 많이 접했습니다. 5·18 주제곡을 배우던 때도 선생님은 "아픔을 승화해 세계적 민주화운동의 역사로 기억하자"는 데 초점을 맞췄지, 무턱대고 증오심을 주입하진 않았습니다. 광주와 대구 대학생들의 학점 교류가 이뤄지고 두 지역 교류를 넓히는 여러 정책(달빛동맹, 달빛고속철도)이 나온 것도 이러한 분위기가 반영된 것이었지요.

그러면서 지역감정이 점차 누그러질 것이라 기대했지만, 요즘 여론을 보면 저의 학창 시절보다 지역감정이 오히려 더 악화한 것 같아서 걱정입니다. 노무현 정부 이후 보수 정당이 정권을 차지하면서 보수 우파 성향의 인터넷 커뮤니티에서 홍어·까보전·7시·전라민국 등 호남을 비하하는 밈(meme)이 유행하기 시작했습니다. 아마 정치 편향 사례로 위에 언급한 선생님들도 민주화를 위한 광주의 희생이 이런 식으로 통째로 부정당한 채 비웃음거리로 전락하는 게 안타까워 학생들에게 좀 과격하게 정치적 신념을 이야기했을 거라고 믿고 싶어요.

호남의 여러 선생님의 안타까운 마음은 이해합니다. 하지만 교육 현장에서는 부디 정치적 중립을 지켜 줬으면 좋겠습니다. 교사의 한마디는 자라나는 학생의 가치관을 통째로 바꿀 수 있는 큰 힘을 지녔으니까요. 교육공무원법, 지방교육자치법, 공직선거법으로 교육공무원의 정치적 중립을 엄격히 규정하고 이에 반대하는 헌법소원에서 합헌 결정이 난 것도 이런 이유에서입니다. 학교가 정치의 장으로 변질하는 건 막아야

한다는 것이 법의 취지죠.

또 이런 일이 언론에 자주 등장하면, 실제론 이런 사례가 극히 소수인데도 마치 호남에선 늘상 이런 교육이 이뤄지는 것처럼 잘못된 인식을 세간에 심어 줄 우려도 있습니다. 무엇보다, 그런 증오와 피해 의식을 대물림하는 교육은 다른 이를 설득시키기보다 호남을 정치적으로 더욱 고립시킵니다.

국민의힘을 옹호하는 교육을 하자는 게 아닙니다. 역사적 사건에 대해 각 정당이 서로 다르게 주장하는 것들을 건조하게 사실만 알려줘 학생 스스로 판단할 수 있게만 해도 학생들은 증오와 피해 의식 대신 화합과 번영을 꿈꿀 수 있을 것입니다. 호남뿐 아니라 다른 지역에도 해당하는 이야기지요.

이게 가능하려면 지역 내에서 각기 다른 정치 진영으로 갈라져 서로 비하하는 악습부터 버리고, 악의적으로 청소년을 이용하려는 정치 세력에게 우리 다 함께 준엄한 심판을 내려야 합니다. 청소년을 정치적 선동에 이용한 결과는 모두 예외 없이 공동체를 파멸과 퇴행의 수렁에 빠지게 했다는 걸 이미 역사가 증명했습니다.

평범한
광주 청년이라면

　　　　　　　2019년. 서울에서 공무원 생활을 하는 고등학교 동창 T와 식사를 했습니다.

나   T야, 문재인 정부 이렇게 막장인데, 이젠 우리 광주 사람들도 좀 다른 선택을 해야 되지 않겠냐?

T   야, 그래도 저기 경상도 것들이 오랫동안 기득권이었응께 이제 우리가 좀 주류가 돼서 개혁을 해야 된당께.

나   야, 김대중 때 정권 교체 하고, 노무현 때 정권 연장도 했고, 운동권들 김대중 때부터 국회의원 한 지가 벌써 4선, 5선이여. 이 정도면 애네들이 기득권 아니냐? 애네들 저지르는 성범죄랑 갑질들 봐 봐. 이미 기득권이라니깐?

T   됐다. 밥이나 먹자.

답답했습니다. 정든 고향을 떠나 얼마 안 되는 공무원 월급 아껴 가며 물가 비싼 서울에 사는 친구가 왜 저 기득권들을 옹호해 줘야 하는지 이해가 가지 않았습니다.

광주에서 태어나 평범한 집안에서 자란 저의 경험에 비추어 말씀드리자면, 광주의 평범한 청년은 조민처럼 일면식도 없는 의대 교수에게 입시용 논문을 써 달라고 부탁할 수 없습니다. 애초에 의대 교수를 사적으로 만날 기회가 거의 없지요. 입시 준비라 해 봐야 죽어라 EBS 수능 문제집 풀 뿐입니다.

광주의 평범한 청년은 추미애 대표의 아들처럼 군대에서 정해진 시각에 휴가 복귀를 하지 않으면 바로 영창 갑니다. 아파도 일단 복귀하고 군 병원 진료를 받지, 전화로 휴가 연장을 요청해야겠다는 생각을 감히 못 합니다. 감히요.

광주의 평범한 청년이 문준용처럼 귀고리를 한 증명사진을 공기업 입사원서에 넣어 냈다간 광탈입니다. 아마 고향 사람들까지 싸잡아 욕먹겠지요. 그걸 알기에 오늘도 묵묵히 스펙과 학점을 쌓을 뿐입니다.

이런 기득권의 불공정에 분노하고 저항해야 할 광주의 평범한 청년들이 저들에게 무조건적 지지를 넘어 '복종'하는 모습을 볼 때마다 저는 너무나도 안타깝고 분노가 치밀어 올랐습니다. 그들을 지지할 수밖에 없는 성장 환경을 잘 알고 있기 때문이고, 이를 이용해 사악한 민주 건달 놈들이 어용 시민단체, 환경단체, 여성단체, 친북 단체와 결탁해 자신들의 배만 불리고 나라 시스템을 망쳐 놓기 때문이지요.

그런 상태에서 조국 시위가 한참이던 무렵, 서초동과 광주의 조국 수호 집회에 "광주가 조국이다"라는 현수막이 걸린 걸 보고는 분노가 치밀어 올랐습니다. 파렴치한 거짓말쟁이, 중증 내로남불증, 왕자병, SNS 중독자, 문서 위조 잡범이 어떻게 제 고향 광주를 상징할 수 있단 말인가요? 제가 움직여야겠다는 생각을 하게 됐습니다.

17

호남의 대안

이제까지 쓴 것과 같은 글들을 하나 둘 페이스북에 올려 보니 많은 분들이 '좋아요'를 눌러 주고 공유도 해 주셔서, 그 바닥에서는 제법 이름을 알리기도 했습니다. 하지만 아직 뭔가 울림이 부족하다는 느낌이었습니다. 알고리즘의 특성 상, 저와 비슷한 성향의 사람들만 제 글을 보게 되니까요. SNS의 울타리를 넘어 직접 대중에게, 특히 광주시민들께 말을 걸 방법은 없을까? 문재인 5년도 힘들었는데 다음번에 이재명이 되면 그냥 포퓰리즘 정책 하다가 나라가 망할 것만 같아서요.

'일단 질러나 보자!'

그렇게 지난 대통령 선거 때 광주에서 윤석열 후보 지지 연설에 나서게 되었습니다.

이제 좀 바꿔 봐야
되지 않겠습니까

안녕하십니까. 저는 광주에서 태어나 광주 대성초등학교, 광주 금남중학교, 광주 문성고등학교를 졸업한 뒤 서울 소재 의과대학을 나와 지금은 코로나 확진자를 보는 내과의사 박은식입니다. 반갑습니다.

많은 광주시민들이 그러하듯 저 역시 김대중과 노무현 대통령을 존경하며 민주당을 지지해 왔습니다. 하지만 여러 경험을 한 끝에, 꼭 어느 정당을 지지하기보다는 자유 민주주의 시장 경제를 추구하고, 생산적 복지를 추구하고, 부패하지 않는 정당에 표를 줘야겠다 생각하게 되었습니다.

이번 문재인 정권은 공정을 내걸고 당선된 정부이니만큼 부디 잘해 주길 바랐습니다. 그러나 문재인 민주당이 수많은 잘못을 해서 화가 나던 차에, 제 고향 광주에서 한 시민단체가 내건 '광주가 조국이다!'라는 플래카드를 보고 도저히 참을 수 없어, 뭐라도 해야겠다 싶어 페이스북을 통해 글도 쓰고, 정당 가입도 하고, 민주당과 다른 목소리를 내는 호남의 시민단체에도 가입을 하였고, 결국 이곳 유세차에 올라서게 되었습니다. 제 경험에 비추어 보면, 광주에서 자란 평범한 청년은 의대 교수를 사적으로 만날 기회가 거의 없고, 입시 준비라 해 봐야 죽어라 EBS 문제집 풀 뿐입니다. 그런데도 친한 의대 교수에게 논문 작성을 부탁해 자녀를 주저자로 올리고 표창장을 위조해 의사를 만든 내로남불 불공정의 상징, 잡범 조국이 어떻게 제 고향 광주를 상징할 수 있다는 말입니까!

그뿐입니까?

드루킹 여론 조작과 선동질로 당선돼서,

국민 절반 이상을 적폐 취급해 버리고,

최저임금의 급격한 인상으로 취약 계층 일자리 없애 버리고,

앞서가는 원자력 산업 무너트리고는 멀쩡한 나무 베어 내고 중국산 태양광 깔고,

그렇게 성범죄를 많이 저질러 놓고 피해 여성에게 '피해 호소인'이라 하고,

위안부 할머니들 팔아 후원금 가로채고,

반일 감정 자극해 외교 망치면서까지 표 장사하고,

일관성 없는 막장 코로나 방역을 빌미로 국민을 겁박해 자유를 박탈하고,

검찰 개혁한답시고 민주당 정권 비리 수사하려는 검사들 모조리 좌천시키고,

지들은 강남에 비싼 집 살면서 국민은 집값 정책 실패로 살던 집에서 쫓겨나 월세 전전하는데―

사과하기는커녕 대선 후보라고 내세운 인물이,

검사 사칭, 음주 운전, 공용 물건 손상, 선거법 위반 전과 4범 이재명입니다.

여러분! 이게 말이 됩니까!

우리 광주가 처참한 비극에 처해 있을 때 이재명이 뭐 화염병이라도 던졌습니까? 대장동 의혹, 친형 강제 입원 의혹, 불법 법인 카드 사용 의혹, 이런 거 다 제쳐 두고서라도, 전과 4범을 민주당 말단 당직자로 뽑을 수나 있겠습니까! 여러분의 직장에서는 어디 전과 4범이 이력서나 낼 수 있습니까?

김대중과 노무현은 제 고향 광주의 전폭적인 지지를 받아 대통령이 되어서는 노동 유연화, 일본 문화 개방, 이라크 파병, 한미 FTA 등등 나라를 발전시키는 일이라면 핵심 지지층 이탈로 자신이 곤경에 처함을 주저하지 않았고, 그 과정에서 당시 민주당은 조금이라도 잘못하면 고개를 숙이는 '염치'가 있었으며, 차떼기 보수 정당에 '도덕적 우위'를 지키려 애를 썼습니다. 하지만 지금의 문제인 민주당은 어떻습니까! 지금 민주당은 김대중과 노무현이 있던 민주당과 달라도 너무 다릅니다! 이거 심판해야 되지 않겠습니까, 여러분!

이런데도 우리 광주시민이 민주당을 계속 지지해 주니까! 우리를 무시하고 이상한 시민단체들이랑 합세해서 우리 세금 빨아먹고, 광주는 낙후되게 놔두고 지들은 서울에 좋은 집 장만하고 사는 것 아닙니까!

이렇게 광주에서 민주당이 장기 독재를 하게 되면서 서로를 견제하는 정치가 실종되다 보니 광주광역시의 지자체 청렴도가 5등급으로 꼴찌 기록하고, 학동 건물 붕괴, 화정동 고층 아파트 붕괴 사건도 일어나는 것 아니겠습니까, 여러분! 얼마나 부끄럽습니까!

이렇게 막장으로 나라를 운영해서 우리 호남 지역 국민의힘 지지율이 올라가니까 갑자기 '광주 정신'을 들먹이며 국민의힘만은 찍으면 안 된다고 가스라이팅 합니다. 도대체 그 광주 정신이 뭡니까? 민주당이 뭔 잘못을 하든 민주당만 찍어 주는 게 광주 정신입니까? 아닙니다. 광주는 공산 국가 북한과 이념 대결을 하던 때에 이승만과 박정희를 압도적으로 지지했습니다. 즉, 자유를 추구했습니다. 광주는 5·18 때 군부 독재에 저항하면서 마찬가지로 독재를 하던 북한에게 '북괴는 오판하지 말라!'는 플래카드를 걸었습니다. 즉, 민주주의를 추구했습니다. 광주는 지금 다양한 볼거리와 상품 쇼핑을 즐길 복합 쇼핑몰을 원하고 있습니다. 즉, 시장 경제를 추구합니다. 이 세 가지를 더하면 뭐가 됩니까? 바로 '자유 민주주의 시장 경제'입니다. 이것이 바로 광주 정신이고, 대다수 대한민국 국민이 바라는 보편적인 가치와 정확히 일치하는 것입니다.

그러나 민주당은 우리 국민이 북한군에 의해 불에 타 죽어도 아무 말 못 하고, 민주화운동 이력을 핑계로 사익을 추구하고, 광주시민이 바라는 쇼핑몰 반대도 모자라 "그거 있어 봐야 어차피 광주는 가난해서 소비할 능력도 없다"며 비하하고 있지 않습니까, 여러분! 이런데도 찍어 줄 맘이 생깁니까! 복합 쇼핑몰이 들어서면 인근 자영업자 피해 본다는데, 서울 대전 대구 부산 복합 쇼핑몰 있다고 소상공인 다 망했습니까? 아니잖습니까! 오히려 유동 인구가 많아지고 일자리도 생겨서 지역 발전에 공헌을 하는 겁니다!

물론 그렇다고 국민의힘과 윤석열을 지지하기엔 우리 광주시민들의 마음이 아직 선뜻 내키지 않는 점, 저도 이해합니다. 그래도! 이제 좀 바꿔 봐야 되지 않겠습니까!

2022년 3월 1일 광주광역시 동구 문화전당(옛 전남도청)에서 연설 후 지지자들에게 호응을 받고 있는 윤석열 후보.

　우리 윤석열 후보는 안보관이 뚜렷하고, 대학 시절 모의 재판에서 전두환에게 사형을 구형했으며, 광주 복합 쇼핑몰을 공약하는 등, 광주 정신인 자유 민주주의 시장 경제를 누구보다도 가장 잘 실천할 후보입니다. 그리고 유능한 전문가들을 포용해 협치를 해서 국정을 잘 이끌어 나갈 것입니다. 마지막으로, 윤석열 후보는 "호남이 잘돼야 영남이 잘되고 대한민국이 잘됩니다"라는 유명한 말을 했을 만큼 화합의 정치에 진심인 후보입니다.

　광주시민 여러분! 부디 우리 윤석열 후보를 지지해 주셔서 우리 광주의 내일을 더 빛나게 해 봅시다, 여러분!

　감사합니다.

잠시만요, 끝으로 제 사적인 얘기를 좀 하겠습니다.

저희 아버님은 지금 뇌출혈로 쓰러지셔서 제가 하는 말을 잘 듣지 못하십니다. 근데 어머님은 건강하세요. 어머님은 그런데 제가 아무리 설득을 해도 이재명을 지지하십니다. 지지하는 것도 모자라, 김대중에게만 붙였던 '슨상님'이라는 칭호를 이재명한테 붙이고 있습니다. 정말 돌아 버리겠습니다. 그렇게 설득을 해도 안 됩니다. 그런데 어쩌겠어요, 제가 사랑하고 존경하는 어머니인데요.

여기 계신 광주시민들, 이재명 지지하는 분들 많습니다. 다 저랑 한 다리 건너면 아는 사이들 아닙니까? 그렇다고 그걸 꼭 그렇게 서로 미워하고 증오하고 그러면 되겠습니까?

그런데! 그래도 저희 어머니한테 꼭 한마디 하고 싶습니다.

"엄마, 저 의대 보내느라 고생 많으셨을 텐데, 이번만큼은 아들 믿고 윤석열 한 번만 찍어 줘.

사랑해, 엄마!"

감사합니다.

뜬금없이 어머니 이야기를 한 이유가 보이시죠? 광주 어르신들, 40년 전에 피 흘리는 시체를 본 기억이 있기 때문에 아무리 이성적으로 접근해도 마음을 바꾸게 하기 어려울 것이라 생각했습니다. 그래서 감성적인 접근을 한 겁니다.

저의 진심이 어머니께 전달된 걸까요? 어머니는 대선에서 윤석열을 찍었습니다. 윤석열 후보는 '87년 체제 이후 호남에서 가장 많은 득표율을 기록한 보수 후보였지요. 그래 봤자 12퍼센트였지만요.

진지전 실패의
교훈으로 뭉친 호지스탕스들

시곗바늘을 거꾸로 돌려, 최순실 사태로 시끄러웠던 2016년 겨울이었습니다.

광주에서 서울에 들르러 올라오신 어머니께서 일산에 자리 잡은 고향 친구분을 만나러 가신다기에 모셔다 드렸습니다. 저도 어릴 적 자주 뵌 적 있어 반갑게 인사하고 카페에 들어가 주문을 하는데, 가림벽 너머에서 열다섯 남짓한 사람들이 모여 무언가를 읽는 소리가 들렸습니다. 궁금해서 들여다보니 좌파 진영의 대표 지식인이자 간첩 혐의로 복역했던 신영복의 저서들로 일산 지역 주부들과 소규모 북 콘서트를 진행하고 있었습니다. 카페 사장님께 물어보니, 파주출판단지 관계자들이 일산의 카페들을 빌려 이런 행사를 자주 한다는 것이었습니다.

주최자들의 부지런함에 놀라고, 또 참가자들을 위한 배려에 놀랐습니다. 카페 한켠에 아이들을 위해 간이 미끄럼틀과 그네, 장난감이 있는 미니 놀이터까지 준비해 놓은 것이죠.

아이들을 놀이터에 풀어 놓고 잠시나마 해방된 주부들은 진행자의 강연에 담긴 '더불어' '겨레' '평화' '참교육' '노동' '협동조합' '친환경' 등의 아름다운 단어에 취해 옅은 미소까지 띠며 연신 고개를 끄덕이고 있었습니다. 후반부에서 세월호의 비극에 대해 격정적인 발언이 이어지자 참가자 일부는 눈물까지 흘리더군요. 결국 대한민국의 모든 문제의 근원은 적폐 서사의 종착지 박근혜 정부에 있고 이를 타파해야만 저런 '아름다운 단어'들이 다시 세상의 중심에 설 수 있다고 마무리 짓자 박수가 터져 나왔습니다.

'아! 이것이 그람시(Antonio Gramsci, 1891~1937)가 말한 진지전(陣地戰)이구나!'

지역 시민 사회에 침투해 문화적 헤게모니를 장악한 뒤 사회의 의식을 변혁한다는 좌파의 투쟁 전술을 직접 목격한 것이었죠. 투쟁은 성공적이었습니다. 참호 속에 단단히 자리 잡은 좌파 운동권이 문화적 규범의 옳고 그름을 정의했고, 앞서 언급한 '아름다운 단어'들이 아무런 저항감 없이 당연한 것으로 받아들여지는 세상이 된 겁니다.

만반의 조건이 갖춰지자 좌파는 기동전으로 전환했습니다. 촛불 시위를 필두로 박근혜 탄핵, 문재인 당선, 지방선거와 총선 승리로 권력을 장악한 겁니다. 공영 방송은 특정 정파의 나팔수로 전락해 버렸고, 서울시민의 세금으로 운영하는 라디오 방송에서 지독히 편파적인 진행을 하는 김어준이 고액의 출연료를 받아 갔습니다. 한 판사는 일제로부터 독립한 지 80년이 지난 대한민국에서 '독립운동 하는 심정으로' 징용공 문제를 판결해 큰 혼란을 일으켰습니다. 교육계마저 장악되어 미래 세대까지 이념을 대물림하는 시스템이 완성됐습니다. 나라가 완전히 넘어간 듯 했지요.

그러나 공고해진 권력을 내부에서부터 무너트리는 사건들이 속출했습니다. 전 국토부장관 김현미가 부동산 정책을 비판하는 일산시민에게 "그동안 동네 물이 많이 나빠졌네?"라 해서 화제가 된 사건도 그중 하나였습니다. 아마 '진지전에서 승리해 우리 사상을 심어 놨더니, 그새 이윤을 밝히는 천민 자본주의에 물들어 버렸네?'라는 생각이었겠지요.

이런 오만함에 국민적 반발이 뒤따랐고 결국 정권이 교체됐습니다. 하지만 겨우 0.7퍼센트 차이였죠. 아직도 대장동의 주범이 윤석열이라민으며, 범죄자가 허위였다고 자백해도 청담동 술자리가 있었다고 믿는 사람이 상당수입니다. 국민 피해가 뻔한 검수완박 법안 통과에 헌법재판소는 '절차는 위헌, 법률은 유효'라는 해괴한 결정을 내렸습니다. 간첩 사건이 드러나도 이젠 국민들이 별로 동요하지도 않습니다. 출판, 문화, 예술계의 기울어진 운동장은 심각하죠. 도대체 언제까지 거꾸로 읽어야 하는지 모를 유시민의 『거꾸로 읽는 세계사』가 아직도 베스트셀러이니 말 다 했습니다.

그들은 옳건 그르건 소명 의식을 가지고 반독재, 통일, 인권, 민주화, 환경운동을 수행했습니다. 때론 목숨을 걸었어요. 그렇게 대중의 마음을 움직였습니다. '반공과 경제 성장, 지역 구도'면 모두 우파가 이겼던 시대를 뒤엎은 것이죠.

우파들도 이제 진지전에서의 패배를 인정하고 대중에 다가가려 노력 중입니다. 하지만 비슷한 성향 가진 사람끼리 연결되는 알고리즘의 한계가 있는 플랫폼에만 콘텐츠를 올리거나, 아무도 들어 주지 않는 광장에 홀로 서서 그저 자기 생각만 내지르며 소음을 양산해, 도리어 우파에 대한 혐오감만 양산하는 것 같아 아쉽습니다.

우파의 핵심 이념은 '공짜는 없다'입니다. 복지를 축소하자는 주장을 어렵게 하루하루 살아가는 분들께 쉽게 말씀드리긴 어렵지요. 먹기에 쓰디쓴 메인 요리라, 접시라도 예쁘고 깔끔해야 합니다. 이념을 위해 목숨을 내놓으라는 말이 아닙니다. 우파적 이념에 대해 적당히 타협하자는 말은 더욱 아닙니다. 좌파가 그들의 이념을 설파할 때, 듣는 사람이 육아에서 벗어나 맘 편하게 참여하기 위해 힘들여 설치한 아기용 놀이터를 배우자는 것입니다.

세상일에 관심이 많던 제가 좌파적인 이념을 대대로 공유할 수밖에 없었던 현실과 좌파에서 그토록 열심히 수행하는 진지전의 실체를 알게 된 뒤 저는 국민의힘 광주광역시당, 전남도당, 전북도당이 그런 역할을 해 주면 얼마나 좋을까 하는 생각을 가지고 있었습니다.

현실은 전혀 그렇지 못했습니다. 광주에서 출마했던 주동식 선생과 함께 국민의힘 광주시당을 방문해 보니, 좁아 터진 공간에 직원은 겨우 서너 명뿐이었고, 대선 당시 파이팅 넘치던 모습과 거리가 멀었습니다. 그런 모습도 이해가 됐던 게, 국민의힘이 조금만 잘못해도 좌파 단체들이 당사 앞에 몰려와 시위를 하는 통에 아무것도 할 수 없었다고 합니다. 심지어 철야 농성 하는 분들 때문에 집에 들어가지 못한 적도 있었다고 합니다.

결국 저는 직접 시민단체에서 진지전과 기동전을 해 보기로 마음먹고 '호남대안포럼'이라는 시민단체에 가입했습니다.

호남대안포럼은 2020년 총선 후 민주당의 독재가 심화된 호남 지역에서 '다른 목소리'를 내기 위해 교수, 전문직, 총선 출마자, 자영업자 등 지식인들이 모여 만든 단체입니다. 그만큼 정치적 스펙트럼도 넓어 안에서 자주 다투기도 하지만, 나름 단결해서 우파적 이념과 역사 인식을 가진 연사들을 초청해 강연을 진행하고 탈원전 반대, 러시아의 우크라이나 침공 반대, 민족미술협회의 윤석열 비하 그림 전시 반대 시위 등을 진행했습니다. 동참하는 시민들은 아직 적지만, 우리의 강연에 고개를 끄덕여 주고 시위 때 박수를 보내 주는 분들을 보고 희망을 느꼈습니다.

주로 강연을 진행하는 광주 옛 전남도청 앞 전일빌딩 주변엔 온갖 좌익적 구호가 난무하는 현수막들이 걸려 있습니다. '윤석열 탄핵' 정도는 부드러운 축이구요. 초청받은 연사들이 그런 문구에 에워싸인, 5·18 당시의 총격 흔적이 고스란히 남은 살벌한 분위기의 전일빌딩에 들어서서 열정 가득한 저희를 만나면 "독립군 만난 것 같다"고들 합니다. 호남의 '호'자를 붙여 '호지스탕스'라는 별명도 얻었습니다.

J가 대진연에서
나온 까닭은

5·18 때 태어나지도 않았던 청년들에게 좌파적 이념이 대물림되는 것이 안타까웠던 저였기에, 우파의 불모지나 다름없는 호남에서 힘겹게 활동하는 청년 활동가들에게 밥도 사 주며 얘기도 나누고 했습니다. 그중 큰 울림을 준 J라는 청년의 이야기를 소개해 볼까 합니다.

J는 한때 강성 좌파 단체인 대학생진보연합(대진연)에서 활동했습니다. 대진연은 친북 성향 학생운동 단체인 한국대학총학생회연합(한총련)의 후신으로, '김정은 연구 모임'을 만들어 김정은을 찬양하고, 반미 시위를 주도하며 주한 미국 대사관저와 용산 미군 기지에 난입하고, '태영호 체포 결사대'를 만들어 협박하고, 나경원 의원실을 기습 점거하는 등 과격한 활동으로 유명해진 단체지요.

나　　J야, 넌 어떻게 그 단체에 들어가게 됐어?

J　　어렸을 때부터 힘들게 자라서 그런지, 부자를 대변하는 이미지가 있는 한나라당(당시)에는 마음이 잘 안 가더라고요. 거기다 밥

상머리에서 맨날 이명박과 박근혜 욕을 들었고, 학교에서도 마찬가지였어요. 그렇게 정치 진영을 선과 악으로 나눠 보는 세계관이 형성된 것 같아요. 형도 광주 분위기 아시잖아요(웃음). 대진연은 저 같은 생각을 가진 학생들에게 접근했어요. 친해진 뒤에는 5·18 폭력 진압 영상과 세월호 관련 영상을 보여 주며 분노를 심어 주죠. 그리고 "사람이 사람다운 사회를 만들어야 한다. 세상을 바꾸는 데 함께하자"며 행동하게 만들어요.

나　아무리 그래도, 대진연과 지금 너의 활동 방향은 너무 먼 거리 아니야? 도대체 무슨 일을 겪었길래 탈출하게 된 거야?

뜻밖의 대답이 돌아왔습니다.

J　맥도널드에서 알바 하면서 생각이 바뀌었어요.

나　헐! 맥도널드? 아니, 대진연 식 세계관에서 맥도널드는 미 제국주의의 앞잡이고 노동자를 착취하는 악덕 부르주아의 상징 아니야?

J　하하, 돈이 궁해서 어쩔 수 없었어요. 햄버거로 끼니도 해결할 수 있었고요. 근데 막상 일해 보니 휴식 시간, 주휴 수당, 추가 근무 수당 칼같이 챙겨 주고, 근무 스케줄도 근로자 입장을 충분히 반영해서 짜 주는 거예요. 오히려 근로자들을 존중해 주고 시스템도 민주적이더라고요. 직원을 기계 부품처럼 소모하고 착취한 뒤 버리긴커녕 '이 소중한 직원을 잘 교육해서 우리 회사를 책임질 인재(staff)로 성장시키겠다'는 의지가 보였어요. 기업을 다시 보게 된 거

죠. 대진연 동지들보다 맥도널드 직원들이 더욱 치열하게 삶을 살아가고 있는 것도 느꼈어요. 어느 순간 대진연을 비롯한 주사파 운동권들이 기업에서 일도 제대로 안 해 봤으면서 노동 어젠다를 떠드는 게 한심하게 느껴지더라고요.

광주에서는 9급 공무원만 돼도 성공했다고 자랑할 정도잖아요? 일자리가 많지 않은 지방 청년의 삶을 대진연에서 활동할 때보다 오히려 잘 알게 되더라구요. 딱 그때 입시 비리로 딸을 의대 보낸 조국을 대진연 사람들이 옹호하는 걸 보니 분노할 수밖에요. 이미 기득권이 된 운동권을 우리가 왜 편들어 줘야 하나요?

게다가 민주당은 민주주의 가치를 위해 투쟁하는 홍콩 시위대를 중국이 무력 탄압하는 데는 입도 뻥끗 안 하면서, 자신의 정권을 지키려 북한 주민을 탄압하는 김정은만 옹호하잖아요. 이런 민주당과 김정은을 추종하는 사람들을 대진연에서 똑똑히 봤고, 이들과 연관된 인사들이 문재인 정권에서 일하는 걸 보니 나라가 위험해 보이더라고요. 이건 좌우의 문제가 아니라 우리 공동체에 대한 위협이잖아요.

J의 말을 들으며, '사람이 사람다운 사회'를 오히려 더 잘 구현할 수 있는 건 우파가 지향하는 최고의 가치인 기업 활동이라는 것을 새삼 실감했습니다.

역사의 아픔 때문에 형성된 선악의 세계관이 대대로 공유되어서일까요? 대진연을 비롯한 좌파 성향의 학생운동 단체에는 호남 출신 청년이 많고 리더 그룹에서도 빠지는 법이 없다고 합니다. 저 때도 서울 명문대 들어간 고등학교 동창이 학내 좌파 단체에 들어갔더니 선배들이 "광주 출신은 혁명의 피가 흐른다"며 우대해 줬다고 합니다. 웃픈 현실이죠. 이 현실을 그대로 두고 보기만 할 수는 없었습니다.

번영의 씨앗을
북녘에도

다음은 대한민국과 호남의 선교 이야기, 그리고 북한 인권에 대해 많은 생각을 하게 한 강연 이야기입니다.

말씀드렸듯이 저는 가족 모두가 불교 신자라서, 어릴 적 뛰놀던 광주광역시 양림동 일대에 선교사들이 세운 광주기독병원, 수피아여고와 고풍스러운 건축물들에 별 감흥이 없었습니다. 아니, 솔직히 말해 강압적 선교 방식과 보수적인 정치적 태도에 부정적인 인식이 더 컸지요.

그랬던 제가 어쩌다 보니 소화기내과 수련을 받기 위해 세브란스병원에 입사하게 됐습니다. 그런데 입사자 전부 원목실장과 면담하라는 것이었습니다.

'와함마! 다 큰 으른들한테 뭔 대학교 채플도 아니고 목사 면담을 시킨다냐? 휘따, 나가 이래 봬도 모태 불교랑께!'

내키지 않았지만 일단 들어가 봤습니다. 원목실장님이 반가운 목소리로 물었습니다.

"박은식 선생님! 우리나라에 개신교가 언제 들어온 지 아십니까?

느닷없는 역사 상식 테스트에 제가 심드렁하게 대답했습니다.

"저는 불교라 잘⋯"

"그렇다면 박은식 선생님, 우리나라 교회 1호점이 어딘지 아십니까?"

제중원(왼쪽)과 오늘날의 신촌세브란스병원

"저는 불교라 잘…."

"박은식 선생님, 저희 세브란스병원의 전신(前身)이 제중원이라는 사실은 잘 아실 겁니다. 우리나라 최초의 서양 의사이자 선교사인 앨런이 권력자 민영익을 치료해 주고 고종의 지원을 받아 세운 최초의 현대 의학 병원인 광혜원이 제중원이 됐지요. 그곳에서 앨런과 뒤이어 들어온 의료 선교사 헤론 부부가 함께 1887년 11월 21일 예수님께 예배를 드린 것이 최초의 예배이자 개신교 교회의 시작이었지요. 이 세브란스병원이 우리나라 교회 1호점이랍니다!"

그러면서 사진을 한 장 보여 주셨습니다.

"이 허름한 기와집이 의료 선교사 앨런이 세운 제중원입니다. 이후 세브란스 씨가 거금을 기부해 주셔서 지금처럼 크게 성장할 수 있었지요. 세브란스 씨는 저희 말고도 개발도상국 여러 곳에 기부했는데 돈이 어디로 사라졌는지 알 수가 없고, 오직 대한민국의 세브란스병원만이 기부자의 명예를 드높이고 있지요. 세브란스의 역사가 곧 대한민국의 눈부신 발전을 보여 주는 역사입니다. 이것이야말로 주 예수께서 행하신 '밀알 한 알이 황금빛 밀밭이 되고 물방울이 포도주가 되는 기적'이 아니겠

양화진 묘역의 이름 없는 어린이 무덤

습니까? 기적의 순간에 함께해 주셔서 감사합니다, 선생님!"

말씀을 듣고 선교 역사에 관심이 생긴 저는 그날 퇴근하는 길에 선교사들의 무덤이 있는 양화진에 들렀습니다.

2대 제중원 원장인 헤론은 테네시 의과대학을 수석 졸업해 교수직이 보장됐음에도 조선에 와서 1년 동안 1만 명 넘는 환자를 진료하다 34세에 이질에 걸려 사망했습니다.

3대 원장인 빈턴은 부인과 세 자녀를 조선 땅에서 잃었지요. 그들의 묘지 옆에는 이름 옆에 'Infant'(젖먹이)라고 적은 묘비도 수십 기 있었습니다. 열악한 조선의 위생 상태와 의료 시설 탓에 태어난 지 얼마 되지 않아 죽은 선교사 자녀들의 묘비였습니다. 배우자와 어린 자녀들을 먼저 보내며 선교사들이 느꼈을 가늠할 수 없는 슬픔의 깊이에 숙연해지다 눈물이 났습니다.

예수를 '서양 귀신'이라며 피하던 조선인들은 아픈 이들을 몸 바쳐 치료하는 선교사들에게 마음을 열었고, 새로운 학문과 사상을 받아들였습니다. 지독한 가난과 노예 생활이 당연한 줄 알았던 조선인들은 그렇게 '인권', '평등'에 눈을 떴습니다. 구시대적 신분 질서가 해체되기 시작한 것이지요.

이뿐만 아니라 선교사들은 배재학당 등을 세워 이승만 같은 걸출한 지도자들을 키워 내고 엄혹한 시기에 미국의 유력 인사들에게 도움을 받도록 연결해 주어 독립과 대한민국 건국에 크게 기여했습니다. 번영의 씨앗을 뿌린 것입니다. 선교사들을 비롯해 앞선 이들의 헌신에 고마운 마음을 갖게 된 것도 저의 정치 성향이 보수적으로 바뀌는 데 일조했습니다.

한번은 호남대안포럼 모임에 탈북 작가 지현아 씨를 초청해 북한 인권에 대해 강연을 진행했는데, 충격적인 이야기를 들었습니다. 북한을 탈출했다가 중국에서 붙잡히고서 코로나 팬데믹 기간에 북한으로 송환되지 못하던 2,000명이 곧 모두 강제 송환되어 고문, 강제 노동, 성폭력에 시달리고 총살당할 수도 있다는 것이었습니다. 지현아 작가가 속한 북한 인권단체가 국내의 중국 영사관들 앞에서 강제 송환 반대 시위를 하는데, 다른 지역과 달리 광주에서는 동참하는 사람이 없어 매번 1인 시위를 하고 있다는 것이었습니다.

어느 도시보다 더욱 자유 민주주의와 인권을 부르짖어야 할 광주가 어쩌다 이렇게 됐을까요?

게다가 호남은 유진 벨 같은 미국 남장로교 소속 선교사들의 열정적 활동으로 수많은 학교와 병원이 들어서며 주민을 감동시켜 개신교 신자 비율이 22퍼센트로 전국에서 가장 높습니다. 영남(대구·경북 12%, 부산·울산·경남 6%)에 비해 거의 2~4배나 되는 수치지요.

개신교의 핵심 교리는 결국 인권이고 이것이 서구 자유 민주주의와 자본주의 발전에 사상적 바탕이 되었는데, 어떻게 그 많은 호남의 개신교인이 북한에 한마디를 못 한단 말인가요?

햇볕정책은 틀렸습니다. 폭파된 남북공동연락사무소와 북한 주민의 처참한 인권 실태, 그리고 대한민국을 겨누는 핵무기가 그것을 말해 줍니다.

강연이 끝나고 안타까운 마음에 어릴 적 뛰놀던 양림동에 들러 봤습니다. 고풍스러운 선교사 사택 주위로 세련된 카페와 맛집이 생겨 있고 시민들이 주말을 즐기고 있었습니다. 이런 일상을 북한 주민도 누릴 수 있도록 자유와 번영의 씨앗을 뿌리는 것이 선교사들의 헌신에 보답하는 길 아닐까요?

호남의 많은 개신교인이 나서 주었으면 좋겠습니다. 모태 불교 신자인 저도 거들어야겠습니다.

정율성 기념사업
반대 투쟁

어줍잖게 〈조선일보〉·〈중앙일보〉·〈동아일보〉에 칼럼을 쓰게 되면서 호남대안포럼이라는 단체의 이름을 제법 알릴 수 있었습니다. 그러나 호남대안포럼이라는 이름을 전 국민에게 각인시킨 활동은 뭐니 뭐니 해도 '정율성 기념사업 반대 투쟁'일 겁니다.

정율성은 광주에서 태어나 독립운동 하러 중국으로 건너가, 중공군에 복무하며 14억 중국인들이 부르는 「애국가」급 노래를 작곡한 음악가

광주광역시 남구 정율성로에 세워졌던 동상(왼쪽)과, 정율성이 다닌 화순 능주초등학교에 그려졌던 벽화

입니다. 중국 공산당 서열 2위인 저우언라이(주은래)의 사위로도 유명하지요.

노태우 정권 시절 소련의 붕괴로 체제 전쟁이 자유 시장 경제 진영의 완전한 승리로 끝나고 북방 정책을 추진하면서, 한중 우호를 상징하는 인물로 정율성이 '발굴'됐습니다. 광주에 '정율성로'가 생기고 동상이 세워지고, 그가 다녔다는 화순 능주초등학교에는 벽화와 동상이 세워졌죠. 정율성 동요제가 열리고 다큐멘터리까지 제작됐습니다. 단순한 한중 우호 사업을 넘어 우상화에 가까웠습니다.

문제는, 정율성이 6·25 때 북한 인민군과 중공군에 복무하며 남한 침략 및 약탈에 적극 가담한 사실은 알려지지 않았다는 것입니다.

정율성은 1939년 중국 공산당에 가입했고, 해방 직후인 1946년에는 황해도 해주 노동당 선전부장에 임명된 뒤 여러 보직을 거치며 「조선인민군 행진곡」 등을 작곡했습니다. 6·25가 나자 조선인민군 소속으로 서울까지 쳐들어와 양반가를 뒤져 조선 궁중 악보를 약탈했구요. 그해 9월에 중국으로 돌아갔던 그는 이번엔 중공군의 일원으로 돌아와 국군

2023년 8월 27일 정율성 기념사
업 반대 투쟁에서 마이크를 잡은
필자

을 향해 총을 쏘았습니다. 북한군과 중공
군은 정율성이 작곡한 군가를 부르며 국
토를 유린했습니다.

'정율성로', 즉 광주광역시 남구 양림동
휴먼시아 아파트 담벼락에 적혀진 정율성
의 일대기에는 이런 내용이 빠져 있습니
다. 그의 행적이 2012년부터 일부 언론에
보도되긴 했지만, 중국을 통해 북한을 견
제하려 한 박근혜 정권의 영향과, 친중 성
향이 강한 민주당이 장기간 집권해 온 광
주라는 지역 배경 탓에 널리 알려지지 못
했습니다. 어린 시절 정율성로가 있는 양림
동에서 살았고 최근까지도 아버지의 병환
때문에 양림동 광주기독병원을 자주 방문
했던 저도 이 사실을 2020년에야 겨우 알
았을 정도입니다.

우상화 작업 끝에 광주시는 48억 혈세를 들여 정율성 생가에 기념 공
원을 조성하기로 하고 벌써 110억 원에 달하는 돈을 썼습니다. 저를 포함
한 호남대안포럼 회원들이 칼럼과 장외 투쟁을 통해 이 문제를 알렸죠.

결국 박민식 보훈부장관이 페이스북을 통해 정율성 기념 사업 중지
를 권고하고 강기정 광주시장이 이를 거부하면서 단번에 큰 이슈로 떠
올랐죠.

저희는 다음과 같은 입장문을 내고 장외 투쟁을 시작했습니다.

정율성 기념공원 조성 전면 철회하라

광주광역시는 정율성 기념공원 조성을 전면 철회하십시오.

6·25 전쟁 당시 북한군과 중공군은 정율성이 작곡한 노래를 부르며 우리 고장을 유린했고 정율성 그 자신도 북한군과 서울까지 침범해 내려왔습니다.

어떻게 우리에게 총을 쏜 침략자를 국민 세금으로 기념한단 말입니까?

이곳 양림동 일대는 조선 말부터 선교사들이 자신을 희생해 가며 호남인들을 치료하고 교육하던 곳으로 기릴 만한 문화 자원이 많습니다. 또 서재필 박사 등 호남 출신 독립 유공자가 무려 전체 독립 유공자의 15퍼센트나 될 정도로 인물이 많습니다. 그런데도 굳이 침략자를 기념하는 것은 호국 영령을 조롱하는 것이자, 국가 정체성에 대한 전면적 부정 아니겠습니까?

강기정 시장은 정율성이 광주의 '역사 문화 자원'이라고 했습니다. 어떻게 침략자를 중국인 관광 호객으로 쓰겠다는 것입니까?

강기정 시장은 또 "적대의 정치를 넘어 우정의 정치를 하자"고 했습니다. 그러나 침략자는 우정의 상대가 될 수 없고, 정율성을 기념하는 행위야말로 대한민국을 적대하는 정치일 뿐입니다. 강 시장의 논리대로라면 김일성·김정일·김정은 삼부자와도 우정의 정치를 할 수 있다는 말인데, 강 시장은 이에 동의할 수 있습니까?

강기정 시장의 발언은 광주시민과 광주시민이 일군 민주화운동의 역사에 먹칠을 한 것입니다.

5·18 당시 광주시민은 '북괴는 오판 말라'라는 현수막을 걸고 자유 민주주의를 수호했습니다. 그러나 오늘 광주시장은 북괴의 부역자를 기념하자며 자유 민주주의를 오판하고 있습니다.

존경하는 고향 광주시민 여러분!

이제 우리 광주시민께서 목소리를 내 줘야 하지 않겠습니까!

그리고 민주당은 강기정 시장의 정율성 공원 추진에 대해 당론을 밝혀 주십시오. 정녕 침략자를 국민 세금으로 기리는 것이 민주당의 당론입니까?

6·25 전쟁 당시 수많은 호남인은 북한의 침략에 맞서 조국을 수호했습니다. 그러므로 우리는 선택해야 합니다. 조국과 고향을 지킨 우리의 선조들을 기릴 것인가, 아니면 우리의 선조를 도륙 낸 침략자를 기릴 것인가?

결론은 하나밖에 없습니다. 광주 어느 곳에서도 침략자를 기릴 한 뼘의 땅도 내어줄 수 없습니다. 우리의 선조가 피로써 지킨 땅입니다.

정율성 기념공원 조성을 전면 철회하라!

양림동 정율성로를 조속히 개칭하라!

강기정 광주시장은 사과하라!

민주당은 정율성 기념공원 조성에 대한 당론을 밝히라!

감사합니다.

2023년 8월 27일

상식과 정의를 찾는 호남대안포럼

그리고 연평 해전에서 전사한 고 서정우 하사의 어머님이신 김오복 전 대성여고 교장선생님을 비롯, 5·18민주화유공자공법단체 및 전국학생수호연합 등의 단체와 시민 연대를 결성해 투쟁을 지속했습니다.

그 결과 MBC 정율성 동요제가 취소되고, 화순 능주초등학교의 벽화 및 동상은 철거하기로 했으며, 광주 남구의 정율성로는 명칭 변경을 위한 주민 공청회를 열기로 하는 등의 성과를 거두었습니다.

정율성 기념사업 반대 투쟁에 대해 여러 반론이 있습니다. 독립운동의 공이 있는데 과(過)만 부각시키는 것 아니냐는 게 대표적입니다. 하지만 문재인 정권에서 정율성을 띄우려고 수훈을 추진했을 때, 당시 보훈처 심사에서조차 "행적이 뚜렷하지 않다"며 기각했습니다. 통영에 윤이상 기념관이 있다고 하지만, 윤이상이 음악적으로 세계적인 거장으로 인정을 받은 데 비하면 정율성은 프로파간다 음악만 했습니다. 밀양에 김원봉 공원이 있다고 알려져 있지만 정확히는 의열단 공원입니다. 그리고 의열단이 전부 공산주의로 간 것도 아닙니다.

이제 정율성 기념공원 조성 계획 취소만 남았습니다. 다만, 이미 많은 공정이 진행된 만큼 출구 전략이 필요하겠지요. 마침 양림동 그 지역엔 헐벗은 조선 민중을 위해 병원을 세우고 학교를 세운 선교사들의 역사가 있고, 학도호국단이 결성된 역사도 있습니다. 정율성을 포함한 이런 주제들을 모두 함께 모아 가칭 '근대역사문화관'으로 꾸미면서 주민의 쉼터로도 고치는 건 어떨까요?

호남대안포럼의 이런 일련의 활동의 목표는 오직 한 가지, 호남과 대한민국의 경계가 사라지게 하는 것입니다. 호남과 광주가 민주화의 성지라고 스스로 내세우지 않고, 보수와 진보가 공존하는 대한민국의 그저 평범한 한 지역이 됐으면 좋겠습니다.

18

호남인들에게 고함

그리고 정권이 교체됐지만, 2년이 넘도록 민주당은 달라지지 않았습니다. 지속적으로 후쿠시마 처리수 괴담을 유포하고, 이태원 사망자를 정치적으로 이용했고, 180석 거대 정당의 힘을 민생에 쓰지 않고 노웅래·이재명·윤관석·이성만 의원의 체포 동의안을 부결시켰죠.

이 과정에서 광주 사람인 저를 열받게 하는 단어가 보였습니다. '겉은 민주당, 속은 국힘'을 일컫는 '수박'입니다.

모르는 분들이 뜻밖에 많던데, 수박은 원래 호남과 5·18을 비하하는 단어였습니다. 5·18 당시 머리에 총을 맞고 피 흘리는 시체를 비하하는 패륜적인 단어였지요. 겉은 초록색인데 속은 빨간색, 그러니까 겉과 속이 다르다는 겁니다. 이재명 대표가 지난 대선 경선에서 이낙연과 겨루며 직접 언급했지요.

자부심을 가졌던 호남이라는 단어를 부끄럽게 만드는 사건도 있었습니다. 윤관석 의원이 돈봉투를 건넬 대상으로 지목된 의원들의 실명이 거론되자 당시 민주당 이정근 사무부총장이 "오빠, 호남은 해야 돼"라고 강조했다고 합니다. 이재명 대표의 측근인 김용 전 민주연구원 부원장은 "호남 놈들은 돈을 줘야만 움직인다"고까지 말했다지요.

호남인들이 그렇게 지극정성으로 지지하는 민주당 내부에서조차 호남인들을 깔보는 현실, 그런 일이 터져도 분노하지 않는 호남의 현실이 저는 너무나 안타까웠습니다.

그 모욕감이 채 가시기도 전에, 이번에는 전라북도 새만금 잼버리 대회에서 사달이 났습니다. 잼버리를 위한 새만금이 아니라, 새만금 개발을 위해 잼버리 대회를 주객전도로 유치하고는 정부 예산을 끌어다 공무원과 정계 인사들의 돈 잔치만 하다가 미숙한 진행과 불결한 시설 등 추한 모습을 세계만방에 보이고 말았죠. 온라인 사이트들과 심지어 TV 프로에까지 전라도를 비하하는 밈이 또 나돌기 시작했습니다.

호남 청년의
6가지 제안

이런 일련의 일들을 겪으면서 저의 안타까운 마음을 담아 고향 호남 분들에게 고하는 형식으로 〈조선일보〉에 쓴 칼럼을 옮겨 봅니다. 신문에 실린 제목은 '새만금 공항부터 취소합시다: 호남 청년의 6가지 제안'이지만, 제가 원래 쓴 제목으로 옮깁니다.

호남인들에게 고함

호남인 여러분. 새만금 잼버리 사태를 보며 얼마나 마음이 아프셨습니까? 광주가 고향인 저도 부끄러워 얼굴을 들 수 없었습니다. 안타깝지만 지금은 실의에 빠져 있을 때가 아닙니다. 남 탓을 할 때는 더욱 아닙니다. 이런 문제가 반복되지 않도록 호남이 스스로 변해야 할 때입니다.

먼저, 재경 학숙을 없앱시다. 은평구와 동작구의 남도학숙, 서초구의 전북장학숙 3곳의 땅과 건물만 팔아도 수천억은 족히 나올 겁니다. 이 돈을 호남 지역에 뿌리 내린 청년을 위해 씁시다. 속인주의가 아니라 속지주의를 하자는 겁니다. 이미 지방은 타 지역, 심지어 타국에서 온 사람이 많이 정착해 있습니다. 이분들과 주민들이 쓸 돈도 부족한데 왜 돈이 넘쳐나는 서울에 쏟아부어야 합니까? 어차피 상경한 청년은 대부분 고향으로 돌아오지 않습니다. 세금으로 지역 인재를 유출시키는 꼴이지요. 지역 인재들이 중앙에서 성장해서 훗날 예산을 많이 끌어올 거라고요? 그렇게 예산을 따 온다고 지역의 자생적 성장 역량이 생기던가요? 결국 건설사들만 배불리고 끝나지 않았습니까?

둘째로, 세금 낭비하는 사업들을 호남이 솔선수범해서 정리합시다. 새만금공항 건립부터 취소합시다. 불과 1.5킬로미터 떨어진 곳에 군산공항이 있습니다. 양심이 있다면 국민의 피 같은 세금, 그렇게 길바닥에 쏟아부어선 안 됩니다. 매년 800억 적자가 나는 무안공항과 200억 적자가 나는 광주공항 둘 중 하나는 정리해야 합니다. 학령 인구가 감소하는데 그러지 않아도 적자에 허덕이는 한전이 한전공대를 짓는 게 맞습니까? 기존 전남대나 GIST(광주과학기술원)로 통폐합하는 것이 맞습니다. 이런 모습을 보여야 다른 지역도 수익성 없는 사업 추진을 멈출 것입니다.

셋째, 기업을 우대합시다. 호남은 엄혹했던 일제강점기에도 민족 최고 대기업 경성방직을 키워 냈습니다. 그랬던 호남이 지금은 대기업의 농업 진출을 반대한다며 새만금 LG스마트팜 프로젝트를 무산시키고, 대기업이 소상공인의 유통업에 침범한다며 복합 쇼핑몰 입점도 거부하고 있습니다. 대신 광주·군산형 일자리처럼 국민 세금이 들어가는 사업에만 혈안입니다. 심지어 전 전북 교육감 김승환은 과거 전북 지역의 학생들을 삼성에 취직시키지 말라는 지시까지 했습니다. 이래서야 되겠습니까? 투자와 고용을 통해 지역의 자생적 성장 역량을 갖게 해 주는 것은 결국 기업입니다. 입주하려는 기업을 우대하고 무리한 기부채납을 요구하지 않아야 합니다.

넷째, 반(反) 대한민국 세력과 역사적 상징 인물을 단호히 배격합시다. 김성수와 송진우 같은 호남의 인재들이 주도해 자유 민주주의 대한민국을 건국했습니다. 그랬던 호남이 내란 선동으로 해산된 통합진보당의 후신 정당 정치인을 뽑아 주고, 중국 인민해방군 군가와 북한 인민군 군가를 작곡한 정율성의 이름을 딴 길을 만들고 동상을 세워서야 되겠습니까? 호남도 대한민국 아닙니까?

다섯째, 호남에 '민주화의 성지'라는 단어를 그만 붙입시다. 존경하는 고향 어르신들의 피로 이룬 민주화의 가치를 부정하는 것이 아닙니다. 호남을 특정 정당에 가두고 민주주의의 중요한 원칙인 권력 분립과 상호 견제가 이뤄지지 못하게 막기 때문입니다. 권력을 견제하지 못하니 잘못된 잼버리 부지 선정 과정을 중단시킬 수 없었던 것 아닐까요? 그리고 '성지'라는 단어는 호남인에게 성역화를 강요합니다. 마치 신성불가침인 폐쇄적 종교 집단처럼 민주라는 가치를 독점한 집단이 독재를 하는 것이지요. 이러면 다른 의견을 말하고 실정을 비판했다간 이단이 돼 버립니다. 국민의힘에도 광주를 위해 투쟁했던 민주화운동가가 많은데 5·18 묘역 참배도 못 하고 쫓겨나기 일쑤입니다. 이래도 민주화의 성지라고 할 수 있을까요?

마지막으로, 호남인이 진정 원하는 정책을 추진하도록 목소리를 내야 합니다. 대다수 국민은 호남인이 민주당이 추구하는 정책에 모두 동의하는 것으로 여깁니다. 호남이 민주당의 가장 강한 지지 세력이니까요. 그런데 실제 한 분씩 그 정책들에 동의하시는지 물어보면 아니라고 합니다. 호남에서 농사짓는 분들은 영산강 보 해체를 반대합니다. 목포 출신 공무원이 북한군에게 불태워 죽임을 당했는데 아무 말 못 하는 대북 정책에 절대 동의하지 않습니다. 민의가 왜곡되고 있는 겁니다. 이걸 바꾸려면 한 정당에 대한 무조건적 지지를 거둬야 합니다. 박정희의 고향 구미에서 민주당 시장이 나온 것처럼, 김대중의 고향 신안에서도 국민의힘 군수가 나와야 민주당 정치인들도 긴장하고 호남인의 목소리에 귀 기울이지 않을까요? 호남과 대한민국의 발전을 위해, 이제 좀 바꿔 봅시다.

이 칼럼이 제가 쓴 〈조선일보〉 단일 칼럼으로는 가장 많은 '좋아요'와 댓글 수를 기록했습니다. 동시에 이 칼럼은 〈조선일보〉에 기고한 마지막 칼럼이 되었습니다. 계속 쓸 수도 있었지만, 제 칼럼이 너무 우파 진영에서만 소비된다고 느끼기도 했고, 한 광주 분으로부터 "선생님 글이 너무 좋아서 널리 퍼트리고 싶은데, 조선일보 마크가 찍혀 있으면 사람들이 클릭을 안 하니 원문만 보내 주세요"라는 말을 듣고 나서 그런 결심을 했지요.

국민의힘
영입

조선일보 마지막 칼럼이 큰 반향을 일으키자 국민의힘 김기현 대표님 측에서 연락이 왔습니다. 대표님께서 호남대안포럼 전북지회 창립식 및 강연에 참석한 길에 저를 보고 싶다는 것이었습니다.

2023년 9월즈음 김기현 대표님과 독대를 하고 정식으로 영입 제안을 받았습니다. "호남과 의료인이라는 아이덴티티 상 비례대표직이 좋아 보이지만, 연설을 잘하시는 걸 보니 당선 가능성이 높은 서울 좋은 지역구에서 직접 뛰는 것이 좋겠다"고 추천해 주셨습니다. 영광이었지만 "아직 가족들의 반대가 심하고, 만약 정치를 시작하게 되더라도 직접 제 고향 광주시민들을 한 분이라도 더 만나 설득하고 싶으니 제가 광주 출마를 결정하게 되면 저를 좀 띄워 달라"고 말씀드렸습니다. 김기현 대표님은 '뭐 이런 놈이 다 있지?' 하는 눈빛으로 "좋은 제안에 이런 반응을 보인 분은 처음이었다"며 저의 결정을 기다리겠다고 말씀 주셨습니다.

며칠 뒤에는 이철규 의원(당시 사무총장)님과도 만나 뵙고 좋은 제안을 받았으나 역시 같은 말씀을 드렸지요.

그런데 그해(2023) 10월 국민의힘이 강서구청 재보궐선거에서 18퍼센트 차이 대패를 하게 됩니다. 당 안팎에서 지도부 사퇴를 요구하는 목소리가 커졌죠. 그러면서 김기현 당 외연을 확장하는 '혁신위'를 띄우겠다

김기현 당시 국민의힘 대표에게 인재영입위원 임명장을 받는 필자

고 공언합니다.

그 최고위 회의가 끝난 뒤 한 시간 후에 김기현 대표님께서 직접 전화를 주셨습니다. 보수의 불모지나 다름없는 호남에서의 활동과 코로나 확진자를 진료한 청년 의사라는 저의 캐릭터가 당의 외연을 확장하고 혁신하는 데 제격이라며 혁신위원장을 맡아 달라고 하셨습니다.

처음엔 제가 맡기에 너무 큰 자리라 당연히 거절했는데 이틀 뒤 다시 부탁하셔서 많은 고민을 했습니다. 이 책에 쓴 내용들을 공개적으로 말할 기회를 가질 수 있었으니까요. 꼭 이념적인 이야기를 하지 않더라도, 다수당이던 민주당 안규백 의원님이 발의한 조력존엄사법이라도 통과시켜 민생도 챙기고, 시민단체 활동을 하며 만난 좋은 분들을 혁신위로 모셔 발언하게 하는 것도 좋아 보였습니다. 고민했지만 제게 너무 부담스러운 자리이기도 하고 가족의 반대도 심하고 병원 자리를 당장 정리하기 힘들어 거절했습니다.

그러면서 이철규 의원님께 영입이 확정되었다고 들었던 인요한 연세의대 교수님을 추천해 드렸습니다. 호남의 근대화를 이끈 유진 벨 선교사님의 후손이기도 하고 김대중부터 박근혜 정부까지 많은 역할을 해 오셨으니까요. 결국 인요한 혁신위가 출범하게 되었습니다.

이후 이철규 의원님께서 다시 인재영입위원직을 제안해 주셨습니다. 주 1회 회의라 병원 일 병행 부담도 덜하고 좋은 분들을 많이 추천할 수 있어서 합류하게 되었습니다. 제가 정치적 힘이 미약한 상태라 제가 추천한 분들을 최종적으로 출마까지 시킨 사례는 많지 않았지만 그래도 존경하는 분들을 직접 만나 뵙고 이력서를 받고 토의도 하며 많이 배울 수 있었습니다.

그런데 각종 여론조사에서 국민의힘이 총선에서 서울 6석밖에 얻지 못한다는 여론조사가 발표되며 김기현 지도부가 와해되고 한동훈 법무장관님께서 비대위원장으로 선임됩니다. 그리고 한동훈 위원장님께 전화가 왔습니다. 평소 제 글과 방송을 관심 있게 보고 계셨고 비대위원의 이름이 호명되었을 때 그 지향점을 한번에 알 수 있는 사람을 영입하고 싶다고 하셨습니다. 총선을 앞둔 시점에서 보수 우파의 마지막 대안으로 평가받는 분께서 직접 전화를 주셨으니 이젠 저도 유불리를 따지지 않고 나서야 한다고 생각했습니다.

고향 광주에
출마하다

그렇게 고민하던 광주 출마도 마음을 굳혔습니다. 당의 지도부가 된 이상 광주에 출마하는 것이 저에게 부여된 소명이라 생각했으니까요. 인재 영입 및 공천이 결정되는 과정을 직접 보니 정치인들이 너무 당선이 편한 지역으로만 가겠다는 것이 안타까웠기도 했고 또 호남 출신이라 정권과 당으로부터 많은 배려를 받았음에도 호남의 지역구에 출마하지 않는 모습에 화도 나서 저라도 뛰어드는 모습을 국민에게 보여 줘야겠다는 생각도 들었습니다.

그래서 국민의힘 의원총회에서 이렇게 말씀드렸습니다.

안녕하십니까. 광주의 아들, 대구의 사위 박은식입니다.

저는 며칠 전 한 일간지에 광주에 출마할 것을 말씀드렸습니다.

기사가 나가고 주변 분들에게 "어차피 떨어질 곳인데 왜 나가냐" 하는 말씀을 많이 들었습니다.

그런데 광주는요, 험지가 아닙니다. 사지도 아닙니다. 제 고향입니다.

정치인에게 선수(당선 횟수)를 쌓는 것도 중요하지만, '서사'를 쌓는 것이 더 중요하다고 생각합니다. 저는 제 고향 광주가 바뀌길 바라며 칼럼을 쓰고 시민단체 활동을 하다가 이 자리까지 온 서사가 있습니다. 그렇기 때문에 이 나라의 미래가 달린 엄청난 전투에서 제가 있어야 할 전장은 바로 광주입니다.

여기 계신 여러분들께서도 각자의 전장에서 최선을 다해 싸워 주십시오.

그리고 꼭 이깁시다.

감사합니다.

짧은 시간이라 더 말씀드리진 못했지만, 보수 우파의 이념이 일반 사람들의 마음을 움직이게 하려면 정치인이 자신의 유불리를 따지지 않고 앞장서서 희생하는 모습을 보여야 한다고 생각합니다.

보수 우파에서는 북한에 평화를 구걸하지 않습니다. 자유 민주주의 시장 경제를 위협한다면 북진을 해서라도 그 위협에 맞서야 합니다. 그런데, 그런 주장을 하는 정치인이 막상 전쟁이 임박했을 때 후방으로 피하거나 총을 들기조차 주저한다면, 과연 누가 목숨을 바쳐 전장에 나갈까요? 저는 우리나라 보수 우파 정치인 중에서도 옳다고 믿는 가치를 위해 자신의 이익은 버릴 줄 아는 정치인이 있다는 것을 보여 드리고 싶었습니다. 그렇게 해서라도 조금이라도 더 표를 가져와 당이 승리한다면, 그것으로 족했습니다.

광주광역시 8개 지역구 중에서는 당연히 제가 살았던 곳, 그때까지도 부모님이 사시던 곳, 그리고 제가 반대 투쟁을 했던 정율성 관련 유적이 몰려있는 광주 동남을이었습니다. 동남을이라는 명칭을 보면 알 수 있듯이 동구의 인구가 적어 남구 일부랑 합쳐서 선거구가 된 곳입니다. 구도심이라 경제가 무너지고 그로 인해 인구가 유출되는 곳이란 뜻이죠. 제 고향이 속절없이 소멸하는 것을 보고만 있을 수 없어 뭐라도 하고 싶었습니다.

정치를 흔히 '진흙탕 속에서 꽃을 피워 내는 작업'이라고들 하죠. 제가

한동훈 당시 국민의힘 비상대책위원장에게 비상대책위원 임명장을 받는 필자

피워 내려고 하는 꽃이 무엇인가를 물으신다면 저는 시민단체 활동을 하며 언급한 '호남과 대한민국의 경계가 사라지게 하는 것'입니다. 호남에서 보수 세력을 복원해 민주당을 견제할 수 있는 정치적 민주주의가 가능하게 만드는 것이지요. 그래야 미래 세대들이 민주당 눈치 보지 않고 마음껏 정치적 의견을 말할 수 있습니다. 그래야 호남이 발전하고 궁극적으로 대한민국이 발전합니다.

그 뜻을 펼치기 위해 재직하던 병원에 사직서를 내고 짐을 싸고 광주로 향했습니다.

1984년 광주에서 태어나 이 동네 대성초·금남중·문성고 나왔습니다. 서울 세브란스병원에서 내과 의사를 하다가 고향 발전이 너무 뒤처지는 것 같아 한번 확 바꿔 보고자 내려왔습니다. 국민의힘도 한 석 얻으면 민주당과 열심히 경쟁해서 지역에 도움이 되잖아요.
제가 여기서 당선된다면 저는 역사에 기록이 될 큰 정치인이 됩니다.
광주를 발전시킬 수 있게 저를 좀 한번 키워 주십시오.

이렇게 호기롭게 말하고 다녔지만, 막상 캠프에는 선거를 제대로 이끌어 본 사람도 없었고 돈도 없었습니다. 무엇보다 제가 선거 경험이 전무해 뭘 어떻게 해야 할지를 몰랐습니다. 그야말로 '맨땅에 헤딩'이었지요. 난관이 닥칠 때마다 '내가 왜 이 고생을 사서 하나' 한숨이 나오기도 했습니다.

고생하는 저를 보며 광주광역시의 국민의힘 소속 유일한 비례 시의원이신 김용임 의원님을 비롯해 많은 분들이 저를 도와주셨습니다. 사실 광주에서 국민의힘의 상징색인 빨간색을 입고 활동하는 것 자체가 어려운 일이었는데도요.

구도심 지역이라 어르신이 많은 특성상 아들뻘 청년이 정치하겠다고 나선 모습을 보고 "참말로 이 동네 사람이여?" 관심을 보이다가 "아이고, 키 크고 젊고 빠지는 게 없는디 왜 2번으로 나온당가" "그만한 스펙이면 비례대표도 될 것인디 왜 지역에 나왔능가"라며 칭찬이 섞인 걱정을 해주시는 분들도 계셨지만 국민의힘에 대해 싫은 감정을 노골적으로 드러내는 분들도 있었습니다. 방금 준 저의 얼굴이 박힌 명함을 눈앞에서 버리는 분은 셀 수 없이 많았고, 심지어 명함을 찢는 분도 계셨고, 침을 뱉은 분도 계셨고, 가운뎃손가락을 치켜 올리는 분도 있었습니다. 갑자기 문성고등학교 선배님께서 전화 주셔서 "훌륭한 고교 후배라고 생각했는데 5·18 악마 전두환놈의 당으로 출마하는 것이 쪽팔리니 당장

학교 이름을 명함에서 지우라"고 요구한 적도 있었습니다.

저는 "김영삼 전 대통령이 5·18이 민주화운동으로 인정받게 특별법까지 만들었고 하나회도 척결했습니다. 지금 국민의힘은 그 후예들이 주축"이라고 거듭 설명했습니다. 국민의힘이라는 정당으로 호남에서 정치하는 것이 얼마나 어려운지 절실히 느꼈지요.

차라리 그렇게 비난이라도 하면 설득하기 위한 대화를 시작이라도 해볼 텐데, 무관심이 저를 더 힘들게 만들었습니다. 국민의힘에 관심 자체가 없는 것입니다. 광주에선 제2당이 내란음모 혐의로 해산된 통합진보당의 후신인 진보당입니다. (안철수 의원이 이끌었던) 국민의당이 그나마 보수적 생각을 가지신 분들이 지지해 볼 수 있는 정당이라고 생각하구요. 국민의힘은 극우 취급을 받습니다. 국민의힘과 국민의당도 잘 구분하지 못하는 분들이 꽤 많습니다. 아직도 '국민의힘'보다는 '한나라당'이라는 명칭이 입에 익은 상태지요. 행사장에 가면 진보당 인사가 앉을 자리는 있어도 국민의힘은 없는 경우가 부지기수였습니다.

더 안타까운 현실은 이미 민주당과 진보당 등의 좌익 정당들과 호남 전체가 먹거리 생태계를 완전히 구축해 놨다는 것이었습니다.

하루는 광주에서 제법 큰 복지센터를 방문했습니다. 제가 열심히 하는 모습을 보이자 고생 많다며 칭찬을 해 주셨는데 그중 한 분이 따로 저를 불러 말씀해 주셨습니다.

"후보님이 손자같아 보여서 안타까워서 하는 말인디, 여그서 너무 열심히 하지 말고 차라리 딴 데 가서 표 달라고 햐. 여그는 이미 다 민주당 사람이랑께."

국가의 지원이 있는 시설은 국회의원-구청장-시의원-구의원으로 이어지는 세금 파이프라인이 완벽히 구축돼 있었습니다. 이분들께서 크게 불편함이 없이 잘 지내고 있는데 굳이 평소에 혐오했고 또 복지에 인색한 이미지가 있는 국민의힘에 표를 줄 이유가 전혀 없었던 것이지요.

호남은 '92년과 '97년 대선에서 김대중에게 98퍼센트의 지지를 보냈습니다. 그 말은 나머지 정당은 조직이 완전히 와해됐다는 것이지요. 영남 쪽의 민주당 조직은 상당 부분 복원됐지만 호남은 그렇지 못한 채로 30년이나 시간이 흐르니 조직 복원이 불가능한 상태가 돼 버렸습니다. 민주당 권력은 전혀 견제받지 않는 것이지요.

그러니 제가 광주에 내려가 선거운동을 시작할 무렵 민주당 시·구의원들이 경선만 승리하면 당선이 확실시되는 광주에서 국회의원 후보들에 줄을 서는 것이 한창이었습니다. 이들에겐 민생고에 시달리는 시민은 안중에도 없었습니다.

이런 악조건 속에서 설상가상 윤석열 정권 심판 여론이 거셌습니다. 그런데 지난 대선을 겨우 이기게 만든 지지 연합이 해체돼 있었죠. 2년 동안 중도 진영의 안철수 국민의당 세력은 민주당 쪽으로 많이 흡수되었습니다. 청년층의 지지를 받던 이준석은 나가서 개혁신당을 차렸지요. 문재인 정부의 원자력 홀대 등 비과학적 정책에 등 돌렸던 과학계도 R&D 예산 삭감에 다시 돌아섰습니다. 무엇보다 무리하게 의대 증원을 추진하자 의료계도 지지를 철회했습니다. 제 선거구인 동남을에는 광주·전남 지역의 3개 수련병원인 전남대병원, 조선대병원, 광주기독병원이 몰려 있었는데 의료인들이 완전히 등을 돌리니 선거가 너무 힘들었습니다.

러시아-우크라이나 전쟁의 장기화로 물가와 원자재 값이 상승하고 코로나 팬데믹 이후 풀린 돈을 회수하느라 금리를 올리니 많은 분들이 힘들어 하고 있는데 우리 당에서는 민생 정책을 내세우지 못하고 '이조(이재명-조국) 심판'을 메인 구호로 내세운 것도 패착이었습니다. 제가 선거를 뛰면서 어려운 상황에 처한 자영업자분들을 만날 때마다 "이재명은 25만 원 준다는데 너네는 우리한테 주는 게 뭐냐" "제발 금리라도 낮춰 달라" 호소할 때마다 자신있게 공약을 말씀드릴 수 없는 상황이 안타까웠습니다.

2007년 대선 때 이명박 후보가 내세웠던 747(7% 성장, 국민소득 4만 달러, 세계 7위 경제 대국 시대), 주가 5,000 시대, 뉴타운이나 오세훈 서울시장이 어려운 계층을 위해 내세운 복지 정책인 '안심소득' 같은 5음절 이하의 귀에 박히는 구호들이 있었으면 얼마나 좋았을까요. 하루하루가 어려운 분들에겐 '좌냐 우냐, 누가 더 나쁜 놈이냐'라는 여의도 식 논쟁보다 당장 나의 삶을 개선해 줄 '유능한 정치'가 필요했던 것입니다.

선거가 2주밖에 남지 않았을 무렵, 저에 대한 첫 여론조사가 발표됐습니다. 결과는 5퍼센트…. 절망적인 수치에 할 말이 없었습니다. 적어도 10퍼센트는 받아서 선거비 절반은 보전받을 것을 예상하고 예산을 짜 났는데 난감했습니다. 보장된 길을 다 버리고 고향에 봉사하고 싶은 마음으로 왔는데 지지는커녕 관심도 주지 않는 고향 분들께 서운한 마음도 들었습니다. '좋은 자리 준다고 할 때 그냥 받을걸' 하는 후회도 들었구요. 나는 왜 이 고생을 사서 하나 하는 자괴감도 들었습니다.

그렇게 시간이 지나 선거 일주일 전이었습니다. 제가 태어나서 초등학교까지 다녔던 광주광역시 남구의 대성초등학교 오거리에서 유세를 하던 중이었습니다. 선거운동원에게 줄 음료수를 사려고 근처 마트에 들렀습니다. 그런데 중년의 부부 사장님들이 어딘가 낯익은 것 같았습니다. 두 분도 저를 한참 쳐다보셨죠. 드디어 생각이 났습니다. 제가 먼저

"선생님! 저예요! 대성초등학교 영재반 박은식이요!"

"아이고, 은식이구나! 네가 여기 웬일이야!"

셋이서 부둥켜안고 반갑게 인사를 나누는데 사장님 눈에 눈물에 그렁그렁했습니다. 저도 마찬가지였지요.

부모님께서 맞벌이를 하셨던 저에겐 초등학교 6년간 방과 후 시간만큼은 학원 선생님 부부가 제 부모님이었습니다. 선생님은 학원이 학령인구 감소로 경영난에 빠져 폐업하고 그 앞에 작은 마트를 열고 생활하다가 오랜 기간을 자식처럼 가르쳤던 학생을 만나고 젊음을 다 바쳐 일구었던 학원 시절의 추억이 떠올라 잠시 센티해지셨을 겁니다. 옛 추억을 나누다 국민의힘 상징색인 시뻘건 점퍼에 국회의원 후보 박은식이 적힌 문구를 보고는

"은식이가 큰 인물이 되려고 하는구나! 내가 40년 동안 민주당만 찍었는디 이번에는 우리 은식이 찍어 줄란다. 아따, 좀 일찍 찾아오지 그랬냐. 내가 여기 새마을금고 사람들 싹 잡고 있는디. 내가 지금부터라도 회원들한테 전화 돌링랑께 언능 유세하러 가라잉. 음료수는 그냥 가져가고!"

"감사합니다. 선생님! 열심히 할게요. 선거 끝나고 꼭 찾아뵙겠습니다!"

학원 선생님을 뵙고 다시 유세차에 올라 지나가는 시민들께 인사드리며 두 가지 생각이 들었습니다.

먼저 광주에 출마하길 잘했다는 생각이었습니다. 광주는 저를 키워 준 부모님 같은 도시입니다. 광주와 대한민국을 발전시킬 인재가 되길 바라며 하나라도 더 가르쳐 주고 바른 길로 인도하려 노력하셨던 많은 은사님들과 어르신들 그리고 저와 많은 추억을 함께해 준 친구들이 있었기에 제가 이렇게 성장할 수 있었습니다. 그 고마움에 보답하는 마음으로, 고향을 조금이라도 좋게 만들어 보겠다고 나선 것은 옳은 일이라는 생각이 들었습니다. 후회하는 마음이 사라졌습니다. 바닥 민심과 선거가 어떻게 돌아가는지, 그리고 힘겹게 현장에서 활동하는 분들의 노고를 알게 된 것도 수확이었습니다.

두 번째로, 표심을 바꾸는 것은 이성이 아닌 감정이라는 것입니다. 물론 상대 정당이 IMF를 불러일으킬 정도로 경제적으로 큰 실정을 하거나 우리 정당이 박정희 때처럼 매년 경제성장률 10퍼센트를 달성한다면 다른 일이지요. 하지만 그것은 우리나라 정도의 선진국에선 일어나기 힘든 일입니다. 40년 동안 민주당을 찍어 왔던 학원 선생님께서 저의 지지를 선언한 건 이념도 아니고 공약도 아니었습니다. 오직 나와 추억을 함께해 준 이에 대한 믿음, 그때 보여 준 성실함과 예의 바름으로 마음속에 긍정적으로 각인되었던 것이 전부였습니다.

저는 한때 정치인이 너무 감성적인 언어만 구사하는 것을 못마땅해했습니다. 하지만 정치인의 비전과 정책적 디테일과는 별개로 대중의 가슴을 향해 연설하고 움직이게 만드는 것이 정말 중요함을 깨달았지요.

선거가 막바지에 이르며 저는 만나는 사람 한 사람 한 사람 손을 잡고 많은 시간을 할애해 설득했습니다.

"저는 어차피 당선 안 돼요. 그런데요, 제가 여기서 20프로는 받아야 윤석열한테 예산 달라고 할 면이 서요. 그래야 우리 광주도 발전시키고 여기 청년들도 민주당 눈치 안 보고 할 말 하고 살지 않겠어요? 도와주세요."

떨어질 거지만 그래도 표는 주라는 제 말이 저도 잘 이해가 안 됐지만 그만큼 절실하게 호소했습니다.

최종 득표율은 8.6퍼센트. 부족한 제가 넘볼 수 없는 큰 벽을 실감했습니다. 저뿐만 아니라 호남에 출마했던 후보들 모두가 마찬가지였지요. 20퍼센트는 넘게 받아서 지역 청년들이 돈 걱정 없이 정치에 참여하게 만들고 싶었는데 그것도 뜻대로 되지 않았습니다. 당도 선거에서 참패했구요. 씁쓸하고 우울했습니다.

선거가 끝나고 한 달이 조금 넘어, 아버님께서 돌아가셨습니다. 빈소를 멍하니 지키며 여러 가지 생각이 들었습니다. '아버지가 편찮으셔서 자주 광주를 오게 되면서 이 모든 일이 시작이 됐는데, 이제 다 끝나 버렸다' 하는 생각이 들었습니다. 진흙탕에서 꽃이라도 피워 보려 애썼지만 진흙탕이 아닌 자갈밭임을 확인하고, 씨라도 뿌릴 수 있는 환경을 만들어 보려 했으나 실패해 버린 것이지요.

선거 후 호남에서 벌어지는 일들을 보며 더 한숨이 나왔습니다. 이미 중앙 정치에서 퇴물 취급 받던 정치인들이 다시 배지를 달았고, 이재명 대표의 사법 리스크에 방탄 역할을 해 주던 법조인들이 대거 당선됐습니다. 민주당은 전북 순창에서 기본소득 실험을 하겠다고 합니다. 배드민턴협회의 부당함을 폭로한 올림픽 금메달리스트 안세영에겐 "역시 호남 출신이라 통수 친다"는 소리가 들리는 걸 보니 지역 비하 여론은 여전합니다.

　민주당 당대표야 당연히 안동 출신 이재명이겠지만, 문제는 최고위원에 한 명도 호남 출신이 당선되지 못했습니다. 이제 호남은 국민의힘에서도 민주당에서도 비례를 주거나 지명직 최고위원 자리를 주지 않으면 정치의 중심부에서 활동할 수 없습니다. 제가 뛰었던 선거구의 중심 번화가인 충장로는 스타벅스마저 폐점을 앞두고 있을 만큼 상권이 쇠퇴한다는 기사가 떴습니다.

　호남인이 민주당에서도 홀대받으며 제 고향이 계속 사멸해 가는 모습을 보고 싶지 않았습니다. 계속 눈에 밟혔으니까요. 일단 광주 동구남구을 원외당협위원장을 맡아 선거를 도와주신 분들 찾아뵙고 감사 인사도 드리고 조직이 사라지지 않도록 노력해 보기로 했습니다.

　그런데 저 혼자 힘만으로는 절대적으로 부족합니다. 원래 보수적이던 호남을 김대중을 비롯한 동교동계 세력과 노무현과 문재인의 부마항쟁 그룹, 그리고 운동권 세력들이 목숨을 바쳐 가며 활동해 호남인들의 마음을 움직여 지금의 지형이 완성됐습니다. 보수 우파도 호남인들의 마음을 움직이도록 더 노력해야 하지 않을까요? 특히 호남 출신이면서 보수 우파 정당 및 정권에서 활동했던 분들께서 더 도와주셨으면 합니다. 여러분들도 결국 진흙탕에서 피우고 싶은 꽃이 대한민국 발전 아니던가요?

　호남이 바뀌어야 대한민국이 바뀝니다. 호남인이 호남을 바꾸지 않으면 누가 바꾸겠습니까? 여러분이 피우고 싶은 꽃도 저와 다르지 않나요?

19

지금 대한민국에 필요한 건
보수 우파의 가치

보수 우파란
무엇인가

　　　　　제가 서울의 안정된 직장에서 환자를 진료하다 굳이 낙선할 것이 뻔한 광주에 출마한 이유는 보수 우파가 내세우는 가치가 옳고, 또 지금 대한민국에 절실히 필요하다는 확신 때문이었습니다. 그렇다면 보수 우파가 어떤 가치를 내세우는지, 왜 그것이 우리나라에 필요한지 말씀드리겠습니다.

　먼저 단어를 정리해 보죠. 우파라는 단어는 프랑스 혁명 직후 소집된 국민의회에서, 의장석에서 보아 오른쪽에 점진적 개혁을 주장하는 '지롱드파'가 앉고 왼쪽에 급진적인 개혁을 주장하는 '자코뱅파'가 앉아서 이들을 각각 우익·좌익으로 부른 데서 유래했습니다.

　이후 정파로서 좌·우의 개념을 넘어 정치적 의미의 보수와 진보의 개념이 생겨났지요. 인간 이성의 합리적 능력을 중시하는 계몽주의를 바탕으로 모순적인 구세대의 질서와 가치관을 깨트리고 평등한 세상을 만들기 위해 적극적 변화를 추진해야 한다는 '진보' 세력이 등장했습니다. 이들은 절대왕정을 뒤엎고 부르주아를 타도하기 위한 프롤레타리아의 투쟁을 이끌었습니다.

단순한 정파로서 보수 우익을 넘어 보수주의의 철학적 출발을 어디서부터 보는지에 대해서는 여러 의견이 있습니다만, 영국 철학자 에드먼드 버크(Edmund Burke)의 『프랑스 혁명에 대한 고찰』을 많이들 그 시작으로 꼽습니다. 사람들은 프랑스 혁명을 왕정을 무너트리고 공화국을 세운 근대사의 큰 사건으로 긍정적으로만 묘사하지만, 한 발짝 떨어져 프랑스를 관찰한 버크는 "이성에 대한 맹신으로 자기 확신에 젖어 전통을 적폐로 몰고, 과격한 파괴로 극심한 혼란만 일으켰다"고 평가합니다. 혁명 지도부의 눈 밖에 난 사람들 모두가 단두대에서 처형되고, 시장의 기능을 무시한 채 가격을 통제하다 산업이 망가져 많은 이들이 굶어 죽었으니까요. 결국 버크의 예언대로 새로운 독재자(나폴레옹)가 출현하지요. 이 책이 여러 지식인들에게 큰 영향을 주어 이성의 불완전성과 급진 개혁의 위험성이 강조되면서 보수주의 세력화의 기초가 되었습니다.

버크는 보수와 진보를 나누는 기준은 '혁명'을 지지하느냐 아니냐가 아니라 개혁과 변화를 얼마나 주의 깊고 신중하게 시도하느냐의 차이라고 규정했습니다. '보편타당성이 입증된 원칙과 가치와 전통을 기반으로 점진적 개혁을 추구하는 것'이지요. 더불어 국가 공동체를 '과거의 조상, 현재의 우리, 그리고 미래의 후손이 함께 이루는 파트너십'이라고 했습니다. 먼저 산 사람들의 수고를 잊지 않고 미래 세대를 위한 헌신을 강조하며 공동체의 영속성을 주장했지요.

보수 우파의 가치가
필요한 이유

　　　　　　그런데 우리나라는 '지나온 것에 대한 존중'이 사라지고 있습니다. 불과 몇 년 전만 해도 적폐 청산의 광풍이 불었습니다. 박근혜 대통령이 탄핵 당하면서 보수 우파 정권의 과거 70년 전체가 적폐로 매도 당했지요. 사실은 건국과 산업화, 민주화를 모두 이뤄 낸 기적의 순간이었는데도요.

지나온 긴 시간, 그것도 성공적인 결과물을 만들어 낸 시간들을 싸잡아 비난해서는 결코 발전할 수 없지 않을까요? 성공을 거둔 경험들을 종합한 전통을 바로 세운 나라들이 결국 성공해서 번영하고 세계를 이끌어 나갔습니다. 우리도 그래야 하지 않을까요? 극심한 변혁과 혼란은 정권 투쟁에서 승리한 이들에게 이득을 줄지는 모르지만 대부분의 사람들, 특히 취약 계층에게 그 피해가 더 많이 돌아가기 마련입니다.

이런 혼란을 막으려면 대한민국 역사에 대한 긍정, 다른 말로 지나온 것에 대한 존중이 필요합니다. 긍정하는 대상을 막 엎어 버리진 않을 테니까요. 막스 베버는 "어떤 정부라도 국민들이 자기 나라에 대해 애착심과 귀속감을 갖도록 교육시키지 못한다면 결코 영속할 수 없다"고 말했습니다.

대한민국은 세계사적으로 가장 성공한 나라입니다. 우리가 지난 80년간 쌓아 올린 전통은 충분히 그런 찬사를 받고도 남을 정도입니다. 지나온 것에 대한 존중과 긍정을 중심으로 하는 보수 우파 이념이 우뚝 설 때라야 우리는 이 성공을 지속시킬 수 있습니다. 결국 보수 우파가 주장하는 점진적인 개혁과 질서 있는 변화가 모든 집단, 특히 약자에게 더욱 좋은 결과를 가져오기 때문입니다. 지금 우리가 쌓아 놓은 부를 미래 세대를 위해 남겨 놓자는 목소리는 사라지고 기본소득으로 전 국민에게 뿌리자는 포퓰리즘 세력이 다수당이 된 현실에서 보수 우파의 이념이 너무나도 필요함을 알 수 있습니다.

보수 우파는 추상적 집단보다는 구체적 개인이 시민 사회의 기본 구성 요소가 돼야 한다고 주장합니다. 그 개인(indivisual)은 '불완전'하지만 '영혼과 양심을 가진 유일한 영적 존재'입니다. 이 개인을 자유롭게 하는 것이 보수주의의 최고 가치입니다.

어떻게 개인이 자유로워질 수 있을까요? 당연히 내 마음대로 쓸 수 있는 '사유 재산'이 있어야 하지 않겠습니까? 스코틀랜드 철학자 흄(David Hume)은 개인의 권리 중 가장 중요한 것은 '사유 재산권'이라고 했습니다. 이 사유 재산을 늘리려는 개인의 욕망을 인정한 상태에서 정책을 만들어 시장의 왜곡을 최소화하고 궁극적으로 사유 재산을 최대로 늘려 주어 개인을 자유롭게 하는 것이 궁극적인 목표입니다.

사유 재산을 늘리려면 '생산성'을 강조할 수밖에 없습니다. 경제가 잘 성장할 수 있도록 모든 서비스 제공자를 경쟁하게 만드는 시장 경제를 중시하고 그 결과에 따른 인센티브를 부여합니다. 평등이 아닌 차등을 인정하고 그것을 국가를 더욱 발전시키는 동력으로 활용하죠. 정부는 세금을 적게 쓰도록 작고 효율적이어야 하고, 정부보다 민간의 영역이 커져서 혁신이 일어나게 해야 한다 주장합니다.

혁신의 열매는 저소득층과 취약 계층에게 고스란히 돌아가게 돼 있습니다. 싼값에 좋은 물건을 살 수 있게 되니까요. 또 부의 대물림과 지대(地代) 추구를 막고 능력 있는 자가 부를 창출할 수 있게 만듭니다. 그래서 보수 우파의 이념이 오히려 약자를 위하는 것입니다. 매년 국가 예산이 천문학적으로 늘어나고 이 세금에 빨대 꽂는 단체들이 판을 치고, 그 세금을 만들어 내는 이들은 지쳐서 포기하는일이 많아지는 우리나라에도 꼭 필요한 것이지요.

정부의 권한이 커지면 개인의 자유는 줄어들 수밖에 없습니다. 또 권한이 커지다 독재를 하게 되면 반드시 부패하게 되어 있지요. 그렇기에 권력의 분권을 강조해 삼권 분립을 만들어 내고 공공선을 위한 시민의 적극적 정치 참여를 강조합니다. 모두의 이익과 권리를 보장하기 위해 공적 이익과 공동체의 안녕을 중시한다는 개념, 이것이 공화주의입니다.

아시다시피 보수 계열 정당에서는 '공화'라는 단어를 많이 쓰지요. 좌파에서는 보통 분권보다는 권력 집중을 주장합니다. 그래야 일사천리로 급진적 개혁을 이룰 수 있으니까요. 민주 집중제라는 소련의 권력 운용 방식인데 결국 '소수는 다수에 따른다'는 겁니다. 최근 민주당에서 자신들의 맘에 들지 않는 판결을 내리는 사법부에 민주적 통제가 필요함을 주장하는데, 아주 전형적인 민주 집중제입니다. 이럴 때일수록 우리 국민에게 공화주의의 정신이 필요하겠지요.

사회라는 추상적인 집단에 포커스를 두기보단 개인에 집중하고 그 불완전성을 인정하는 만큼, 개인의 책임을 강조할 수밖에 없습니다. 영국의 전 총리 대처는 영국에 많은 문제들의 원인에 대해 사회 책임론을 말하는 이들에게 통쾌한 반박을 합니다. "사회? 그런 건 없습니다. 개인과 가족만이 있을 뿐이지요"라고요. 자신이 선택한 행동에 대한 책임을 사회에 묻고 책임을 덮어서는 안 된다는 겁니다. 사회를 사형시킬 수는 없잖아요.

우리나라도 최근 들어 발생하는 많은 문제들의 근본적인 원인을 국가에 뒤집어씌우는 일이 잦아졌습니다. 그렇게 무슨 문제가 생길 때마다 국가가 해결하길 바라면 정부 조직이 비대해질 수밖에 없고, 세금은 늘어날 수밖에 없으며, 그렇게 공무원의 책상머리에서 만든 정책은 대부분 나라의 생산성을 급격히 떨어트리며 국민에게 고통만 줄 뿐입니다.

그리고 개인의 자유는 **도덕적 질서**에 의해 제약됩니다. 이런 점에서 도덕적 절대 기준을 부인하는 도덕적 상대주의를 배격합니다. 미국의 역사학자 러셀 커크는 "보수주의자는 불변의 도덕적 질서가 존재한다고 믿는다"고 했습니다. 그 도덕적 질서의 기준은 무엇일까요? 오랜 세월에 거쳐 유효성이 증명된 가치관, 즉 관습과 전통 그리고 종교적 가치를 말합니다.

사실 서양에서 기독교는 단순한 도덕적 기준을 넘어 역사적으로 아주 큰 자리를 차지합니다. 종교 개혁을 성공시키기 위해 발언을 마음대로 해야 하니 '표현의 자유'를, 종교 개혁에 관한 내용을 프린트해서 나눠 줘야 하니 '출판의 자유'를, 그걸 모여서 나눠 줘야 하니 '결사의 자유'를 주장했고, 결국 이것들이 헌법에 반영되는 정치 개혁이 이루어지지요.

미국의 엄청난 경제 발전을 두고 막스 베버는 『프로테스탄트 윤리와 자본주의 정신』이라는 저서에서 자본주의가 타락하지 않고 끊임없이 성장하는 데에는 근면, 성실, 절제, 소명 의식이 밑바탕이 된 프로테스탄티즘이 큰 역할을 했다고 설명합니다. 직업 노동을 통한 부의 축적, 그 부의 올바른 쓰임은 신의 축복이라는 것이지요.

레이건은 "자유 그 자체만을 추구할 때 자유는 보수주의가 아닌 '자유 지상주의(libertarianism)'가 됩니다. 신앙에 뿌리내리지 않은 자유는 도덕적 무정부 상태(moral anarchy)를 낳고 사회 문화적 혼란을 초래합니다. 신앙이 없는 자유는 방종을 낳고 선이 아닌 악을 초래합니다"라고 했지요. 부의 격차가 존재할 수밖에 없는 자유 시장 경제 체제에서 사람들이 서로를 적대시하지 않게 만드는 데 큰 역할을 하는 것이 종교의 역할이기에 보수 우파에서는 종교의 역할을 매우 중요시할 수밖에 없습니다.

우리나라도 마찬가지입니다. 남과 나를 비교하는 것을 조장하는 문화와 이로 인해 상대적 박탈감이 커지는 사회에서 흔들리지 않고 절대자가 부여한 소명을 믿고 자존감을 가지며 살아가는 것, 가진 자들은 소명 의식을 가지고 기업을 잘 운영해 경제 발전에 기여하되, 일주일에 한 번, 한 시간만이라도 이웃을 생각하며 그들에게 삶의 터전을 마련해 주려 노력하는 것, 사제(司祭)는 사명감으로 풍요로운 자본 주의의 볕이 들지 않는 복지 사각지대를 찾아가 헌신하는 것이 있어야 자유 민주주의 시장 경제가 지속적으로 작동할 수 있기 때문입니다.

이런 긍정적인 전통과 종교적 가치가 전승되는 공간은 당연히 가정입니다. 그렇기에 가족의 가치를 중요시하지요. 가족 구성원의 무조건적인 사랑 아래서 올바른 가치로 훈육되는 그 과정은 정부라는 비인격체가 대체할 수 없는 영역입니다.

지금 우리나라는 이혼율이 급증하며 가정이 파괴되고, 가정을 이루려는 의지가 줄어들어 출산율이 감소하고, 가정을 억압의 주체로 보고 해방을 외치는 뒤틀린 페미니즘의 목소리가 커지는데, 개인을 보듬어 줄 가족은 사라지며 작은 원룸에서 썩어 문드러져 냄새 나는 시체로 발견되는 고독사가 넘쳐나는 뉴스가 도배되고 있습니다. 이럴 때일수록 보수에서 강조하는 가족의 가치가 정말 필요하죠.

말씀드린 보수의 가치들과 공산주의는 정말이지 하나도 일치하는 면이 없습니다. 그렇기에 보수 우파는 공산주의를 절대 인정할 수 없고 이걸 막기 위해서 목숨을 바쳐 싸워 왔죠. 그러니 강한 국방과 올바른 안보관 및 대적관을 강조합니다. 우리나라는 공산 전체주의와 싸우는 최전선에 있습니다. 이런 현실에서 반공 보수주의와 국방력 강화는 아무리 강조해도 지나치지 않습니다.

이렇게 보수 우파 이념의 정의와 필요성에 대해서 말씀드렸습니다만, 지나치게 이분법적으로 나누어 한쪽만이 옳다고 할 순 없습니다.

좌파와 우파는 상대성을 가진 개념입니다. 19세기 말 이래 사회주의 이론가들은 자본가와 부르주아 계층을 혐오하여 보수 우파라 불렀지만, 그들이 살았던 당시는 산업혁명을 주도하고 낡은 봉건제를 타파하는 데 앞장선 진보 좌파 세력이었습니다. 소련 치하의 동유럽 국가들에서는 기성 공산 체제를 유지하려는 정치 집단이 보수 집단이고 자유 민주주의 체제를 도입하려는 소수 정파가 진보로 불리기도 했지요.

우리나라 지도자들을 보면 박정희는 반공 정책 빼면 나머지 분야에선 자유 시장 경제가 아니라 국가 주도 계획 경제를 실천한 좌파에 가까웠습니다. 오히려 김대중이 노동 유연화와 포항제철·한국통신 민영화 등 우파적인 정책을 많이 실천했습니다. 노무현은 여러 나라들과 자유무역 협정을 맺기도 했지요.

역사적으로 보수의 영역 안에서도 전통을 중시하는 이들과 자유주의자들은 정말 치열하게 싸웠습니다. 박정희는 이승만을 타도하려 했고 김영삼은 박정희와 군부와 누구보다 치열하게 싸웠죠.

저는 진보 좌파의 가치를 부정하지 않습니다. 전통과 관습이 더 이상 눈 뜨고 볼 수 없을 정도로 썩어 버렸을 경우 급진적으로 확 뒤엎는 것도 필요합니다. 또 영미권의 진보 세력이 우리나라에 큰 도움을 주었던 데 깊이 감사하는 마음을 가지고 있습니다. 6·25 전쟁으로 위기에 처한 대한민국에 3일 만에 군대를 파견하고 유엔 회의를 소집해 파병하게 한 것은 민주당 루스벨트를 이은 트루먼 정권이었고, 영국도 당시 보수당이 아니라 노동당의 애틀리 총리 정권이었으니까요.

강고하던 보수 우파 우위의 정치 지형에서 민주당으로 대표되는 진보 좌파 조직은 때로 목숨을 바쳐 가며 이 지형을 역전시켰습니다. 나름 우리 정치에 역동성을 부여하고 대한민국이 발전하는 데 기여한 바가 크다고 생각합니다. 그러니까 진보냐 보수냐보다, 그 시대가 필요로 하는 이념적 정책이 있는 것이지요.

그런데 지금의 민주당을 과연 진보 좌파의 가치를 실현하는 정당이라고 할 수 있을까요? 나라를 진보시키는 것이 아니라 조선으로 퇴보시키려는 집단, 개혁 의지를 상실한 집단, 약자를 위하지 않고 자기 사람들만 먼저 챙기는 집단, 우리나라보다 북한을 먼저 챙기려는 집단이 돼 버린 지 오래입니다.

보수라는 건 결국 지킨다는 것입니다. 그 지키는 대상은? 당연히 대한민국입니다. 이들로부터 대한민국을 지켜야 하는 겁니다.

보수는
어떻게 해야 할까?

　　　　　　지키려면 결국 선거에서 이기는 유능한 정당이 돼야 합니다. 지금처럼 강남과 영남에 의지해 기득권에 안주하는 수구의 이미지여선 안 됩니다. 먼저 보수의 가치를 중심으로 조직을 정비해야 합니다.

　미국을 예로 들어 보죠. 1964년 공화당의 배리 골드워터는 '위대한 사회'를 앞세운 민주당 후보 린든 존슨에게 50개 주 중 44개 주를 내주는 참패를 당합니다. 많은 미국인들이 보수의 가치를 조롱할 때 배리 골드워터는 끝까지 보수주의 원칙을 제시하며 『보수주의자의 양심』이라는 책을 출판합니다. 이 책은 350만 부 이상 판매되며 미국 정치 지형이 보수적으로 변하는 데 큰 역할을 하지요. 배리 골드워터는 '44개 주를 내주고 미래를 얻은 사람' '가장 영향력 있는 낙선자' 등의 칭호를 얻으며 공화당의 원로로 존경을 받았습니다.

　정치 영역의 바깥에서도 여러 움직임이 있었습니다. 미국의 철학자인 커크도 이 시기 즈음에 『보수의 정신』이라는 책을 출판하며 미국 보수주의가 부활할 수 있는 사상적 기초를 정립했습니다. 헤리티지 재단 같은 유명한 보수 시민 네트워크도 이 시기에 만들어졌습니다. 미국의 젊은 보수주의자 '자유를 위한 미국 청년들(Young Americans for Freedom,·YAF)'이라는 정치 행동 조직도 마찬가지였습니다. 정당, 학계, 시민 사회, 청년층에 이르기까지 보수주의의 위기에 진정한 보수의 가치를 조명하기 위한 행동에 돌입했던 것입니다. 이것이 기반이 되어 레이건이라는 위대한 정치인이 대선에서 승리하며 소련을 무너트리며 자유

세계의 번영과 승리를 만들어 냈습니다.

우리도 이승만이나 박정희 같은 '백마 탄 초인'이 나타나 모든 것을 다 해결해 줄 것이라는 환상에서 벗어나 황무지를 개간하는 농부의 심정으로 하나하나 밭을 갈며 시스템을 만들어야 합니다. 가장 중요한 것은 보수의 가치와 보수 정당이 이뤄 낸 역사적 성취에 대한 정당성을 인식시키는 일입니다. 방향을 명확히 해야 사람이 모여들고 권력을 잡더라도 나라를 잘 이끌 수 있습니다. 그리고 함께하는 사람들에게 우리나라 보수 정당이 건국과 산업화 민주화를 모두 이뤄 낸 기적의 역사에 자부심과 정당성을 갖게 해야 합니다.

이런 주장을 하면 반대편에서는 극우, 뉴라이트라고 합니다. 저들은 그 단어의 의미와 보수가 주장하는 가치가 왜 틀렸는지 설명하지도 못하면서 그저 온갖 안 좋은 이미지를 다 때려박은 단어를 오물 뿌리듯 난사합니다.

쫄지 말고 당당히 말해야 합니다. 보수 우파 정치인과 학자, 운동가, 청년들이 자기를 희생해서까지 움직일 수 있게 만드는 동력은 '역사적 정당성'이니까요. 그리고 이 조직들이 제대로 역할 분담 할 수 있도록 리더들이 나서 줘야 하고 또 경제적 어려움 없이 운영할 수 있도록 후원을 통한 경제적 기반을 만들어 줘야 합니다.

좌파의 어젠다를 적극 수용하며 외연을 확장해야 선거에서 이길 수 있다고들 말씀하십니다. 이승만의 농지개혁, 박정희의 은행 국유화, 전두환의 공정거래법, 노태우의 북방 정책, 김영삼의 금융 실명제, 이명박과 박근혜 정부의 경제 민주화, 기초연금을 추진하며 정권을 가져갔다는 것입니다.

분명 일리 있습니다. 판이 달라지는 위기 상황에서는 유연한 대응이 필요하지요. 하지만 위의 예시들은 기본적으로 자유 시장 경제와 한미 동맹이라는 기본 축을 단단히 해 놓고 시대적 과제들을 해결한 것입니다. 정말 경제가 잘 돌아가도록 시스템을 정비하거나, 복지 같은 본래 보수가 내세웠던 가치를 실현하거나 당시 필요한 일을 선별적으로 취해 진행한 것이지요.

외연 확장이라는 것도 정치 소비자가 원하지 않으면 의미가 없습니다. 스테이크를 파는 음식점이 더 인기를 얻으려고 스시를 파는 것이 도움이 될까요? 소비자는 스시 전문점을 가지 굳이 스테이크집에서 스시를 팔기를 원하지 않습니다. 그저 스테이크를 더 맛있게 만들거나 더 싸게 만들거나 곁들여 파는 빵과 스파게티 등을 맛있게 만들어 내주면 좋아하겠지요. 아니면 인테리어를 멋지게 바꾸든가요.

외연 확장한다고 보수 우파가 자유 시장 경제라는 중심을 잡지 않고 좌파 이념이 멋있어 보인다, 이걸 취해야만 합리적인 정치 집단인 것처럼 보인다는 생각을 가지면 계속 좌파에 끌려다닐 수밖에 없고 결국 좌파가 내세우는 모든 가치가 옳고, 우파가 내세우는 모든 가치는 틀린 시대가 올 겁니다.

보수 우파가 인구가 줄어든 지역을 통폐합하고 생활권이 같은 도시들을 한데 묶는 '행정구역 개편', 세금 잡아먹는 '거대 국책사업의 정리', 먹거리 물가를 낮추는 '스마트 팜 및 기업농의 적극 도입' 등을 주장해야지, 좌파처럼 돈 퍼주자고 포퓰리즘을 하면 나라가 망하지 않겠습니까?

보수 우파가 내세우는 가치에 확신을 가지고 나아가야 합니다. 질 것을 각오하고서라도 보수 우파의 가치가 옳음을 말해야 합니다. 지는 것이 이기는 것, 져서 광야에서 굶더라도 좌파 포퓰리즘과 타협하지 않겠다는 그 뚝심이 있어야 국민을 감동시킬 수 있습니다.

건국과 산업화, 민주화를 모두 이루어 눈부신 대한민국을 대부분 만들어 놓고도 이렇게 좌파가 우세인 상황이 왜 온 걸까요? 우파 정치인들은 선거에 져서 길바닥에 나앉을까 봐 정말 필요한 싸움을 비겁하게 회피해 왔고, 김대중과 노무현을 비롯한 정치인들은 목숨 걸고 싸웠기 때문입니다.

홍보 기능도 강화해야 합니다.

지지자들만 보는 유튜브에서 자가발전만 하지 말고, 세련된 감성으로 캐치프레이즈와 영상을 만들어 낼 인재를 적극 등용해야지요. 아니면 과감히 외주를 줘야 합니다. 경험과 이론으로 무장하되, 선거에 임해서는 대중의 가슴에 팍 꽂히도록 철저히 감정적인 언어, 쉬운 언어로 무한 반복해야 합니다.

그 바탕에서 외연을 확장해야 합니다.

먼저 복지입니다. 복지는 원래 보수주의자인 독일의 정치인 비스마르크가 처음으로 정책화했을 만큼 보수 우파의 중심 어젠다입니다. 다만, 복지가 재화를 나눠 주고 끝내는 것이 아닌 '생산성'을 더 끌어올릴 수 있는 데에 방점을 찍습니다. 그래서 '생산적 복지'라는 단어를 쓰지요. 그 뜻은 레이건이 잘 표현했습니다. "복지정책의 성공 척도는 얼마나 많은 사람이 혜택을 받느냐가 아니라 얼마나 많은 사람이 복지에서 탈피하는가이다"라구요. 결국 기술이든 자산이든 '지켜야 할 나의 것'을 유능한 보수우파가 만들어줘야 한다는 말입니다. 항상 이 점을 염두에 두고 정책을 펴야 합니다.

우파에서는 '안심소득'을 내세우는 것이 바람직해 보입니다. 보수 우파 경제학자인 밀턴 프리드먼이 주창한 개념인 negative income tax, 다시 말해 세금을 거꾸로 준다는 개념입니다. 기초생활보장 등의 방법으로 복지를 하면 수급자 파악하고 나누는 데 행정력이 너무 낭비되고, 노동을 해서 소득이 올라가면 자격이 박탈 되므로 근로 유인을 약화시키는 것이 단점이었습니다. 이를 해결하기 위한 개념으로 고안된 것이 기본소득과 안심소득인데, 기본소득은 보편적 복지로 부자건 빈자건 일단 돈을 뿌리고 세금을 걷어 가는 형태이지만 안심소득은 선별적 복지로 소득이 부족한 계층에게 더 지원금을 주는 형태입니다. 근로 유인 효과에서 안심소득이 더 좋은 결과를 얻었지요. 노동 의지가 있는 이가 안심하고 일할 수 있도록 먼저 정책적 안전망을 깔아 주어야 노동 유연성도 강조할 수 있습니다.

이런 정책을 가지고 노동자 계층에 적극 다가가야 합니다.

특히 각 분야의 숙련공들, 국가 뿌리 산업(주조, 금형, 용접, 소성가공, 표면가공, 열처리) 종사자들을 지원해 주는 정책을 가지고 다가가서 지지도 얻고 국가의 산업을 지키는 노력을 해야 합니다.

이제는 보수 우파가 탈환하기 힘든 지역이 돼 버린 강북과 경기도에서도 지역 밀착 사업을 추진해야 합니다. 낙후된 주택 및 인프라를 개선하는 제2의 뉴타운 정책 및 청계천 사업을 하는 것이지요. 그 지역 주민들을 들뜨게 하고 삶의 질을 나아지게 할 정책들을 적극 말해야 합니다.

청년층에게는 목소리를 낼 수 있는 자리를 내어주면 좋겠습니다. 이건 제 경험입니다. 이렇게 진보 좌파로 언론 지형이 기울었어도 조중동과 경제 전문지(매경, 한경, 서울경제) 등이 버티고 있는 점이 굉장히 다행인데요. 이 언론사들의 지면에 청년들이 기고할 수 있는 공간을 적극 열어주면 좋겠습니다. 저는 이 신문들에 기고하며 제가 무슨 보수 우파의 미래가 된 것 같은 기분을 느꼈습니다. 자부심도 들고 보수 우파적 가치를 더 퍼트려야겠다는 생각이 들었죠. 다른 청년들에게도 이런 기회가 많아지고 이를 기반으로 청년 조직을 키워 나가면 좋겠습니다. 소위 애국우파라는 분들께서 제발 부정선거나 5·18 북한침투론을 주장하는 분들에게 후원하지 말고 젊은 우파 활동가들이 배곯지 않고 활동할 수 있도록 지갑을 열어주시면 좋겠습니다.

흡수 통일에도 긍정적인 생각을 가졌으면 좋겠습니다. 가장 큰 이유는 흡수 통일이 우리의 안보 위협과 사회 혼란의 근본적인 해결책이 될 수 있기 때문입니다.

예전의 간첩들은 진보 정당이나 시민단체에 직접 침투해 유사시 국가 시설을 마비시켜서 사회 혼란을 유도하는 방식으로 활동했지만, 지금은 세월호나 이태원, 후쿠시마 처리수 같은 사태에서 정부 비판 여론을 확산시키거나 보수 우파 정당의 분열을 조장하는 여론을 조성하는 형태로 활동합니다. 그렇게 큰 혼란을 야기할 만한 상황이 아닌데도 걸핏하면 나라 전체가 흔들리곤 한 이면에는 국가를 전복하려는 그런 자들의 모략이 있었던 것이죠.

이런 상태에서 북한을 그냥 내버려 두고 현상 유지를 하자는 것은 근본적인 해결책을 외면하는 패배자의 자세일 뿐입니다. 북한은 과거에도, 미래에도 적화통일을 포기하지 않고 대한민국을 무너트리려 할 테니까요. 이제 암 조직에 대한 근본적인 수술이 필요합니다.

젊은 층에게 통일 찬반을 물어보면 반대가 많습니다. 그런데요, 질문

자체를 다르게 해 봤으면 좋겠습니다. '북한이 무너지면 그 통치를 누가 해야겠냐'로요. 중국이 해야 할까요, 러시아가 해야 할까요? 당연히 대한민국입니다. 통일 비용을 감당하기 힘들 거라고 걱정들 하시지만, 김씨 정권과 군부만이라도 제거하고 대한민국 주도로 북의 경제 건설을 돕고 싼 노동력을 이용하면서 점진적 통일을 준비해 나가면 경제적 혼란도 피할 수 있을 거라고 생각합니다. 중국에서 싼 노동력을 바탕으로 기술격차를 줄이는 것도 북한의 노동력을 이용해 극복할 수 있고 내수 시장이 확대되고 많은 자원을 활용하는 장점도 있습니다.

북한 주민의 인권도 생각해야 합니다. 지금도 굶주리고 중국에 노예로 팔려 나가는 동포들이 많습니다. 윌리엄 웨버 대령의 말을 상기해 봅니다. "자유를 가진 사람에게는 의무가 있다. 바로 자유가 없거나 자유를 잃게 생긴 사람들에게 그 자유를 전하거나 지켜 주는 것"이라구요.

우리가 받았으니 이제 돌려줘야 하지 않을까요? 대한민국은 아직 부국강병을 더 추구해야 합니다. 그 목표는 흡수 통일이지요. 부국강병을 할 이유를 찾지 못하니 쓸데없는 공리공론만 난무하며 대한민국의 경쟁력을 갉아먹는다고 생각합니다.

마지막으로, 호남에 끊임없이 다가갔으면 좋겠습니다. 호남의 젊은 세대는 그런 지역감정에 무딜 수밖에 없으니 지속적으로 이념 전선을 형성해야 합니다. 복합 쇼핑몰, 무등산 케이블카, 건축물 고도 제한 해제, 군 공항 이전 및 그 자리에 기아차 부품 공장 유치 등 보수 우파가 제시할 만한 개발 이슈에서부터, 아무리 대북 평화론자일지라도 반대할 수밖에 없는 정율성 이슈 같은 것들을 지속적으로 제기해야 합니다.

지방은 호남이건 영남이건 사멸하고 있기는 마찬가지입니다. 이 상황에서는 전선을 쓸데없이 소백산맥에 둘 것이 아니라 수도권과 지방 사이에 두고 지방 발전에 대해 영·호남이 힘을 합쳐야 함을 주장해야합니다.

그리고 보수 우파 진영에서 중량감 있는 호남 출신 인사들을 계속 호남에 출마시켜야 합니다. 호남은 지금 진흙탕도 아니고 황무지는커녕 자갈밭의 상태라 꽃이 필 수 없습니다. 이럴 때는 마중물이 필요합니다. 호남 몫으로 비례 의원을 최소 광주, 전남, 전북의 세 광역단체에 한 명씩은 줘서 지역 기반을 다지도록 해야합니다. 그렇게 비례의원직이나 정부 고위직을 줬으면 다음 선거에서는 호남에 출마하게 해야 한다는 식으로요. 그렇게 해서 보수 우파 정당의 지지율을 조금씩이라도 끌어올려야 젊은이들에게 '역사적 분노와 좌파 이념'이 대물림되는 것을 끊을 수 있을 것입니다.

선거제도 호남만큼은 중선거구제를 하는 것도 고려해 봐야 합니다. 광역단체에서 여당과 제1 야당이 선거 보전 비용인 15퍼센트를 못 받으면 정치가 불가능해집니다. 민주주의가 실패한 지역이라는 것이지요. 이런 지역은 중선거구제로 광역단체에서 한 명이라도 지역구 의원이 당선되도록 해야 합니다. 민주당도 전향적인 태도를 취할 수 있을 겁니다. 대구·경북 지역에서도 지역주의가 공고해지면서 그들이 20퍼센트 넘기가 점점 힘들어지고 있거든요.

국민의힘 지도부가 꾸려지면 매번 5·18 묘역을 참배하는데, 그것도 필요하지만 김성수와 송진우의 생가도 방문했으면 좋겠습니다. 호남의 근현대사엔 5·18만 있는 것이 아니니까요. 호남인이 피땀 흘려 일군 부를 바탕으로 독립운동을 이끌고 자유 민주주의 대한민국 건국을 주도한 역사를 계속 말하며 자부심을 가지게 해야 운동권으로 물든 민주당 일당 독재를 벗어날 수 있습니다. 보수 우파의 영역에도 전라도 사투리가 들렸다는 것만으로도 호남인들이 지금 느끼는 반감을 누그러트릴 수 있습니다.

그렇게 김성수와 송진우가 만든 호남 보수의 역사를 국민의힘이 가져와야 합니다. 국민의힘 당사에 이승만·박정희·김영삼이 걸려 있는데 김성수와 송진우도 걸어 놓는 것이지요. 더불어민주당은 김성수 등 호남 출신 건국의 아버지들을 친일로 낙인 찍었습니다. 호남 보수 정치인들이 만든 〈동아일보〉도 대한민국의 대표 보수 일간지 아닙니까? 이들이 만든 보수적인 민주당의 명맥은 김영삼과 이철승으로 이어졌고 이분들은 결국 우파 계열 정당들과 함께했으니 충분히 제사를 지내며 상징을 가져갈 수 있습니다.

1980년 이후 40년 넘는 동안 형성된 지형이 단번에 바뀔 거라 기대해선 안 됩니다. 감정의 벽이 허물어지기까진 시간이 걸릴 수밖에 없지요. 저도 생각이 바뀌는 데 무려 15년이 걸렸습니다. 꾸준히 추진해야 합니다. 남북전쟁 시기 미국에선 북부의 공화당, 남부의 민주당이 지배적 정치권력을 형성했지만, 시간이 지나면서 정반대의 정치 지형이 형성됐습니다. 이런 역동적 정치권력 지형의 변화는 정당 간 경쟁을 촉발하여 나라 발전에 활력을 불어넣지요. 우리도 미국처럼 역동적 변화가 충분히 가능하다고 믿습니다.

2016년 총선에서 보수 우파 정당은 1당의 지위를 내주었고, 이후 탄핵과 대선·지선 참패를 거쳐 다시 대선에서 권력을 잡았지만, 2024년 총선에서 또 패배하고 말았습니다. 앞으로 3년간은 민주당이 법안을 맘대로 만들고 대통령은 거부권만 쓰다 끝날 가능성이 높아 보수 유권자들은 깊은 무력감에 빠져 있습니다.

그런데요. 이승만이 고종과 일본과 싸우던 그때는 얼마나 힘들었을까요?

무에서 유를 창조하며 경제 발전을 이끌었던 현대그룹의 정주영 회장님이 업무 추진이 힘들다는 직원들에게 항상 물었습니다. "이봐, 해 보긴 해 봤어?"

박정희는 답을 냈습니다. "하면 된다"고요.

미래를 긍정합시다. 이미 우린 많은 것을 이뤘습니다. 무력감에서 벗어납시다. 보수 우파의 지지 연합과 조직을 복원하고, 생각이 다른 분들을 한 명 한 명 설득해 나갑시다.

맺음말

당신을 설득하고 싶습니다

부족한 글 읽어 주셔서 고맙습니다. 이 책을 통해 저는

- 적폐 청산을 넘어, 지나온 것에 대한 존중
- 구걸에 의한 평화를 넘어, 힘에 의한 평화
- 친일파·독재자가 망친 나라를 넘어, 애국자의 피땀으로 성공시킨 나라
- '돈보다 생명'이란 인식을 넘어, '생명도 돈이 있어야 지킨다'라는 인식
- 후조선 퇴행을 넘어, 진정한 근대화
- 관치 계획 경제를 넘어, 자유 시장 경제
- 정치적 올바름 강요를 넘어, '아닌 건 아니다'라는 상식
- 욕망의 부정에 기반한 사회주의를 넘어, 욕망의 긍정에 기반한 자본주의
- 노동자 권익 향상을 넘어, 기업가 정신 함양
- 무상 복지를 넘어, 생산적 복지
- 환경 종말론과 환경 식민주의를 넘어, 환경 휴머니즘
- 혐오의 페미니즘을 넘어, 성 평화 연대

- 일제 잔재 청산을 넘어, 조선 잔재 청산
- 피해 의식으로 왜곡된 역사관을 넘어, 사실로서의 건조한 역사관
- 반일을 넘어, 극일
- 도덕적 우위에 따른 보상을 넘어, 위험 감수에 따른 보상
- 북한·중국·러시아 중시 외교를 넘어, 미국·유럽·일본과 결속력 강화
- '진보의 심장'을 넘어, '우익의 본산'으로서 호남 정체성 복원
- 호남의 특수성을 넘어, 대한민국의 보편성 강조

를 말씀드렸고 이런 것들을 추구하는 것이 대한민국이 발전하는 데 꼭 필요함을 말씀드렸습니다. 주치의로서 제가 맡았던 환자를 설득하고 싶었던 그 마음처럼, 성실한 일반 시민들에게 다가가 설득하고 싶었습니다.

많은 사람들과 정치 이야기를 하면서 느낀 게 있습니다. 자기와 생각이 다르다고 청산 대상으로 지목해 버린다면 갈등은 더 증폭된다는 것, 그러니 크게 보아 자유 민주주의 시장 경제를 추구한다면 함께하되, 이를 부정한다면 먼저 사실을 제시하며 설득하는 자세부터 가져야 한다는 것이죠.

뭣이 중헌디? 정치적 신념보다 오래 함께한 인연이 더 중요하지 않나요? 생각이 다른 것을 당연하게 받아들인다면 집단에 매몰되지 않고 개인으로 우뚝 설 수 있습니다. 그렇게 된다면 정치적 양극화도 극복할 수 있을 것으로 생각합니다. 저는 보수 우파 이념의 중요성을 외치는 책을 쓰고 있지만, 그보다 중요한 것은 오랜 시간 함께한 친구와 가족, 그리고 국가가 잘되는 것입니다.

사상은 인구수만큼이나 다양하기에 보수와 진보 둘만으로 나누는 것

은 편협한 것이라는 말씀에 동의합니다. 그러나 보수의 가치들이 우리나라에서 너무나 저평가 되어있다는 생각에, 제가 편협한 인간으로 보일지라도 이 가치가 얼마나 우리나라에 필요한지 외치고 싶었습니다.

제가 글을 쓰기로 결심하며 기대한 것처럼 저의 글이 저와 생각이 다른 분 한 분이라도 더 설득해서 생각을 바꾸게 했을까요? 글만으로 부족하다면, 이제 생각이 다른 분들을 찾아뵙고 직접 소통하는 자리를 가졌으면 좋겠습니다. 책날개의 메일 주소로 강연 요청하시면 최대한 시간을 맞춰 달려가겠습니다. 특히 호남 지역 쪽 강연이면 더 열심히 찾아뵙겠습니다.

생각이 다른 사람의 마음을 움직여서 투표장으로 향하게 만드는 것이 얼마나 힘든 것인지 잘 알고 있습니다. 그럼에도 불구하고 대한민국은 옳았고, 지금 대한민국에는 보수 우파 이념의 방향이 옳다고, 당신을 설득하고 싶습니다.

당신을 설득하고 싶습니다

광주 출신 청년 의사의 좌파 탈출기

초판 1쇄 발행   2024년 11월 13일
초판 2쇄 인쇄   2024년 12월 16일

지은이   박은식
펴낸이   안병훈
펴낸곳   도서출판 기파랑
등 록   2004. 12. 27 제300-2004-204호
주 소   서울시 종로구 대학로8가길 56 동숭빌딩 301호   우편번호 03086
전 화   02-763-8996(편집부) 02-3288-0077(영업마케팅부)
팩 스   02-763-8936
이메일   info@guiparang.com
홈페이지   www.guiparang.com

ISBN 978-89-6523-490-6   03300